MW01708593

PETIT TRAITÉ DE MANAGEMENT

Pour les habitants d'Essos, de Westeros et d'ailleurs

Marine Agogué
Cyrille Sardais

JFD Éditions

Petit traité de management
Pour les habitants d'Essos, de Westeros et d'ailleurs
Marine Agogué, Cyrille Sardais

Catalogage avant publication de Bibliothèque et Archives nationales du Québec et Bibliothèque et Archives Canada

Titre : Petit traité de management – Pour les habitants d'Essos, de Westeros et d'ailleurs

Noms : Marine Agogué, Cyrille Sardais

Identifiants : Canadiana 20190012781 | ISBN 978-2-89799-037-4

Vedettes-matière : RVM : Gestion—Manuels d'enseignement supérieur. | RVM : *Game of Thrones* (Émission de télévision)—Miscellanées. | RVMGF : Manuels d'enseignement supérieur.

Classification : LCC HD33 S27 2019 | CDD 658—dc23

Les Éditions JFD inc.
CP 15 Succ. Rosemont
Montréal (Québec)
H1X 3B6
Téléphone : 514-999-4483
Courriel : info@editionsjfd.com
www.editionsjfd.com

ISBN : 978-2-89799-037-4
Dépôt légal : 2e trimestre 2019
Bibliothèque et Archives nationales du Québec
Bibliothèque et Archives Canada
Images : Shutterstock

L'ordre des auteurs est alphabétique. Les deux auteurs ont contribué de façon égale à cet ouvrage.

Imprimé au Québec, Canada

Selon la prophétie,
les dragons viennent toujours par trois.

Drogon, Viserion, Rhaegal.

Selon le fondateur de la sociologie,
les sources de légitimité sont au nombre de trois.

Le charisme, la raison, la tradition.

Selon ce petit traité de management,
trois personnages de Game of Thrones incarnent
parfaitement chacune des trois sources de légitimité.

Daenerys, Tyrion, Jon.

Table des matières

Introduction

> « *Je vous l'assure, siéger sur le trône est un millier de fois plus difficile que de le conquérir*[1]. »
>
> *Robert Baratheon, roi des Sept Couronnes*

Dans des contrées bien éloignées des nôtres, au cœur d'une épopée livresque imaginée par le romancier George R. R. Martin dans sa demeure de Santa Fe, une petite fille naît un soir de tempête. Une tempête comme le pays de Westeros en a rarement connu. Cette petite fille, héritière déchue, n'a plus rien que ce nom transmis par son père, le roi du pays, qui vient de mourir, assassiné par ses ennemis. Quelques années plus tard, aux frontières de son pays natal, la petite fille est devenue une femme en tout point extraordinaire, réunissant derrière elle une armée de fidèles venus de toute part pour suivre celle dont le nom s'allonge de nombreux qualificatifs. Pendant ce temps, au centre de Westeros, un deuxième personnage émerge, garant de la bonne tenue du royaume, organisant grandes batailles et financement de mariages, incarnant les fonctions qui lui sont octroyées comme conseiller principal du roi, habilité à prendre des décisions au nom de ce dernier. Alors que la renommée de l'une se forge et que l'autre endosse diverses fonctions, dans les grandes plaines du Nord, émerge une troisième figure emblématique rassemblant nombre de partisans. Lui, bâtard de son état, ne porte pas le nom d'une illustre maison. Pourtant, ses actions lui valent d'être élu par ses pairs, puis quelque temps plus tard, d'être choisi comme roi, par un autre groupe de partisans.

Daenerys Targaryen.
Tyrion Lannister.
Jon Snow.

La série *Game of Thrones*, à ce jour mise en images au cours de sept saisons par la chaîne HBO, pourrait se lire comme une vaste fresque politique où s'affrontent, dans des élans de conquête, différents prétendants au Trône de fer. On pourrait ainsi y voir une illustration des diverses stratégies permettant de gagner des batailles, et éventuellement la guerre. Après tout, la trame narrative est imaginée par un féru d'échecs et recèle des ruses et autres stratagèmes permettant d'avancer des pions, de saisir des châteaux, de berner son ennemi. Mais, comme le dit dès les premières scènes Robert Baratheon, alors roi des Sept Couronnes, exercer le pouvoir est mille fois plus difficile que de le conquérir. Et nos trois protagonistes ne sont pas (que) des conquérants. Ils sont aussi là pour gouverner. Tyrion veut assurer la prospérité de Westeros. Jon tient à garantir la pérennité de la mission de la Garde de Nuit, à savoir la survie des êtres humains. Et même Daenerys, qui entame initialement une démarche de conquête, le concède : « *Je ne laisserai pas ceux que j'ai libérés redevenir des esclaves. Je ne prendrai pas la route pour Westeros – je ferai ce que font les reines : je gouvernerai*[2] ».

Daenerys Targaryen.
Tyrion Lannister.
Jon Snow.

Trois personnages remarquables aux styles si radicalement différents que leurs actions, au fil des saisons, sont l'occasion de voir s'opposer trois incarnations singulières de ce qu'est diriger un collectif, et d'apporter trois réponses bien distinctes mais complémentaires à la question : pourquoi choisit-on librement d'obéir?

Cette question, Max Weber, considéré comme l'un des pères fondateurs de la sociologie, a tenté d'y répondre il y a déjà un siècle. Mais pourquoi donc les humains acceptent-ils d'obéir? Des considérations matérielles peuvent l'expliquer : obtenir un salaire, une récompense; éviter une punition; se soumettre à la force ou la menace. Cependant, et même les pouvoirs les plus brutaux l'ont compris, cela ne suffit pas, expliquait Max Weber. Du moins, pas dans la durée. Peut-être parce que le problème de la contrainte, ou de la rémunération, c'est que l'obéissance risque de disparaître dès que ces dernières s'affaiblissent. Et qu'une obéissance qui ne se fonde que sur la peur ou l'intérêt risque de déboucher sur un engagement minimal de celui qui obéit. Il en est tout autrement d'une obéissance librement consentie. Sauf que, pour l'obtenir, encore faut-il que la personne qui obéit croit en la légitimité de celui à qui elle obéit.

Voilà ce qu'a sans doute omis l'autre grand personnage de la série *Game of Thrones*. Car Daenerys, Tyrion et Jon ne sont pas les seuls à incarner une position de direction au travers des saisons de la série : il en est un quatrième, incontournable – et que les scénaristes ont eu la gentillesse de ne pas prématurément décapiter ou faire embrocher par une flèche – sur lequel on ne peut faire l'impasse : Cersei Lannister. Après tout, après sept saisons, c'est bien elle, Cersei Lannister, Première de son Nom, qui siège sur le Trône de fer comme reine de

Westeros. Mais voilà, à la différence de Daenerys, Tyrion et Jon, Cersei n'est pas suivie par un collectif qui décide de son plein gré d'endosser ses ordres. Pour elle, gouverner n'est pas une question d'être légitime, et elle l'explique clairement à différentes reprises : « *Tu veux être la Main du roi? Tu veux gouverner? C'est ça, gouverner : être allongé sur un lit de mauvaises herbes, les arracher par la racine, l'une après l'autre, avant qu'elles ne t'étranglent!*[3] »; « *La seule façon de s'assurer de la loyauté de tes gens, c'est qu'ils aient plus peur de toi que de l'ennemi*[4] »; « *Je choisis la violence*[5] ». Mais la violence n'est pas le seul élément sur lequel Cersei s'appuie. Ainsi, dans la digne lignée des enseignements de son père, elle utilise pour arriver à ses fins des moyens que l'éthique de notre société contemporaine rend condamnable : outre la violence, elle mobilise à de nombreuses reprises la manipulation ou encore la corruption.

Il est certain que l'analyse des actions de Cersei Lannister serait riche en enseignements; pour autant, ce qui fait la force d'un dirigeant, c'est bien la libre volonté des gens qui décident de le suivre. Et à ce titre, les choix délibérés de Cersei dans sa position de dirigeante l'éloignent considérablement d'un exercice légitime du pouvoir; mais ils nous permettent aussi de positionner plus clairement ce qui fait de Daenerys, de Tyrion et de Jon des cas passionnants sur lesquels se pencher. D'un côté donc, Cersei, et l'exercice du pouvoir fondé sur l'absence de légitimité, à grand renfort de coercition, de manipulation et de corruption. De l'autre, Daenerys, Tyrion et Jon qui chacun s'appuie sur une – et une seule – des formes de légitimité.

Figure 1
Les sources de l'obéissance non librement consentie

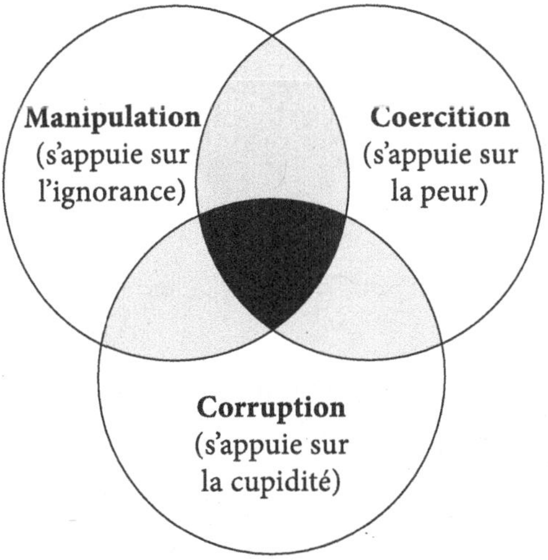

Qu'est-ce qui fait donc qu'une personne accepte librement et volontairement de se soumettre à la volonté de quelqu'un d'autre et de lui obéir? Pour le sociologue Max Weber, il n'existe pas une, dix ou cent réponses, mais trois.

Une de ces réponses : le charisme – à savoir la qualité extraordinaire d'un personnage qui est doué de « *forces ou de caractères surnaturels ou surhumains, inaccessibles au commun des mortels*[6] ». Dans ce premier cas, « *on obéit au chef en tant que tel, chef qualifié charismatiquement en vertu de la confiance personnelle en sa révélation, son héroïsme ou sa valeur exemplaire*[7] ». C'est le caractère charismatique. Une autre possibilité : la raison. Dans ce second cas, « *on obéit à l'ordre impersonnel, objectif, légalement arrêté, et aux supérieurs qu'il désigne en vertu de la légalité formelle de ses règlements et dans leur étendue*[8] ». C'est le caractère rationnel-légal. Dernière réponse : la tradition. Dans ce dernier cas, « *on obéit à la personne du détenteur du pouvoir désigné par la tradition et assujetti (dans ses attributions) à celle-ci, en vertu du respect qui lui est dû dans l'étendue de la coutume*[9] ». C'est le caractère traditionnel.

Figure 2
Les sources de l'obéissance librement consentie

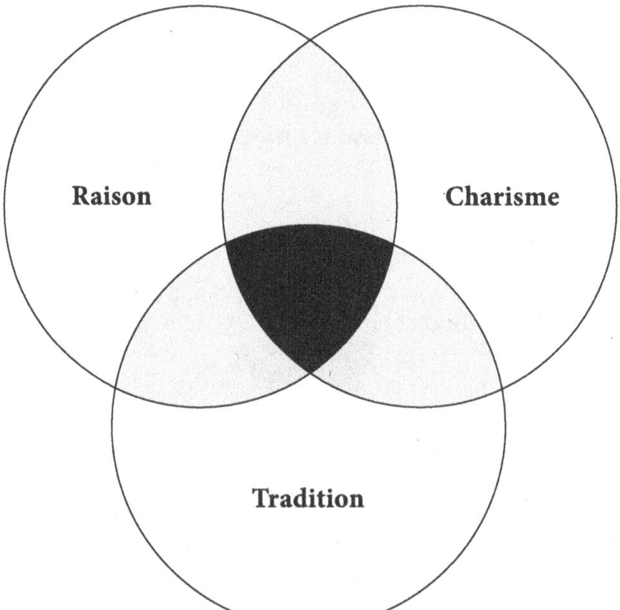

Tableau 1
La typologie de Max Weber[10]

La validité de la légitimité peut revêtir...	
...un caractère charismatique	« repose sur la soumission extraordinaire au caractère sacré, à la vertu héroïque ou à la valeur exemplaire d'une personne. »
...un caractère rationnel	« repose sur la croyance en la légalité des règlements arrêtés et du droit de donner des directives qu'ont ceux qui [...] exercent la domination par ces moyens. »
...un caractère traditionnel	« repose sur la croyance quotidienne en la sainteté des traditions valables de tout temps et en la légitimité de ceux qui exercent l'autorité par ces moyens. »

Le lecteur qui connaît bien la série l'aura compris : chacun des trois personnages que nous avons choisis incarne parfaitement l'une des trois sources de légitimité de Max Weber. Daenerys incarne la légitimité charismatique. Difficile en effet de manquer ses extraordinaires accomplissements : elle est la Mère des dragons, disparus depuis des siècles. Elle est la Briseuse de chaînes, libératrice des esclaves de la Baie des Serfs. Tyrion, lui, incarne la légitimité rationnelle-légale : il agit en tant que « Main » du roi Joffrey puis, plus tard, comme « Main » de Daenerys, à la fois conseiller qui incarne la technostructure et sorte de premier ministre à la tête de la hiérarchie officielle. Et lorsque les gens obéissent à Tyrion, ce n'est jamais à lui en tant que personne, mais bien à sa fonction qu'ils obéissent. Quant à Jon Snow, il incarne la tradition, ne serait-ce que par sa présence dans la Garde de Nuit, une organisation millénaire qui coopte ses chefs. Et lorsqu'il décide d'ouvrir les portes du Mur aux Sauvageons, balayant mille ans d'histoire et la décision de tous les lords commandants qui l'avaient précédé, arrive ce qui arrive au gardien de la tradition qui cherche à s'en écarter : la mort, perpétrée par plusieurs de ses propres frères jurés de la Garde de Nuit. Voilà planté en quelques lignes l'argumentaire qui sous-tend ce traité de management. Dans la première partie de ce livre, nous aurons l'occasion de développer en profondeur ce qui permet à Daenerys, Tyrion et Jon d'émerger en tant que dirigeants qui incarnent l'une des trois légitimités de Max Weber.

Mais, nous direz-vous, en quoi cela intéresse-t-il des professeurs de management dans une école de gestion? Tout simplement pour trois raisons fondamentales.

La première, vous l'aurez compris à la lecture des pages précédentes, c'est que ces questions d'obéissance et de légitimité se situent ni plus ni moins au fondement de la compréhension du phénomène contemporain le plus présent aujourd'hui dans nos vies : l'acte de gérer un collectif. Nous sommes en effet en permanence dans des situations de gestion; nous nous trouvons quotidiennement au cœur de multiples organisations plus ou moins formelles, allant de notre travail à notre famille, notre cercle d'amis, notre club de gym, l'école de nos enfants, l'association de quartier, etc. Nous devons alors fréquemment gérer des gens, et nous sommes en retour dans des situations où nous sommes gérés par d'autres.

Mais cela va plus loin. La seconde raison de notre intérêt est que cette typologie de Max Weber des trois formes de pouvoir légitime peut nous permettre de penser complètement différemment ce qui forme la matrice classique du management : vous pouvez ouvrir pratiquement n'importe quel manuel de management, vous trouverez toujours la même structure. Le management, c'est l'acte de « Planifier, Organiser, Diriger et Contrôler », connu aussi sous l'acronyme PODC. Si vous avez eu un jour la chance (ou la malchance) de suivre un cours de management, cela doit vous dire quelque chose…

Tableau 2
La conceptualisation du management selon le PODC

Planifier	Processus par lequel le gestionnaire anticipe l'avenir et formule les intentions qui doivent guider l'action.
Organiser	Processus par lequel le gestionnaire conçoit et coordonne le travail des membres de l'organisation.
Diriger	Processus par lequel le gestionnaire oriente l'action des membres de l'organisation.
Contrôler	Processus par lequel le gestionnaire prend la mesure des réalisations et communique cette information aux membres de l'organisation.

Cette conceptualisation, on la doit à l'ingénieur français Henri Fayol, qui, exactement à la même époque que Max Weber, publiait un livre qui fera date dans l'histoire du management : *Administration Industrielle et Générale*[11]. À dire vrai, Fayol parlait de « prévoir, organiser, coordonner, commander et contrôler », mais c'est la traduction américaine de 1949 qui viendra « coloniser » tous les manuels de management, au point de devenir la véritable matrice de cette discipline.

Croiser Max Weber et Henri Fayol, là était le projet du cours d'introduction au management que notre équipe, autour du professeur Richard Déry, développait à HEC Montréal en 2015, alors que nous regardions la saison 5 de *Game of Thrones*. Nous nous demandions ce qui se passerait si l'on cherchait à croiser la typologie de Max Weber et celle d'Henri Fayol. Après tout, selon que l'on imagine un caractère rationnel, traditionnel ou charismatique, le « Planifier, Organiser, Diriger et Contrôler » ne changerait-il pas complètement de couleur? Plutôt que d'avoir une seule vision « technicienne » du management, qui s'apparente au seul caractère rationnel, ne peut-on pas plutôt mettre en évidence trois types de management? Tel fut l'objet du manuel de management publié cette même année 2015[12].

Ce manuel posait des bases théoriques pour permettre de comprendre le management. Restait ouverte la question de son incarnation concrète. Ce qui n'a rien d'évident. Même si l'on vit au sein d'organisations, que l'on gère ou est géré au sein de collectifs, il est loin d'être aisé de poser un regard éclairé sur le management exercé par les autres, et encore moins sur celui que l'on exerce soi-même. L'exercice d'introspection nécessaire est difficile, parfois même inconfortable, et requiert quelques balises pour que l'on soit capable de poser des mots sur ce qui fait que l'on réussit ou non comme gestionnaire, sur ce qui fonctionne ou non chez notre directeur, notre chef, notre collègue. Depuis des décennies, les écoles de gestion utilisent des cas pédagogiques pour donner des clés de lecture, des outils aux étudiants, leur permettant d'avoir un petit bagage utile pour décrypter les situations de gestion auxquelles ils se trouvent confrontés une fois qu'ils ont quitté les bancs d'école. De tels cas sont souvent des histoires, plus ou moins romancées, plus ou moins étoffées, qui donnent à voir des situations où divers protagonistes sont confrontés à des enjeux contemporains, qu'il s'agisse de prendre une décision, de trancher un conflit, de recruter un nouveau membre au sein du collectif, de motiver diverses personnes, pour n'en citer que quelques-uns. Ces cas sont alors autant d'occasions de comprendre et de discuter d'une situation qui nous est extérieure que de tendre un miroir à ceux et celles qui se penchent sur le cas pour les interroger sur leurs propres pratiques, leurs propres perceptions, leurs propres actions.

Mais si un tel dispositif a fait ses preuves pédagogiques et se trouve mobilisé dans les écoles de gestion à travers le monde, il faut bien avouer qu'il est difficile de le faire sortir d'une salle de classe. En effet, il est trop rare d'avoir une situation de gestion suffisamment bien connue d'un grand nombre de personnes pour l'utiliser comme une connaissance commune, un terreau fertile sur lequel travailler et débattre. À moins… à moins qu'un phénomène littéraire et télévisuel – qui a attiré 10 millions de spectateurs américains et dont la saison 7, sortie au printemps 2017, a engendré 90 millions de téléchargements – montrant des personnages dans diverses situations de gestion, ne vienne nous offrir une parfaite occasion de suivre, sur plusieurs années, l'émergence de trois dirigeants très singuliers et aux antipodes les uns des autres, qui se construisent, agissent, réussissent et parfois échouent. C'est alors une occasion magnifique de s'interroger sur ce qui est au cœur de l'acte managérial, sur ce qui permet à Daenerys, Tyrion et Jon de s'imposer comme les principaux dirigeants du royaume des Sept Couronnes, et peut-être, de partager quelques éléments afin de regarder différemment les postures de gestionnaires que nous adoptons ou que choisissent ceux et celles qui nous entourent. Cela constitue notre troisième raison de proposer un traité de management s'appuyant sur l'univers de Westeros.

Daenerys Targaryen.
Tyrion Lannister.
Jon Snow.

Trois logiques managériales bien différentes, donc. Si une logique se comprend comme une manière de raisonner et d'agir propre à un individu ou à un collectif, une logique managériale (ou une forme de management) définit les contours d'une manière d'agir cohérente et spécifique permettant à un dirigeant de prendre en charge ceux qui décident de suivre son commandement, et donc de « Planifier, Organiser, Diriger et Contrôler ». Dans ce livre, nous avons baptisé ces trois logiques managériales le management technique – celui qui suit un caractère rationnel; le management charismatique – celui qui suit un caractère charismatique; et le management organique – celui qui suit un caractère traditionnel. Précisons immédiatement que nous n'entendons nullement que les deux derniers sont irrationnels. Par

« caractère rationnel », Max Weber voulait insister sur le fait qu'il trouve sa source de justification, de légitimité, dans la raison (réelle ou supposée). Chaque logique managériale s'incarne dans un « Planifier, Organiser, Diriger et Contrôler » spécifique et différent, voire parfois conflictuel.

Figure 3
Les trois logiques managériales

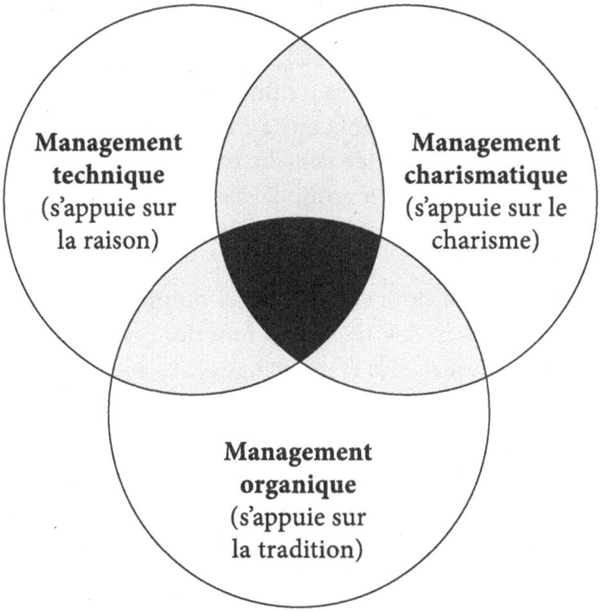

Figure 4
Déclinaison d'une source de légitimité selon le PODC

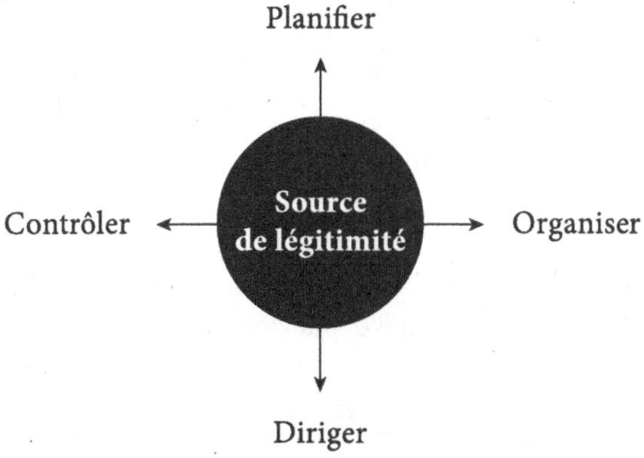

« Planifier », historiquement pensé du point de vue du management technique, c'est certes faire des plans, se livrer à une planification.

Mais du point de vue du management charismatique, on parle plutôt de « vision ». Plus qu'un plan formel, calculé et objectif, le dirigeant propose un avenir, largement fondé sur son imaginaire, qu'il transmet aux autres.

Et du point de vue du management organique – on le voit de plus en plus dans les entreprises depuis une dizaine d'années – on parle de « raison d'être » (*purpose* en anglais). Confondre raison d'être et vision serait une erreur. La vision est individuelle, fondée sur l'imaginaire du seul leader, que celui-ci transmet aux autres. La raison d'être est fondamentalement collective, fondée sur l'histoire commune du collectif et, finalement, sur les valeurs du groupe. Elle est partagée bien davantage qu'elle n'est transmise. Elle est mise au jour plutôt qu'elle n'est révélée.

« Organiser », selon le caractère rationnel du management technique, c'est largement définir des tâches et fonctionner selon le mode du contrat : je te paye un salaire et, en échange, tu accomplis telle et telle tâche.

Du point de vue du management charismatique, on parle cette fois de « rôle » pour l'accomplissement de la mission portée par la vision du leader. On déborde ici du contrat pour se situer davantage dans le mode de la contagion du leader, qui suscite la dévotion de ses suiveurs du premier cercle, puis du second et ainsi de suite.

Du point de vue du management organique, on parle alors du « métier » qui, bien plus qu'une tâche, est une véritable philosophie de la manière dont le travail doit être accompli : un serment, en quelque sorte, où la notion d'expérience, de qualité, est essentielle. On ne parle pas de « contrat », on est plutôt sur le mode du don; le code de déontologie de nombreuses professions (par exemple celui des ingénieurs ou des médecins) en est une belle illustration.

« Diriger », selon le management technique, c'est fondamentalement user de l'autorité formelle, s'appuyer sur la ligne hiérarchique (la ligne de commandement) pour faire parvenir les instructions. Mais pas n'importe quelles instructions; celles qui dépendent des attributions officielles de ceux qui les donnent.

Il en va tout autrement selon le management charismatique; on parle alors plutôt « d'autorité naturelle », voire de « leadership ». L'important ici, c'est que l'on souligne l'aspect très individuel, très personnalisé de la direction charismatique : on obéit non pas parce que leader détient une position formelle, ou parce qu'il incarne telle ou telle tradition, mais uniquement parce que c'est cette personne et pas une autre. La source de son pouvoir n'est pas la règle, mais la personne elle-même, souvent à travers un discours galvanisant.

Au « non, car d'après nos règles, d'après tel raisonnement, ça ne marche pas » (caractère rationnel), ou « moi, je n'aime pas; je ne le sens pas » (caractère charismatique) la direction selon le management organique dirait plutôt « non, car cela ne correspond pas à qui nous sommes, à nos valeurs » (caractère traditionnel). A travers une sagesse collective, c'est bien davantage un jugement responsable qui est à l'œuvre.

Reste le « contrôler ». Selon le management technique, on mesure le travail accompli à partir d'indicateurs objectifs qui visent à maximiser notre efficacité. Il est d'abord question de mesure de performance.

Du côté du management charismatique, on parle plutôt d'autonomisation, liée à l'autoresponsabilisation et au dépassement de soi (renvoyant à la notion d'*empowerment* en anglais), où la question est finalement davantage de savoir si la personne a contribué ou non à la mission portée par la vision ou pas, qu'elle suive ou non des chemins orthodoxes. Et au final, puisque seul le dirigeant charismatique auteur de la vision peut en juger, cela passe par la reconnaissance du chef.

Du point de vue du management organique enfin, le contrôle prend largement la forme d'un contrôle social, exercé directement par le groupe sur chaque individu. Ce n'est ni l'efficacité ni la singularité qui sont valorisées, mais davantage la pérennité et le respect des normes du groupe.

Cela nous donne les caractéristiques concrètes du management technique, du management charismatique et du management organique.

Tableau 3
Le management technique,
le management charismatique et le management organique

	Management technique	**Management charismatique**	**Management organique**
Source de légitimité	*Légitimité rationnelle-légale*	*Légitimité charismatique*	*Légitimité traditionnelle*
Planifier	Le plan formel	La vision inspirante	La raison d'être
Organiser	Le contrat	La dévotion	Le serment
Diriger	Les directives précises	Le discours galvanisant	Le jugement responsable
Contrôler	La mesure de performance	La reconnaissance du chef	Le contrôle social

Daenerys Targaryen.
Tyrion Lannister.
Jon Snow.

La série *Game of Thrones* nous offre ainsi la fabuleuse possibilité d'étudier ces trois logiques managériales dans des formes extraordinairement pures – à croire que George R. R. Martin et les scénaristes de la série aient voulu nous aider à diffuser les modèles clés qui permettent de comprendre les ressorts du management. À la fin de la septième saison, soixante-sept épisodes nous permettent de suivre en détail la construction de ce qui fait la légitimité de Daenerys, de Tyrion et de Jon comme dirigeants, selon des temporalités vraiment variées. Le cheminement de Daenerys avec ses dragons depuis la Grande Mer Herbeuse jusqu'à Westeros, les batailles menées par Tyrion et l'élection de Jon comme commandant de la Garde de Nuit, puis comme roi du Nord, sont autant d'occasions de suivre leurs actions respectives que de cerner les écueils qu'ils rencontrent, permettant ainsi d'illustrer la mise en œuvre du management charismatique, du management technique et du management organique. Dans les pages qui suivent, nous dédions un chapitre à chaque personnage, illustrant ainsi le style de management qui lui est propre, et ce qui fait l'émergence de leur légitimité. L'émergence de Daenerys comme manager charismatique d'abord (chapitre 1), puis l'émergence de Tyrion comme manager technique (chapitre 2), et enfin celle de Jon comme manager organique (chapitre 3). Nous examinerons ensuite comment chacune de ces logiques de management s'incarne dans une capacité à planifier, c'est-à-dire à prévoir l'avenir et à y faire face (chapitre 4); dans une capacité à organiser, c'est-à-dire à s'intégrer dans le collectif qui les entoure (chapitre 5); dans une capacité à diriger, c'est-à-dire à exercer le pouvoir (chapitre 6); et finalement dans une capacité à contrôler, c'est-à-dire à s'assurer que ce qui est fait est conforme à ce qui devait être fait (chapitre 7). Et parce que la série ne se contente pas de montrer ces personnages sous leur meilleur jour, les chapitres 4 à 7 seront l'occasion d'examiner également les limites, voire les dérives, de chacune des formes de management.

Notes

1. Toutes les citations issues de l'œuvre *Game of Thrones* proviennent des dialogues originaux de la série de HBO. La traduction en français est la nôtre.
2. Extrait de l'épisode 5, saison 4, à 10 min 1 s.
3. Extrait de l'épisode 2, saison 2, à 44 min 48 s.
4. Extrait de l'épisode 9, saison 2, à 22 min 25 s.
5. Extrait de l'épisode 8, saison 6, à 13 min 19 s.
6. Weber, M. (1995). *Économie et société*, Pocket; p. 320.
7. *Ibid.*, p. 289-290.
8. *Ibid.*, p. 289.
9. *Ibid.*, p. 289.
10. *Ibid.*
11. Fayol, H. (1918). *Administration industrielle et générale*, vol. 2. Paris, Dunod et Pinat.
12. Déry, R., Pezet, A. et Sardais, C. (2015). *Le Management*. Montréal, Éditions JFD.

Première partie

Daenerys, Tyrion et Jon : trois légitimités singulières

1 | Miracles et charisme, socle du management charismatique

L'émergence de Daenerys

« Adolescent, j'ai entendu parler d'un bébé né lors de la pire tempête de tous les temps. Elle n'avait pas de richesse, pas de terres, pas d'armée, seulement un nom et une poignée de partisans, dont la plupart pensaient probablement qu'ils pourraient utiliser ce nom pour en tirer un profit. Ils l'ont maintenue en vie, la déplaçant d'un endroit à l'autre, devançant souvent de quelques heures seulement les hommes qui avaient été envoyés pour la tuer. Elle a finalement été vendue à un chef de guerre aux confins du monde et là devait finir son histoire. Mais quelques années plus tard, l'homme le mieux informé qu'il me soit donné de connaître m'indiqua que cette fille sans argent, sans terre et sans armée était parvenue à acquérir les trois en un temps record. Et c'est sans compter ses trois dragons. Il pensait qu'elle était notre meilleure chance, notre dernière chance de bâtir un monde meilleur. Je me suis dit que vous méritiez à tout le moins une rencontre. »

Tyrion Lannister

Avez-vous déjà tapé le mot « charisme » dans Google Images? Essayez donc – vous verrez, le résultat est particulièrement éloquent. Nous le faisons en classe, avec nos étudiants, lors de la séance consacrée au charisme et au management charismatique. L'effet sur les étudiants est toujours le même : un silence gêné, mêlé à une certaine consternation. Avez-vous le résultat de votre requête sous les yeux? Que remarquez-vous? Eh oui, vous trouvez des hommes politiques, des chefs d'entreprise, des acteurs – beaucoup d'acteurs en fait… Mais l'essentiel n'est pas ce que l'on trouve, c'est plutôt ce qui est absent. Il n'y a pas une seule femme!

Ce qu'il y a de fascinant avec Google Images, c'est qu'il n'y a pas d'intention, il n'y a pas de conspiration. Il ne s'agit que d'un miroir, rarement flatteur, de nos préjugés. Admettons-le, le plus souvent, lorsque nous utilisons l'adjectif « charismatique », c'est pour désigner un homme; c'est pour caractériser quelqu'un de sûr de lui, à l'aise en public, voire dominant. Viril, finalement.

S'il fallait rendre un seul hommage à George R. R. Martin, l'auteur de *Game of Thrones*, ce serait peut-être celui-ci : ne pas être tombé dans le piège de la facilité et des préjugés. Des trois personnages qui incarnent une forme pure de management légitime, il n'y a qu'une seule femme; mais c'est bien elle qui incarne le management charismatique. Et les scénaristes n'ont pas hésité à jouer avec nous (ou plus précisément, avec Tyrion) sur ce point, comme lorsque lord Varys cherche à convaincre Tyrion de rejoindre Daenerys :

> *Lord Varys : Les Sept Royaumes ont besoin de quelqu'un de plus fort que Tommen, mais de plus doux que Stannis. Un monarque qui peut intimider les grands seigneurs et inspirer le peuple. Un dirigeant aimé par des millions de gens, à la tête d'une puissante armée et doté du bon nom de famille.*
>
> *Tyrion Lannister : Bonne chance pour trouver un tel homme.*
>
> *Lord Varys : Qui a parlé d'un « homme »?*
>
> *(Saison 5, épisode 1, à 35 min 8 s)*

Mais là n'est pas la seule réussite de George R. R. Martin en créant son personnage de Daenerys. Il va bien au-delà de l'acception courant du mot « charisme » pour nous présenter un archétype d'un management charismatique dans son sens le plus pur.

Aujourd'hui, le charisme tend souvent à être associé à une sorte d'éloquence, une facilité à parler en public, voire une simple extraversion. Si l'on revient aux sources de ce mot, on s'aperçoit vite qu'il va bien au-delà de la simple éloquence. L'inventeur du mot « charismatique » n'est nul autre que le sociologue Max Weber, qui forge ce terme à partir du grec *Kharisma*, dont la racine Kharis signifie « la grâce ». Et s'il est un personnage à qui ce terme s'applique tout particulièrement, c'est bel et bien Jésus-Christ. Précisons que Max Weber est avant tout un sociologue des religions; il ne faut guère s'étonner que sa pensée soit imprégnée de références religieuses.

La grâce, en quelque sorte, c'est être choisi par les dieux. On dit d'ailleurs que l'on est « touché par la grâce », tout comme on parle d'« état de grâce ». Cela peut sembler anodin, mais la conséquence est de la plus grande importance conceptuellement : la grâce, et par conséquent le charisme, ce n'est pas quelque chose que l'on possède. Il s'agit bien davantage d'un état que d'un *avoir*; de quelque chose qui nous est *conféré*, plutôt que de quelque chose que l'on peut développer, obtenir, conquérir.

Certes, pourriez-vous dire, mais dans quelle mesure le sens premier du charisme a-t-il un intérêt pour comprendre le management charismatique? De cette conséquence conceptuelle dérivent trois conséquences pratiques qui sont exprimées de façon particulièrement révélatrice chez Daenerys. La première concerne la mise en évidence du charisme; la seconde, sa reconnaissance; et la dernière, sa temporalité.

Sa mise en évidence d'abord. L'individu charismatique, nous disait Max Weber il y a un siècle déjà, est celui à qui l'on reconnaît des capacités extraordinaires, surnaturelles, non accessibles au commun des mortels. En fin de compte, que fait un individu charismatique, qu'attend-on de lui ou d'elle? Qu'il ou elle réalise des *miracles*. Tout comme finalement les prophètes et les messies.

La beauté du langage fait que, même enfouie profondément, l'origine d'un mot ne disparaît jamais complètement. Si aujourd'hui le qualificatif « charismatique » est le plus souvent accolé à tel ou tel individu, en raison de son éloquence par exemple, on attend aussi de lui, en fait, qu'il réalise des miracles. Ces attentes sont particulièrement perceptibles dans le monde politique : la désillusion que nous ressentons souvent face aux hommes et aux femmes politiques tient sans doute à cette attente exorbitante de notre part. Non, quelqu'un qui parle bien ne va pas nécessairement faire de miracles. Mais en l'absence de miracles, nous sommes déçus, et le plus simple est encore d'essayer un autre « leader » qui nous apparaît à son tour charismatique.

Le manager charismatique, c'est donc d'abord celui qui fait des miracles. Pensez à Steve Jobs, l'un des fondateurs d'Apple, si vous en doutez encore : on attendait tout de lui à chaque présentation de nouveaux produits.

Mais vous pourriez rétorquer que Steve Jobs était avant tout l'homme des *keynotes* et des présentations extraordinaires, et que Jésus-Christ était celui qui prononça le Sermon sur la montagne. C'est que réaliser des miracles ne suffit pas. Ce serait oublier que le charisme n'existe que dans le regard des autres. Réaliser un miracle que personne ne voit ne fait pas de vous un être charismatique. Max Weber le répétait inlassablement. Le charisme – comme d'ailleurs toute forme de légitimité – repose d'abord sur une *croyance* : « *D'une façon générale, il faut retenir que le fondement de toute domination* [...] *est une croyance, croyance au « prestige » du ou des gouvernants*[1] ». Dans le cas de la légitimité charismatique, c'est la croyance dans les capacités surnaturelles d'une personne qui fait que vous acceptez de vous soumettre à elle. Faire des miracles ne suffit pas. Encore faut-il que les suiveurs potentiels le voient. Ou plutôt, le croient. Cela peut être parce qu'ils en ont été spectateurs eux-mêmes; cela peut être parce qu'ils font confiance à un témoin – la réputation peut même suffire. D'où l'importance des discours – que ce soient les *keynotes* de Steve Jobs ou les discours de campagne de Barack Obama – qui donnent à voir au plus grand nombre le miracle réalisé, ou plutôt revendiqué. Car de façon ironique, que le miracle ait vraiment existé est secondaire, voire inutile : la seule chose qui compte est la croyance.

Des miracles donc; et surtout, la croyance des suiveurs en ces miracles. Reste un dernier point crucial : la temporalité.

Le charisme est puissant; c'est peut-être la forme de pouvoir légitime la plus puissante, beaucoup plus que la raison ou que la tradition. Le charisme est capable de changer le monde, de s'affranchir des règles ou du passé. Mais c'est aussi la forme de pouvoir la plus fragile, la plus éphémère. Tout d'abord parce que si le charisme est le fait d'une personne, il ne peut survivre au décès de celle-ci. Ensuite, dès lors que la légitimité charismatique repose sur la croyance en la capacité à réaliser des miracles, comment faire en sorte que cette croyance demeure? Vous avez accompli tel miracle il y a dix ans et tout le monde le sait, très bien. Mais qu'est-ce qui nous prouve que vous en êtes encore capable aujourd'hui? C'est précisément pour cela que Max Weber nous expliquait que le charisme a sans cesse besoin de se réactualiser : « *Si la confirmation tarde à venir, si celui qui possède la grâce charismatique apparaît abandonné de son dieu, de sa puissance magique ou de sa puissance héroïque, si le succès lui reste durablement refusé, si, surtout, son gouvernement n'apporte aucune prospérité à ceux qu'il domine, alors son autorité charismatique risque de disparaître*[2] ». Le dirigeant charismatique a donc besoin de se prouver encore et toujours. De faire et de refaire des miracles.

Telles sont les grandes lignes de l'émergence du management charismatique. Mais qu'en est-il concrètement si on l'applique à Daenerys?

I. Exprimer ses désirs, jusqu'à refuser l'ordre établi

Commençons par le commencement. Daenerys ne débute pas son aventure par un miracle. Elle commence simplement par dire « *non* ».

L'histoire s'ouvre à Pentos, dans la villa d'Illyrio Mopatis, marchand d'épices, qui s'occupe de Daenerys Targaryen et de son frère aîné Viserys, en exil depuis que, dix-sept années auparavant, Robert Baratheon a gagné la guerre et a éliminé tous les autres Targaryen encore vivants au sud du Mur. Daenerys a été promise par son frère à un chef dothraki du nom de Khal Drogo. En échange, Drogo s'engage à fournir à Viserys les ressources humaines et financières pour partir à la reconquête du Trône de fer, qui lui revient de droit depuis la mort de son père. Une rencontre est alors organisée pour que le khal puisse voir sa promise et finaliser le contrat. Rencontre à la suite de laquelle, pour la première fois dans la série, Daenerys exprime sa volonté.

> *Daenerys Targaryen : Je ne veux pas être sa reine. Je veux rentrer chez nous.*
>
> *(Saison 1, épisode 1, à 38 min 54 s)*

Il s'agit ici de la troisième scène de la série où l'on voit Daenerys. Et déjà, elle exprime un désir : elle dit « *non* », s'opposant à son frère, avec certes peu de conviction et peu d'effet. On sent ici les prémisses de ce qui va devenir une marque de fabrique de la démarche de Daenerys : une volonté de changer l'ordre du monde. Cette phrase peut sembler anecdotique, mais il n'en est rien. La première chose qu'exprime véritablement Daenerys dans la série, c'est de dire « *je* », ou plus précisément « *je ne veux pas* ».

Elle n'invoque pas une règle ou une tradition; elle n'invoque pas une logique ou une obligation, une nécessité ou une habitude; elle ne s'appuie pas non plus sur un collectif quel qu'il soit. Elle énonce simplement une volonté, la sienne.

Daenerys pourrait faire penser au personnage de la littérature grecque Antigone, qui s'oppose aux directives de son oncle et va enterrer son frère malgré l'interdiction du roi. Mais même Antigone s'appuie sur quelque chose d'autre qu'elle-même : la loi des dieux. Elle est prête à s'opposer à la loi des hommes et à mourir pour cela. Aussi, ce n'est pas un simple désir individuel, comme c'est le cas chez Daenerys.

L'expression de son désir singulier est révélatrice de ce qui va suivre. Le mode opératoire de Daenerys se retrouvera tout au long de son histoire : ses « *je veux* » et « *je ne veux pas* » suffisent à justifier ses actions et ses commandements.

Mais à ce stade, Daenerys ne change encore rien chez les autres. Il lui manque juste d'être suivie... ce qui émergera très progressivement.

Quelques semaines plus tard, Daenerys est devenue la femme de Khal Drogo et, à ce titre, se retrouve dans une posture de khaleesi, femme du khal, ce qui lui donne l'occasion de pouvoir énoncer des volontés qui se trouvent exaucées.

Ainsi, elle fait l'expérience d'être pour la première fois suivie en émettant un premier commandement à l'égard de la horde de Dothrakis : alors qu'ils chevauchent à travers la plaine et qu'un esclave est fouetté pour ne pas avoir marché assez vite, elle exige que la troupe s'arrête. Et quand il lui est demandé pour combien de temps, elle répond simplement : « *Jusqu'à ce que je leur dise de repartir* ».

Cela déclenche alors la colère de son frère :

> *Viserys Targaryen (attaquant Daenerys) : Comment oses-tu! Tu me donnes des ordres? À moi? Tu ne donnes pas des ordres au dragon. Je suis le seigneur des Sept Royaumes. Je ne reçois pas d'ordres des sauvages ou de leurs salopes. Tu comprends ce que je dis?*
>
> *(Un cavalier dothraki, du nom de Rakharo, saisit alors Viserys et s'adresse en dothraki à Daenerys, qui ne comprend pas)*

> *Irri (servante de Daenerys) : Rakharo demande si tu le veux mort, Khaleesi.*
>
> *Daenerys Targaryen : Non!*
>
> *Irri : Rakharo dit que tu devrais lui couper une oreille pour lui apprendre le respect.*
>
> *Daenerys Targaryen : S'il te plaît, ne lui fais pas de mal. Dis-lui que je ne veux pas que mon frère soit blessé.*
>
> *(Saison 1, épisode 3, à 36 min 40 s)*

Il s'agit là de son premier ordre, (en fait, de deux ordres, l'un concernant l'avancée de la troupe, l'autre visant à épargner son frère) que les Dothrakis entérinent, alors qu'elle hérite par lien marital d'un morceau du pouvoir et de l'autorité de Drogo. Bien entendu, il n'y a encore rien de charismatique ici, au contraire. Ce n'est pas parce qu'elle est « elle » que les Dothrakis lui obéissent, mais bien uniquement parce qu'elle est la femme de Drogo.

Cela étant, Daenerys apprend au contact de son mari qui dirige la troupe des Dothrakis : il lui montre le poids que les promesses peuvent avoir sur l'engouement d'un collectif à servir sa cause, et l'intransigeance qu'il faut démontrer face à ceux et à celles qui s'opposent à sa volonté. Cet apprentissage amène ainsi Daenerys à s'opposer sans équivoque à son frère Viserys lorsque celui-ci, las d'attendre que Drogo remplisse sa part du contrat et l'accompagne à Westeros faire la guerre pour récupérer le Trône de fer, entre en rage dans la tente de sa sœur et la frappe.

> *Viserys Targaryen : Ne me réponds pas! Tu n'es que la putain d'un seigneur. Et maintenant tu as réveillé le dragon...*
>
> *(Viserys frappe Daenerys, qui se défend)*
>
> *Daenerys Targaryen : Je suis la khaleesi du peuple dothraki! Je suis la femme du grand khal et je porte son fils. La prochaine fois que tu lèveras la main sur moi sera la dernière fois que tu auras des mains.*
>
> *(Saison 1, épisode 4, à 38 min 18 s)*

Le « *non* » de Daenerys est de plus en plus fort. Il convient de noter plusieurs différences significatives avec l'extrait précédent que nous avons présenté.

Cette fois, il n'y a personne d'autre dans la pièce. Il n'y a pas de Dothraki pour écouter, intervenir, frapper Viserys. Pourtant, cette fois, Viserys croit en cette menace : il a peur de sa sœur et va respecter son désir.

S'agit-il pour autant de management fondé sur le charisme? Absolument pas. Tout d'abord, le pouvoir de Daenerys, comme elle le reconnaît elle-même, vient du fait qu'elle est la khaleesi, la femme du grand khal et la mère de son enfant à naître. C'est uniquement de Drogo qu'elle tire son pouvoir.

Par ailleurs, ce qui fait reculer Viserys, ce n'est pas qu'il respecte la femme du khal, qu'il vient de traiter de prostituée, mais qu'il a peur de la violence qui pourrait être exercée contre lui, et dont il aurait déjà été victime lors de la précédente scène citée, sans l'intervention de sa sœur.

Il reste que Daenerys s'affirme de plus en plus et prépare le terrain.

Elle va un cran plus loin lorsqu'elle empêche les troupes de son mari de violer des jeunes femmes d'un village que les Dothrakis viennent de piller.

Non seulement elle affirme son désir et sa volonté et l'impose aux Dothrakis, mais elle va contre une tradition ancestrale, ainsi que l'avertit Jorah Mormont, chevalier exilé de Westeros entré à son service :

> *Jorah Mormont : Ces hommes ont versé du sang pour leur khal. Maintenant, ils réclament leurs récompenses. Princesse, votre cœur est pur, mais telle est la tradition.*
>
> *Daenerys Targaryen : Je n'ai pas un cœur pur, Ser.*
>
> *Jorah Mormont : Qu'est-ce que vous voulez faire avec eux?*
>
> *Daenerys Targaryen : Amenez-la-moi. Et ces femmes là-bas.*
>
> *Jorah Mormont : Vous ne pouvez pas toutes les réclamer, Princesse.*
>
> *Daenerys Targaryen : Je le peux et je le fais.*
>
> *(Saison 1, épisode 7, à 27 min 35 s)*

Daenerys laisse son désir aller de plus en plus loin, au risque de défier frontalement la tradition. Là repose une composante essentielle du management charismatique : « *La domination traditionnelle est liée au précédent du passé* [...] *La domination charismatique bouleverse le passé et elle est, en ce sens, spécifiquement révolutionnaire*[3] ». Composante essentielle, mais non suffisante, car après tout, c'est toujours sur la légitimité de son mari que Daenerys s'appuie. Preuve en est que c'est auprès de Drogo qu'un des Dothrakis va se plaindre, au motif d'avoir été volé par Daenerys. Et c'est ce même Drogo qui va refuser de lui donner raison contre Daenerys, allant jusqu'à affronter et tuer en combat singulier celui qui n'acceptera pas son ordre.

Daenerys s'affirme donc : elle exprime sa volonté et n'hésite pas à s'écarter de « *ce qui a toujours été fait* », mais cela n'en fait pas encore à ce stade une personne qui exerce un quelconque management charismatique. Ce qui compte, c'est de réaliser des miracles, ou plus précisément, que les autres croient à ces miracles et aux qualités quasi surnaturelles de la personne en question.

II. Accomplir des miracles

Juste avant son intervention précédente lors du pillage d'un village, Daenerys accomplit deux actes remarquables, qu'il est crucial de comparer. L'un est un miracle, mais pas l'autre. Le premier se déroule dans la tente de Daenerys, qui tient dans ses mains un œuf de dragon et le place dans les braises. Sa servante Irri entre alors dans la tente, et Daenerys reprend l'oeuf.

> *Irri : Oh! Khaleesi.*
>
> *(Irri prend l'œuf de ses mains et le laisse tomber instantanément à cause de la chaleur. Elle regarde les mains de Daenerys et n'y voit aucune trace de brûlure. Les deux comparent leurs mains; seule Irri a des marques de brûlure)*
>
> *Daenerys Targaryen : Tu es blessée.*
>
> *(Saison 1, épisode 6, à 7 min 45 s)*

Cette scène est particulièrement importante pour deux raisons. D'une part, ce « miracle » de tenir des œufs brûlants sans être brûlée – contrairement à Irri – prépare le grand miracle de la finale de la première saison, lorsque Daenerys sort vivante et indemne du bûcher; d'autre part, elle vient de reproduire un miracle qui nous avait sans doute échappé. En effet, si la première parole de Daenerys consiste à dire « *non* », la première scène où nous la voyons est celle du bain, lors du premier épisode de la saison. Et alors qu'elle entre dans ce bain, sa servante lui dit : « *Mais le bain est brûlant!* ». Ce moment passe inaperçu, car n'importe qui peut entrer dans un bain très chaud; mais suite à l'incident des œufs, on comprend que Daenerys est entrée sans même s'en rendre compte dans un bain que le commun des mortels n'aurait pas supporté. Miracle à peine visible donc, mais c'est bien ainsi, par un miracle, que les scénaristes nous ont présenté Daenerys pour la première fois.

Il reste que, pour nous, spectateurs, ce n'est qu'au moment où nous voyons qu'elle n'est pas brûlée par les œufs que nous comprenons qu'elle réalise un miracle. N'oublions pas que ce qui compte, ce n'est pas la réalité, mais ce que les autres voient, croient. Et si notre regard a changé sur elle, si sa servante Irri ne la regardera plus jamais de la même façon, il n'en est pas de même des autres qui n'ont pas connaissance de cet événement, puisque ni Irri ni Daenerys n'en parleront.

À l'inverse, la troupe des Dothrakis est témoin cette même journée d'un acte admirable réalisé par Daenerys, mais qui n'est pas un miracle au sens strict du terme. Sous la grande tente commune, les Dothrakis sont rassemblés autour de Drogo pour perpétrer une tradition que toute khaleesi enceinte se doit d'accomplir : manger un cœur de cheval cru.

> *Viserys Targaryen : Elle doit manger un cœur tout entier? J'espère que ce n'était pas mon cheval.*
>
> *Jorah Mormont : Elle s'en sort bien.*
>
> *Viserys Targaryen : Elle n'arrivera jamais à ne pas vomir.*
>
> *(Daenerys continue à manger le cœur, presque jusqu'à la fin. Les spectateurs dothrakis chantent tous à l'unisson, de plus en plus fort. La prêtresse chante aussi, de plus en plus fort. Daenerys finit le cœur sans vomir).*
>
> *(Saison 1, épisode 6, à 16 min 40 s)*

Cette fois, Daenerys est d'ailleurs acclamée par les Dothrakis et Drogo, dont le regard est empli de fierté. Pour autant, il ne s'agit pas d'un miracle. Certes, du point de vue de Viserys, et sans doute de Jorah (voire du nôtre, spectateurs), elle a réalisé un acte absolument remarquable; Viserys ne croyait pas un instant qu'elle en viendrait à bout. Mais du point de vue des Dothrakis, cela n'a rien d'un miracle. Il s'agit d'un rite de passage, que toute khaleesi enceinte se doit de réaliser. Un tel acte n'a aucune conséquence par rapport au charisme qui lui est attribué. Elle est acclamée, non pas parce qu'elle est différente et accomplit des miracles, mais parce qu'elle fait désormais partie du collectif, s'étant soumise au rite initiatique du groupe.

Et alors que Viserys ne comprend pas les acclamations qu'elle reçoit, il saisit très bien que, contrairement à lui, elle est parfaitement acceptée par le groupe. Son prestige, son pouvoir même, grandit, mais il n'a toujours rien de charismatique. Il reste profondément fondé sur son mari, sur le groupe, typique du mode organique que nous verrons dans quelques chapitres.

Deux actes remarquables donc : un miracle qui n'est pas vu, et un acte valeureux, mais qui n'est pas un miracle, vu par tout le groupe. Il faut patienter jusqu'à la toute fin de la saison pour voir Daenerys accomplir son premier grand miracle en public. Alors qu'elle est devenue veuve, et qu'elle a donc perdu tout le pouvoir qu'elle tenait de son rang et de son statut de khaleesi, et alors que Jorah lui demande avec insistance de s'enfuir avant qu'il ne soit trop tard, elle entre dans le bûcher qui a été préparé pour Drogo, concluant ainsi la première saison de la série dans une scène tout à fait épique.

Elle tient dans ses mains ses œufs de dragon fossilisés. Et avant de s'avancer dans les flammes, elle fait une promesse à ceux qui l'entourent :

> *Daenerys Targaryen : Vous serez mon khalasar. Je vois des visages d'esclaves. Je vous libère. Enlevez vos chaînes. Partez si vous voulez, personne ne vous arrêtera. Mais si vous restez, ce sera comme frères et sœurs, comme maris et femmes.*
>
> *[...]*
>
> *Je suis Daenerys du Typhon de la maison Targaryen, du sang de la vieille Valyria. Je suis la fille du dragon. Et je vous jure que ceux qui voudraient vous faire du mal mourront en poussant des hurlements d'épouvante.*
>
> *(Saison 1, épisode 10, à 47 min 4 s)*

Au petit matin, elle en ressort indemne. Cette fois, ce n'est pas seulement que ses mains n'ont pas été blessées en tenant des œufs brûlants devant Irri, elle est sortie d'un bûcher dont il ne reste rien, si ce n'est elle, et ce, sous les yeux de tout son groupe. Mais surtout, elle n'est pas seule à sortir du bûcher.

Elle tient trois bébés dragons dans ses bras. Elle devient alors la *Mère des dragons*.

Ceux qui sont témoins de ces deux miracles se mettent alors à la suivre, à croire en elle. Parce que c'est elle. Et non plus parce que c'est la femme de quelqu'un d'autre, qu'elle porte un certain nom ou qu'elle est entourée de guerriers.

Ils suivent la Mère des dragons. Librement et volontairement.

> *Jorah Mormont : J'ai vu une fille entrer dans un immense brasier avec trois œufs en pierre. Quand le feu s'est éteint, j'ai pensé ne retrouver que ses os, noircis. Au lieu de cela, je l'ai vue, Daenerys, vivante et indemne, tenant sur elle ses bébés dragons. Avez-vous déjà entendu chanter des bébés dragons? [...] Pas évident de rester cynique après cela.*
>
> *(Saison 5, épisode 6, à 17 min 40 s)*

Au final, la première saison peut se penser comme trois événements miraculeux. Un premier que nous ne voyons pas, même s'il est sous nos yeux, dès le premier épisode : entrer dans un bain brûlant; un second, au milieu de la saison et dont nous sommes témoins, tout comme Irri (et peut-être Daenerys elle-même qui prend conscience de son pouvoir surnaturel) : tenir dans ses mains des œufs brûlants; et le dernier, à la fin de la saison, lorsque toute la troupe restante des Dothrakis et Jorah voient Daenerys sortir indemne d'un bûcher en flammes avec trois bébés dragons sur l'épaule.

III. Réactualiser le pouvoir charismatique

Pour autant, l'histoire de l'émergence de Daenerys ne s'arrête pas là, loin s'en faut. Bien sûr, elle dispose maintenant d'une troupe d'adeptes qui la suivraient au bout du monde (du moins, à travers le grand désert rouge). Mais il reste qu'il ne s'agit que d'une toute petite troupe, épuisée et sans ressources.

La réalité rattrape Daenerys une première fois lorsqu'elle voit revenir le cheval (et la tête) du « *sang de mon sang* », son fidèle Rhogo qui a traversé le désert pour trouver un asile possible. Elle a beau être la Mère des dragons, il semble que les Dothrakis qui ont tué Rhogo ne le croient pas ou s'en moquent éperdument. Daenerys a beau formuler des menaces envers les autres khals « *Ils riront beaucoup moins quand j'en aurai fini avec eux* », cela ne donne pas à sa troupe ce dont elle a besoin de toute urgence : de la nourriture et de l'eau.

Et la scène où elle arrive devant la ville de Qarth, à la tête de sa troupe moribonde, est particulièrement révélatrice de la situation. Là, de riches marchands la reçoivent littéralement aux portes de la ville, et sont plus que dubitatifs quant à la véracité de ses propos ou à la crédibilité de ses menaces.

> *Daenerys Targaryen : Je m'appelle Daenerys…*
>
> *Le roi des épices : Daenerys du Typhon de la maison Targaryen.*
>
> *Daenerys Targaryen : Vous me connaissez, Mon Seigneur?*
>
> *Le roi des épices : Seulement de réputation, Khaleesi. Et je ne suis pas un seigneur, simplement un humble marchand. Ils vous appellent la Mère des dragons.*
>
> *[…] Peut-on voir les dragons?*

Daenerys Targaryen : Mon ami, nous avons voyagé de très loin. Nous n'avons pas de nourriture, pas d'eau. Une fois que je verrai mon peuple nourri, je serai honorée…

Le roi des épices : Pardonnez-moi, Mère des dragons, mais aucun homme encore en vie n'a vu un dragon vivant. Certains de mes amis les plus sceptiques refusent de croire que vos enfants existent. Tout ce que nous demandons, c'est la chance de voir par nous-mêmes.

Daenerys Targaryen : Je ne suis pas une menteuse.

Le roi des épices : Oh! je ne le pense pas. Mais comme je ne vous ai jamais rencontrée auparavant, mon opinion à ce sujet n'a que peu de valeur.

[…]

Daenerys Targaryen : Si vous ne nous laissez pas entrer, nous mourrons tous.

Le roi des épices : Ce que nous regretterons sincèrement.

(Saison 2, épisode 4, à 32 min 54 s)

On voit ici toute la portée limitée de la légitimité fraîchement acquise de Daenerys. Les sceptiques qui n'ont pas vu le miracle veulent bien lui accorder le titre de « Mère des dragons », mais ils prennent la peine de préciser, ce qui est de toute importance : « *ils vous appellent* la Mère des dragons ». Et de même que Jorah l'Andal l'annonçait quelques temps auparavant à Daenerys (« *Avez-vous déjà vu un dragon, Khaleesi? Je ne crois que mes yeux et mes oreilles* »), les dirigeants de Qarth appliquent le même principe et ne se fient qu'à des preuves tangibles de la réussite de Daenerys – et au final, ils sont plus intéressés par ses dragons que par elle.

Le spectateur peut d'ailleurs se demander pourquoi Daenerys refuse de se plier à la demande somme toute raisonnable des marchands, à savoir montrer ses dragons; car si le miracle qu'elle a réalisé en sortant indemne d'un bûcher n'a pas laissé de traces, si ce n'est des traces mnésiques dans la tête de ses adeptes, le fait d'avoir fait naître des dragons présente au contraire la particularité – et le grand intérêt – d'être une preuve vivante (au sens propre), visible et donc montrable, de son miracle.

Alors, pourquoi refuse-t-elle? A-t-elle peur que ses dragons, si petits, suscitent les rires et les sarcasmes des marchands de Qarth? Ou bien n'a-t-elle pas encore compris la portée de sa légitimité comme Mère des dragons? Forte de son expérience avec son frère, puis avec les Dothrakis, elle considère peut-être à ce stade que seule la force peut lui permettre d'obtenir ce qu'elle veut de la part d'étrangers, et que si elle montre ses bébés dragons, personne ne la craindra? Il s'agit sans doute d'une grave erreur, car les marchands de Qarth sont bien plus intéressés par des dragons – dont la valeur est inestimable – qu'ils ne craignent la force. Fort heureusement pour elle, l'un des marchands, qui a bien compris l'intérêt de mettre la main sur des dragons, accepte de la cautionner et les sauve, elle et sa troupe, d'une mort certaine.

Car si celui ou celle qui veut exercer un management charismatique peut asseoir sa légitimité sur un seul miracle, il ne peut conserver celle-ci qu'en répétant inlassablement des miracles; d'une part pour convaincre un spectre toujours plus grand d'individus de le suivre; d'autre part pour réactualiser son pouvoir charismatique sur ses suiveurs. Marques incontestables d'une légitimité managériale qui se tourne vers l'avenir et vers la possibilité de changer le monde, les miracles se doivent d'arriver à intervalles réguliers. Réactualiser les miracles est nécessaire pour rappeler aux yeux de tous que l'on en est toujours capable; que l'on est toujours « touché par la grâce ». Et si ce que Daenerys a fait dans le passé est un bon indicateur de ce qu'elle est capable de faire, rien ne remplace un nouveau miracle pour réaffirmer son emprise charismatique.

De ce fait, Daenerys ne se contente pas d'enfanter ses dragons. Elle leur apprend à cracher du feu, grâce à l'injonction « *Dracarys* ». Cela se passe selon un scénario identique à ce que nous avons vu précédemment : à l'épisode du bain dont seule sa servante était témoin correspond la scène où Daenerys donne à manger à ses dragons. Elle leur envoie un morceau de viande en disant « *Dracarys* » pour qu'ils le cuisent à l'aide d'un jet de flammes. Elle est donc capable de leur faire cracher du feu, comme elle était capable d'entrer dans un bain brûlant, mais cela reste encore une curiosité, connue seulement de sa servante et dont le spectateur n'a pas réellement pris la mesure. Au fait de tenir l'œuf brûlant entre ses mains correspond le moment où Daenerys se dégage de la magie des sorciers de Qarth en commandant à ses petits dragons de brûler Pyat Pree, l'un des gouverneurs de la cité qui tentait de l'emprisonner dans l'Hôtel des Nonmourants. Le spectateur est alors témoin à la fois de la puissance de ses dragons, mais aussi du pouvoir extraordinaire de Daenerys de communiquer sa volonté et ses désirs à ses dragons. Et finalement, à l'épisode du bûcher correspond la libération de l'armée des Immaculés.

En effet, la puissance de Daenerys grâce à ses dragons n'est visible aux yeux de tous qu'à ce moment-là, une saison après avoir brûlé Pyat Pree. Alors qu'elle a échangé avec les maîtres de la ville d'Astapor un de ses dragons contre l'armée des Immaculés, une armée d'élite composée d'esclaves émasculés, un des maîtres s'étonne que le dragon qui lui a été donné ne se soumette pas à sa volonté.

> *Kraznys mo Nakloz (s'adressant à la traductrice) : Dites à la salope que son animal n'obéit pas.*
>
> *Daenerys Targaryen (lui répondant directement) : Un dragon n'est pas un esclave.*
>
> *Kraznys mo Nakloz : Vous parlez valyrien?*
>
> *Daenerys Targaryen : Je suis Daenerys du Typhon de la maison Targaryen, du sang de la vieille Valyria. Le valyrien est ma langue maternelle.*
>
> *(S'adressant à son armée)*
>
> *Immaculés! Tuez les maîtres, les soldats, tous les hommes qui portent un fouet, mais ne faites de mal à aucun enfant. Enlevez les chaînes de chaque esclave que vous voyez!*
>
> *Kraznys mo Nakloz : Je suis votre maître! Tuez-la! Tuez-la! Tuez-la!*
>
> *Daenerys Targaryen (s'adressant à ses dragons et visant les maîtres d'Astapor présents) : Dracarys.*
>
> *(Saison 3, épisode 4, à 48 min 28 s)*

A priori, cette libération devrait se lire comme un acte tout à fait illégitime : elle use en effet de manipulation – elle reçoit des esclaves qui lui obéiront en échange d'un dragon qui n'obéira pas à ses nouveaux maîtres, mais toujours à elle; « *un dragon n'est pas un esclave* », rappelle-t-elle. Elle use surtout de coercition en demandant à son armée d'esclaves de tuer les maîtres. Mais pour la première fois, aux yeux de tous, elle utilise ses dragons comme arme de destruction massive : dès lors, la dimension miraculeuse de son acte n'est pas absente.

Comme nous l'avons rappelé à de multiples reprises, ce qui compte dans la dimension charismatique de cette forme de management se passe dans le regard des autres, bien plus que dans la réalité des faits. Il apparaît qu'elle libère les Immaculés par le feu de ses dragons et par sa parole, « *Dracarys* ». Et une fois de plus, elle brise une tradition en jetant le fouet représentant le pouvoir auquel devaient se soumettre les Immaculés, pour les transformer en une armée de suiveurs libres et consentants.

Et elle peut ajouter un autre titre à son nom : la Briseuse de chaînes.

IV. La consolidation

Briser des chaînes, Daenerys va le répéter : tout d'abord à Yunkaï, puis dans la ville de Meereen, où elle décide de s'installer et de gouverner. C'est là que les choses se compliquent pour Daenerys, qui fait face à des jeux politiques féroces et doit s'enfuir de la ville pour échapper à une révolte. Le passage de Daenerys à Meereen sera passionnant d'enseignements, et nous y reviendrons dans les chapitres consacrés à « Planifier, Organiser, Diriger et Contrôler ». Mais il nous faut dès à présent étudier la fuite et le retour victorieux de Daenerys pour bien saisir le processus de consolidation de sa légitimité charismatique. Mais prenons les choses dans l'ordre.

Tout commence une fois de plus par un miracle. Alors qu'elle passe à un cheveu de périr sous les coups de ses opposants, Daenerys monte sur Drogon, son plus gros dragon, et prononce l'injonction « *Valar* », qui déclenche l'envol de Daenerys sous les yeux médusés de ses partisans. Blessé, Drogon doit néanmoins l'abandonner après l'avoir transportée loin du danger. Laissée à elle-même, alors qu'elle se retrouve seule dans la steppe, elle fait face à une petite poignée de Dothrakis.

Elle leur dit alors, avec toute sa confiance en elle et sa force de conviction :

> *Daenerys Targaryen : Je suis Daenerys du Typhon, de la maison Targaryen, Première de son nom, l'Imbrûlée, la reine de Meereen, la reine des Andals, de Rhoynar et des Premiers Hommes, khaleesi de la Grande Mer Herbeuse, la Briseuse de chaînes et la Mère des dragons.*
>
> *(Saison 6, épisode 1, à 39 min 10 s)*

Le résultat n'est pas vraiment à la hauteur de ses attentes. La seule réaction qu'elle provoque chez les Dothrakis est de les faire rire. Et au cas où elle n'avait pas bien compris le sens de leur rire, le chef dothraki lui précise :

> *Khal Moro : Tu n'es personne, le millionième de ton nom, reine de rien, esclave de Khal Moro. Ce soir, je vais coucher avec toi et si le grand étalon est généreux, tu me donneras un fils. C'est clair?*
>
> *(Saison 6, épisode 1, à 39 min 45 s)*

Une fois de plus, démonstration est faite que le charisme n'existe que dans le regard des autres. Qu'importe qu'elle ait ou non fait des miracles, qu'elle soit ou non extraordinaire, qu'elle soit éloquente et confiante. Les Dothrakis ne reconnaissent pas ses miracles et donc son charisme, et elle n'est rien pour eux, sinon une esclave supplémentaire.

Le lecteur pourrait cependant émettre deux objections. La première concerne le fait que tout cela n'est qu'une question de force, de coercition. Elle est seule et démunie; ils sont nombreux et armés, ils peuvent donc faire ce qu'ils veulent. Ils ne reconnaissent que la force après tout et non une quelconque forme de légitimité, pourriez-vous rétorquer.

Ce n'est pourtant pas le cas. En effet, il lui suffit de dire qu'elle était la femme de Khal Drogo pour que le chef dothraki recule.

> *Daenerys Targaryen : Je suis la femme de Khal Drogo, fils de Khal Bharbo.*
>
> *(Khal Moro enlève sa main de Daenerys et fait un pas en arrière)*
>
> *Khal Moro : Pardonnez-moi. Je ne savais pas. Il est interdit de coucher avec une veuve de khal. Personne ne vous touchera. Vous avez ma parole.*
>
> *(Saison 6, épisode 1, à 40 min 26 s)*

Ainsi, ce n'est pas parce qu'ils sont puissants face à elle à ce moment qu'ils n'acceptent aucune source de légitimité : ils reconnaissent et respectent les lois et traditions des Dothrakis. Mais ils ne reconnaissent absolument pas le charisme de la Mère des dragons.

L'autre objection consisterait à souligner que Khal Moro n'accepte pas sa source de légitimité à elle (le charisme) parce qu'elle n'a pas les moyens de la faire respecter. Elle n'a pas son armée, ni ses dragons, ni même le moindre suiveur. Mais là encore, cela ne tient pas. Car quelques épisodes plus loin, alors qu'elle n'a pas plus d'armée ni de dragons ni d'adeptes, tout va changer. Les Dothrakis vont reconnaître sa légitimité charismatique.

En effet, alors qu'elle est dans le temple de dosh khaleen, avec les différents khals qui doivent décider s'ils lui permettent de rester avec les veuves des khals ou s'ils la punissent pour ne pas s'être immédiatement rendue au temple après la mort de son mari, Daenerys y met le feu, brûle tous les khals et sort une fois de plus indemne du brasier.

Le peuple dothraki, présent à ce moment-là autour du temple, pourrait facilement la tuer. Il n'en est rien. Témoins du miracle de Daenerys l'Imbrûlée, ils s'assemblent autour d'elle et se prosternent. Tout comme l'avait fait la petite troupe qui était restée près d'elle après sa sortie du bûcher avec ses bébés dragons.

En réalité, la boucle est bouclée. Elle qui avait émergé comme l'Imbrûlée devant une petite troupe de Dothrakis, morts pour l'essentiel dans le grand désert avant d'arriver à Qarth, la voici de nouveau, à la suite de la répétition d'un miracle, à la tête, cette fois, de *tous* les Dothrakis.

Mais, la première fois, en plus de sortir indemne du bûcher, elle était accompagnée de trois bébés dragons. Et cette fois? Le miracle n'est pas complet. Et d'ailleurs, la nature des relations entre les Dothrakis et Daenerys n'est pas encore claire. Ils la suivent (au sens propre) à travers le pays Dothrak en direction de Meereen, mais elle ne s'est pas encore adressée à eux. Pour faire son grand discours aux Dothrakis, elle attend le moment propice au spectacle propre et nécessaire à un discours charismatique. Sur la route qui les ramène à Meereen, une ombre planant au-dessus de la vallée l'informe que Drogon est proche. Tout est prêt pour la mise en scène dont elle a besoin : elle demande alors à la troupe de l'attendre et s'en va seule. Après une longue attente qui prépare l'assistance, elle descend du ciel sur le dos de Drogon et se pose devant les Dothrakis. Elle peut maintenant parler :

> *Daenerys Targaryen : Chaque khal qui a jamais vécu a choisi trois sang-coureurs pour se battre à ses côtés et le protéger. Mais je ne suis pas un khal. Je ne choisirai pas trois cavaliers de sang. Je vous choisis tous. Je demanderai plus que ce que n'importe quel khal a jamais demandé à son khalasar! Chevaucherez-vous les chevaux de bois à travers la mer noire de sel?*
>
> *(Les Dothrakis crient d'approbation)*
>
> *Tuerez-vous mes ennemis dans leurs costumes de fer et démolirez-vous leurs maisons de pierre?*
>
> *(Cris)*
>
> *Voulez-vous me donner les Sept Couronnes, le cadeau que Khal Drogo m'a promis devant la Mère des montagnes?*
>
> *(Cris)*
>
> *Êtes-vous avec moi? Maintenant et pour toujours?*
>
> *(Cris)*
>
> *(Saison 6, épisode 6, à 49 min 1 s)*

Ce discours boucle la boucle à maints égards. Car fondamentalement, Daenerys exprime son désir, rompt avec les traditions et, forte du miracle qu'elle vient de réaliser devant eux, leur explique qu'elle n'est pas un khal, qu'elle ne choisira pas trois sang-coureurs (un trio de proches cavaliers avec qui le khal partage tout : nourriture, présents, butin, et même, selon les anciennes coutumes, les épouses) et surtout qu'elle franchira les limites que jamais un khal n'a osé demander à des Dothrakis : traverser la mer qui la sépare de Westeros.

Ainsi, alors qu'elle ne dispose de rien d'autre que de ses deux miracles accomplis devant les Dothrakis, être Imbrûlée et Mère des dragons, elle fait ce qu'elle a toujours fait depuis le début : elle dit non. Non à ce qui est attendu d'elle; non à ce qui est attendu d'un chef dothraki; non aux traditions. La Briseuse de chaînes est aussi la briseuse de règles.

Conclusion

L'éclosion de la légitimité de Daenerys qui, d'une pouliche vendue au plus offrant, devient Daenerys du Typhon, la libératrice d'esclaves et Mère des dragons, témoigne parfaitement de ce que nécessite l'émergence du management charismatique. Il ne suffit pas d'accomplir une action hors du commun. Cette action doit être vue, documentée, diffusée. Et répétée. La réputation est souvent un bon véhicule pour propager les accomplissements de celui ou de celle qui mobilise le management charismatique, mais cela reste la majeure partie du temps insuffisant. Des preuves tangibles et concrètes sont toujours nécessaires pour que la contagion opère. Il est ainsi demandé à de multiples reprises que Daenerys montre ses dragons. Au-delà de ce qu'elle est, il est exigé qu'elle donne à voir ce qu'elle accomplit, pour qu'ensuite seulement, elle puisse endosser l'étoffe charismatique, et devenir tour à tour khaleesi, Briseuse de chaînes, Mère des dragons. Ainsi, on comprend bien ce qu'énonce Tyrion lors de sa première rencontre avec Daenerys, discours que nous avons repris dans l'introduction de ce chapitre :

> *Tyrion Lannister : Mais quelques années plus tard, l'homme le mieux informé qu'il me soit donné de connaître m'indiqua que cette fille sans argent, sans terre et sans armée était parvenue à acquérir les trois en un temps record. Et c'est sans compter ses trois dragons. Il pensait qu'elle était notre meilleure chance, notre dernière chance de bâtir un monde meilleur. Je me suis dit que vous méritiez à tout le moins une rencontre.*
>
> *(Saison 5, épisode 8, à 3 min 36 s)*

Mais laissons finalement le soin à Daenerys de se présenter elle-même :

> *Daenerys Targaryen : Je suis Daenerys du Typhon, de la maison Targaryen, Première de son nom, l'Imbrûlée, la reine de Meereen, la reine des Andals, des Rhoynar et des Premiers Hommes, khaleesi de la Grande Mer Herbeuse, la Briseuse de chaînes et la Mère des dragons.*
>
> *(Saison 6, épisode 1, à 39 min 10 s)*

En une seule phrase est résumée l'émergence de Daenerys : nous y retrouvons les trois formes de légitimité que nous avons évoquées dans notre introduction. La légitimité traditionnelle? C'est le fait qu'elle est de la maison Targaryen, et parce qu'elle en est la (supposée) dernière représentante, elle est la reine des Andals et des Premiers Hommes, étant Daenerys I. La légitimité rationnelle-légale? Le fait qu'elle est la reine de Meereen et khaleesi de la Grande Mer Herbeuse. Le charisme? L'Imbrûlée, la Briseuse de chaînes, la Mère des dragons.

Mais quand bien même elle cherche à se relier à toutes les formes de légitimité, une seule compte. Tous la suivent pour les trois éléments directement charismatiques : Jorah la suit parce qu'elle est sortie du bûcher imbrûlée avec trois bébés dragons sur son épaule. Ver Gris et les Immaculés la suivent parce qu'elle est la Briseuse de chaînes; tout comme Missandei, le peuple d'Astapor, Yunkaï et Meereen. Quant aux Dothrakis, ils la suivent parce qu'elle est l'Imbrûlée et qu'elle commande aux dragons.

On comprend donc au final que tout ce qu'obtient Daenerys, de l'argent à son armée, elle ne le doit pas à son nom, ni à son expertise politique ou militaire : non, tout cela vient bien de ses miracles. Et sans cela, elle n'est que peu de choses, comme le lui rappelle Daario Naharis :

> *Daario Naharis : Une reine dragon sans ses dragons n'est pas une reine.*
>
> *(Saison 5, épisode 1, à 39 min 43 s)*

Le management charismatique se voit donc être un management dont la légitimité prend sa source dans les miracles répétés de celui qui se retrouve en position de diriger. Miracles qui peuvent être de nature et de portée variées, mais qui doivent trouver écho et reconnaissance dans l'œil de ceux qui vont être séduits. Dans la relation charismatique, nous assistons à quelque chose de très particulier : d'une certaine manière, l'autre fusionne avec le dirigeant charismatique. Ce dernier a besoin de ses fidèles pour exister, mais eux aussi ont besoin de lui. Ainsi, en croyant à Daenerys, les suiveurs croient en eux. En s'émerveillant de ses miracles, ils anticipent les leurs. Intriqué dans la personnalité du dirigeant charismatique, créant un lien émotionnel avec ses subordonnés, le management charismatique véhicule alors la volonté individuelle de celui ou de celle qui l'incarne.

Notes

1. Weber, M. (1995). *Économie et société*, Pocket p. 345.
2. *Ibid.*, p. 323.
3. *Ibid.*, p. 323-324.

2 | Compétence et position formelle, socle du management technique

L'émergence de Tyrion

> *« Tyrion Lannister est l'une des rares personnes en vie à pouvoir rendre ce pays meilleur. Il possède l'intelligence nécessaire, il possède la volonté, il possède le nom qu'il faut.*
>
> *[…]*
>
> *Un très petit homme peut projeter une ombre gigantesque. »*
>
> *Lord Varys*

Animer un cas portant sur un ou une dirigeante charismatique est le plus souvent une recette gagnante, que ce soit pour faire un livre à succès ou un cours apprécié des étudiants. Il ne faut pas s'en étonner. Après tout, le récit tend à s'approcher d'une épopée lyrique, et comment ne pas être fasciné par ces êtres hors du commun, capables de changer le monde et de réaliser miracle après miracle?

Mais difficile d'imaginer plus opposé à Daenerys Targaryen que Tyrion Lannister. Après la princesse aux pouvoirs surnaturels, voici « le monstre ». Laissons la parole au prince de Dorne, Oberyn Martell, pour nous le présenter :

> *Oberyn Martell : Durant tout le trajet depuis Dorne, tout le monde ne parlait que du monstre engendré par Tywin Lannister. Une tête deux fois plus grande que son corps, une queue entre ses jambes, des griffes, un œil rouge, des organes génitaux à la fois féminins et masculins.*
>
> *(Saison 4, épisode 7, à 38 min 59 s)*

Mais après tout, les histoires de monstre peuvent aussi faire de bons contes. Sauf que la réalité est, dans le cas de Tyrion Lannister, beaucoup moins fascinante.

> *Oberyn Martell : Elle et votre frère nous ont emmenés dans votre nurserie. Et elle a dévoilé le monstre. Votre tête était un peu grosse, vos bras et vos jambes étaient un peu petits, mais pas de griffes, pas d'œil rouge, pas de queue entre vos jambes. Juste un minuscule pénis rose. [...] « Ce n'est pas un monstre », ai-je dit à Cersei. « Ce n'est qu'un bébé. »*
>
> *(Saison 4, épisode 7, à 39 min 29 s)*

Rien d'extraordinaire, donc. Pour autant, est ce que cela le discrédite? Ou, posons la question autrement : en quoi être fascinante ferait de Daenerys une bonne dirigeante? Tel est précisément l'objet de la discussion entre Jorah Mormont et Tyrion Lannister, alors qu'ils font chemin vers Meereen, où se trouve la Mère des dragons, que Tyrion ne connaît pas encore. Tyrion ne peut s'empêcher de poser candidement la question à Jorah :

> *Tyrion Lannister : Pourquoi Daenerys? Pourquoi vaut-elle tout cela?*
>
> *Jorah Mormont : Croyez-vous en quelque chose? [...] En quelque chose de plus grand que nous, je veux dire. Les dieux, le destin. Croyez-vous qu'il y a un plan pour ce monde?*
>
> *Tyrion Lannister : Non.*
>
> *Jorah Mormont : Moi non plus. J'étais cynique, tout comme vous. Et puis j'ai vu une fille entrer dans un grand brasier avec trois œufs en pierre. [...]Avez-vous déjà entendu chanter des bébés dragons?*

Tyrion Lannister : Non.

Jorah Mormont : Pas évident de rester cynique après cela.

(Saison 5, épisode 6, à 17 min 14 s)

Difficile en effet. Sauf que… peut-être là n'est pas le problème. Ce que Tyrion ne manque pas de repérer, et de formuler :

Tyrion Lannister : Ça ne veut pas dire qu'elle va être une grande reine.

Jorah Mormont : Non, effectivement.

(Saison 5, épisode 6, à 18 min 9 s)

Ce qui est extraordinaire, c'est le cas de le dire, avec le management charismatique, c'est qu'il y a un grand absent des discussions, comme un point aveugle de la théorie. On peut être impressionné et fasciné par cette femme qui sort indemne d'un feu avec trois dragons sur l'épaule. On peut avoir envie de la suivre au bout du monde. Mais qu'est-ce que cela nous dit de sa capacité à gouverner? À peu près rien, en fait.

Et Tyrion d'enfoncer le clou en ajoutant : « *Ainsi, une femme qui n'a pas passé un seul jour de sa vie adulte à Westeros en deviendrait la souveraine?* ». Autrement dit, quelqu'un qui ne connaît rien à Westeros, ni à ce qui s'y passe, serait en charge du royaume?

La logique du management technique, au contraire, repose plutôt sur la raison, c'est-à-dire, selon le Larousse : « *la faculté propre à l'homme par laquelle il peut connaître, juger et se conduire selon des principes* ». Le manager technique objective la réalité organisationnelle, la modélise, et agit dans le but de performer avec efficacité. Mais si la poursuite de l'efficacité est au cœur de son mode d'action, sur quoi fonde-t-il sa légitimité? Sur deux éléments intrinsèquement liés à la raison et qui nous guideront dans le récit de l'émergence de Tyrion comme celui qui, finalement, orchestre le plus d'actions collectives dans la fresque de *Game of Thrones* : l'autorité formelle hiérarchique et la compétence.

Tout comme le miracle était la clé du management charismatique, car il ouvrait la porte du charisme, la compétence est la clé du management technique, car elle ouvre la porte de l'autorité hiérarchique formelle. Non pas que la compétence suffise, tout comme le miracle ne suffisait pas à lui seul; non pas qu'elle soit toujours nécessaire, tout comme le miracle comptait moins que le regard des autres, nous l'avons vu.

Mais il reste que la compétence, perçue, supposée ou mimée, est la clé de la légitimité du management technique qui repose sur l'autorité hiérarchique.

Mais avant d'aller plus loin, revenons à la source, là encore, du texte de Max Weber écrit il y a un siècle. C'est lui qui a créé le mot « charismatique »; c'est lui aussi qui, parmi les premiers, a vu et compris l'émergence de la bureaucratie en cette fin de XIXe siècle – qui n'avait pas alors le sens péjoratif qu'on lui donne aujourd'hui. Le caractère rationnel de cette seconde forme de légitimité repose « *sur la croyance en la légalité des règlements arrêtés et du droit de donner des directives* [...] *On obéit à l'ordre impersonnel, objectif, idéalement arrêté, et aux supérieurs qu'il désigne, en vertu de la légalité formelle de ses règlements et dans leur étendue*[1] ».

Et c'est précisément ce qui oppose complètement la logique charismatique à la logique technique. Parce que l'important est la règle impersonnelle, « *il y a absence totale d'appropriation du poste par le titulaire*[2] ». Contrairement au dirigeant charismatique, que l'on suit pour ce qu'il est, indépendamment du poste qu'il occupe, l'obéissance au dirigeant technique est avant tout l'obéissance à une fonction.

Et ce qui compte c'est la règle. « *Les membres du groupement, en obéissant au détenteur du pouvoir, n'obéissent pas à sa personne mais à des règlements impersonnels; par conséquent, ils ne sont tenus de lui obéir que dans les limites* [...] *rationnellement délimitées, que lesdits règlements fixent*[3]. »

Et dès l'instant où la personne n'occupe plus le poste, elle perd toute prérogative; du point de vue de la hiérarchie, elle n'est plus rien. L'individu ne s'approprie rien du pouvoir, qui demeure avec la fonction. Cela signifie à la fois qu'il ne peut aller au-delà des attributions qui lui sont confiées, même s'il le souhaite ou en serait capable, et surtout qu'à l'instant où il quitte sa fonction, il perd la totalité du pouvoir dont il disposait.

Mais qu'en est-il de la compétence, seriez-vous en droit de demander? Eh bien, qui dit « règles » dit qu'il faut déjà connaître ces règles, connaître les attributions des uns et des autres, ce que l'on peut faire ou ne pas faire : « *les règles* [...] *peuvent être (a) des règles techniques, (b) des normes. Dans les deux cas, la formation professionnelle est nécessaire à l'application des règles afin d'obtenir une complète rationalité*[4] ».

D'où l'importance de « *la qualification professionnelle : dans le cas le plus rationnel,* [les titulaires du poste] *sont nommés selon une qualification professionnelle révélée par l'examen, attestée par le diplôme*[5] ».

Et c'est exactement cela qu'illustre Tyrion tout au long des saisons de la série. Bien sûr, dans le monde médiéval de George R. R. Martin, il n'est pas question de diplôme ou de qualification professionnelle. Il reste que toute son émergence, qui le conduira à devenir la Main du roi Joffrey, puis la Main de la reine Daenerys, s'appuyera uniquement sur ses compétences, qu'il va devoir démontrer dans plusieurs épreuves, voire examens.

Mais n'allons pas trop vite, et commençons par le commencement…

I. Développer son savoir et faire la preuve de ses compétences

Vous souvenez-vous de la première fois où il est question de Tyrion dans la série? Comme dans le cas de Daenerys et, nous le verrons bientôt, comme dans celui de Jon, c'est bel et bien au cours du premier épisode que l'on rencontre Tyrion. Daenerys entrait dans un bain brûlant, accomplissant un premier miracle, même si personne ne pouvait encore s'en rendre compte à ce moment-là. Quant à Tyrion, il nous est présenté au cours d'une discussion entre Catelyn Stark et mestre Luwin, alors qu'ils se préparent à accueillir la cour du roi Robert.

> *Catelyn Stark : Nous avons besoin de nombreuses bougies pour la chambre de lord Tyrion. On me dit qu'il lit toute la nuit.*
>
> *(Saison 1, épisode 1, à 22 min 35 s)*

Comme dans la scène du bain de Daenerys, tout est dit dans cette première séquence, mais il est difficile pour le spectateur de le comprendre à ce stade. D'autant que la suite de l'échange entre Catelyn et mestre Luwin nous propose d'autres éléments pour caractériser Tyrion, qui frappent davantage l'imagination.

> *Mestre Luwin : On me dit qu'il boit toute la nuit.*
>
> *Catelyn Stark : Combien pourrait-il bien boire? Un homme de sa… taille.*
>
> *(Saison 1, épisode 1, à 22 min 45 s)*

Quel lien y a-t-il entre la lecture et la compétence, seriez-vous en droit de vous demander? La compétence d'un individu représente l'ensemble de ses capacités et aptitudes spécifiques à maîtriser un sujet et à agir de façon effective dans des situations concrètes. La compétence, à la différence de l'expérience, qui se traduit par le vécu réel d'une situation, peut trouver sa source dans un apprentissage théorique menant au développement d'une connaissance générale, approfondie et reconnue. Par connaissance, on parle ici d'un savoir explicite, qui peut se retrouver mis en mots dans des livres, alors que l'expérience est davantage le monde d'un savoir tacite, difficile à mettre en mots, mais que l'on apprend peu à peu sur le tas au contact de mentors et de situations concrètes.

Bien sûr, la lecture n'a pas pour seul but l'apprentissage théorique. On lit pour le plaisir, pour se détendre, pour prendre des nouvelles de ses amis autant qu'on lit pour apprendre. D'ailleurs, cher lecteur, lisez-vous ce livre pour le plaisir de vous replonger dans l'univers de la série ou pour apprendre un savoir théorique sur le management? Quoi qu'il en soit, dans le cas de Tyrion, la raison de ses lectures ne fait aucun doute.

> *Jon Snow : Pourquoi lisez-vous autant?*
> *[...]*
> *Tyrion Lannister : Je dois bien faire ma part pour contribuer à l'honneur de ma maison, n'êtes-vous pas d'accord? Et comment? Eh bien, mon frère a son épée et moi j'ai ma tête. Et un esprit a besoin de livres comme une épée a besoin d'une pierre à aiguiser. Voilà pourquoi je lis autant.*
>
> *(Saison 1, épisode 2, à 26 min 45 s)*

Et c'est aussi avec ce filtre que l'on peut interpréter la première interaction (par ailleurs violente) qui nous est présentée entre Tyrion et son neveu le prince Joffrey :

> *Tyrion Lannister : Avant de partir, tu demanderas à voir lord et lady Stark pour leur témoigner ta sympathie.*
>
> *Joffrey Baratheon : À quoi cela servira?*
>
> *Tyrion Lannister : À rien. Mais tu dois le faire. Ton absence a déjà été bien remarquée.*
>
> *Joffrey Baratheon : Le garçon ne signifie rien pour moi. Et je ne supporte pas les gémissements des femmes.*
>
> *Tyrion Lannister : Encore un mot et je te redonne une claque.*
>
> *(Saison 1, épisode 2, à 5 min 39 s)*

Car il ne faut pas s'y tromper : il n'est pas question ici de coutume ou de bienséance. Il s'agit *d'étiquette*. Quelque chose que l'on peut apprendre dans les livres; une série de *règles* à respecter en société. Plus précisément une règle impersonnelle, qui s'applique à tous, que « *le garçon ne soit rien pour moi* » ou pas. Bien sûr, ici, Tyrion parle à son neveu, et il n'a pas encore d'autorité formelle qui nécessiterait selon Max Weber, comme nous l'avons souligné en introduction, une connaissance des règles techniques ou des normes qui s'appliquent à la fonction. Mais déjà, on peut voir la différence entre Tyrion et Joffrey. Ce dernier ne connaît pas la règle, et même quand on la lui apprend, il ne lui reconnaît aucune importance. Seule la gifle l'amène à obéir.

Tyrion donc lit beaucoup et s'instruit; il connaît les règles et les applique. Mais sa compétence va beaucoup plus loin. Il est intelligent, capable de construire un raisonnement logique, de bâtir un plan et de se sortir d'une situation délicate. En effet, la première réelle opportunité pour Tyrion de mettre à l'épreuve sa compétence afin d'orienter une action collective se présente lorsqu'il est fait prisonnier par Catelyn Stark, qui le soupçonne – à tort – d'être responsable de l'attentat contre son fils Bran. Tyrion se retrouve alors au cœur d'un procès dans les Eyrié, chez Lysa Arryn, la sœur de Catelyn, procès sur lequel nous aurons l'occasion de revenir plus tard dans ce livre. Tyrion fomente donc un plan pour recouvrer sa liberté en cherchant dans un premier temps à soudoyer son geôlier, puis, après quelques joutes verbales avec ses accusatrices, en demandant un procès par combat, qui sera finalement gagné par Bronn, qui entre par la même occasion à son service. Tyrion prend alors toute la mesure de l'efficacité de son plan et de sa propre capacité à utiliser son intelligence pour asseoir son action, témoignant ainsi de sa compétence de stratège. Il parviendra d'ailleurs à provoquer étonnement et satisfaction chez son père pour avoir réussi, seul, à se sortir de ce mauvais pas.

Mais jusqu'alors, Tyrion ne dispose toujours d'aucune autorité hiérarchique formelle. Il est certes le fils de Tywin Lannister : il est riche, il est intelligent, instruit, compétent même, mais il n'est en charge d'aucun collectif. La situation va changer radicalement à la fin de la saison. Tyrion fait la démonstration de sa compétence à son père; plus précisément, il parvient à lui exposer son analyse de la situation du conflit entre les Stark et les Lannister, mettant ainsi de l'avant sa capacité à lire le contexte, les enjeux et les raisons de la situation, et cela bien mieux que les propres conseillers de Tywin.

Kevan Lannister : Les deux frères Baratheon nous ont affrontés. Jaime capturé, ses armées dispersées... C'est une catastrophe. Peut-être devrions-nous penser à faire la paix.

Tyrion Lannister (renversant un verre) : La voilà, votre paix. Joffrey a veillé à cela lorsqu'il a décidé de couper la tête de Ned Stark. Il vous sera maintenant plus facile de boire dans cette tasse que de faire asseoir Robb Stark à la table des négociations. Il gagne... au cas où vous ne l'auriez pas remarqué.

[...]

Tywin Lannister : Ils ont mon fils! Sortez tous. (À Tyrion) Pas toi. Tu as raison pour Eddard Stark. S'il était en vie, nous aurions pu l'utiliser pour négocier une paix avec Winterfell et Vivesaigues, ce qui nous aurait donné plus de temps pour traiter avec les frères de Robert. Mais maintenant... Folie... Folie et bêtise. J'ai toujours pensé que tu étais un idiot avec un retard de croissance. Peut-être que j'avais tort.

Tyrion Lannister : À moitié faux. Je suis encore un novice en matière de stratégie, mais... à moins de vouloir finir encerclé par trois armées, il semble que nous ne pouvons pas rester ici.

(Saison 1, épisode 10, à 19 min 24 s)

Ce qui est remarquable ici, du point de vue du management, c'est que Tyrion avance tout cela sans la moindre expérience de gestion. C'est la pure utilisation de son intelligence et de ses connaissances (livresques) qui lui permet cela. Il le reconnaît lui-même en soulignant qu'il est inexpérimenté en matière de stratégie, mais qu'il est capable de voir que l'urgence est de déplacer l'armée en passe d'être encerclée, et de contrôler les actions de Joffrey, dont la folie et l'incompétence viennent déjà de coûter cher au royaume.

Tyrion a réussi l'épreuve, que Max Weber évoquait comme un élément clé qui permet de témoigner de la capacité à exercer cette autre forme de management légitime, que nous avons nommé pour ce livre « le management technique ».

Mais nous l'avons dit, tout comme le miracle ne suffit pas pour asseoir la légitimité du management charismatique, la compétence ne confère pas directement la légitimité du management technique. Le miracle doit être reconnu par les autres; la compétence également. La nomination dans une position hiérarchique va l'entériner. Le management technique s'appuie sur la raison, sur la compétence, mais finalement, ce qui est reconnu par les autres, ce qu'ils vont suivre, c'est simplement l'autorité hiérarchique. Reste que, pour être nommé dans une telle position, la reconnaissance de cette compétence par une autorité supérieure est cruciale. Et ici, l'autorité supérieure, c'est Tywin.

Tywin Lannister : Personne ne restera ici. [...] Le reste d'entre nous va se regrouper à Harrenhal. Et tu iras à Port-Réal.

Tyrion Lannister : Pour y faire quoi?

Tywin Lannister : Régner! Tu serviras de Main du roi à ma place. Tu ramèneras ce roi à la raison, ainsi que sa mère, si nécessaire.

(Saison 1, épisode 10, à 21 min 30 s)

La légitimité de Tyrion est alors actée de façon formelle. Il lui suffit d'un bout de papier présentant la signature de son père pour s'asseoir au Conseil restreint, faisant office de Conseil des ministres dirigé par le premier d'entre eux, la Main du roi. Étant donné cet ordre hiérarchique, il peut tout simplement s'établir comme souverain dans les décisions du Conseil.

Cersei Lannister : Que fais-tu ici? C'est le Conseil restreint.

Tyrion Lannister : Oui. Eh bien, je crois bien que la Main du roi est la bienvenue à toutes les réunions du Conseil restreint.

Cersei Lannister : Notre père est Main du roi.

Tyrion Lannister : Oui, mais en son absence...

(Tyrion donne une lettre scellée du sceau de Tywin Lannister à lord Varys, qui la décachette)

Lord Varys : Votre père a nommé lord Tyrion comme Main à sa place pendant qu'il mène la guerre.

(Saison 2, épisode 1, à 8 min 14 s)

Tyrion est maintenant la Main du roi en lieu et place de son père, et sa sœur Cersei peut désapprouver cette décision autant qu'elle veut, elle peut ne pas reconnaître la compétence de Tyrion, cela n'a plus aucune importance : elle ne peut s'opposer dans les faits à la hiérarchie formelle entérinée par la volonté de son propre père.

Et alors que Cersei lui demande comment il a manipulé leur père pour obtenir un tel poste, Tyrion n'essaie même pas de défendre sa propre compétence : il se contente de montrer à sa sœur l'étendue de son incompétence à elle, laissant entendre que telle est la raison pour laquelle Tywin a décidé qu'il fallait qu'une Main du roi soit présente à Port-Réal.

Tyrion Lannister : Tu t'es toi-même attirée les foudres de notre père.

Cersei Lannister : Je n'ai rien fait.

Tyrion Lannister : Je suis bien d'accord... tu n'as rien fait lorsque ton fils a décapité Ned Stark. Maintenant tout le Nord s'est levé contre nous.

Cersei Lannister : J'ai essayé de l'arrêter.

Tyrion Lannister : Vraiment? Eh bien, tu as échoué. Ce genre d'action hantera notre famille pendant une génération.

Cersei Lannister : Robb Stark est un enfant.

Tyrion Lannister : Qui a gagné toutes ses batailles. Réalises-tu que nous sommes en train de perdre la guerre?

(Saison 2, épisode 1, à 8 min 54 s)

Ce qui est stupéfiant dans le management technique et la hiérarchique formelle, c'est qu'en l'espace d'un instant, Tyrion passe d'une position où il ne dirige personne au poste le plus important de toute la hiérarchie. Cela est bien différent du management charismatique qui s'est construit suiveur après suiveur, à partir de miracles réalisés et de la reconnaissance du charisme. Certes, Tyrion a lentement construit sa compétence; mais avant d'être nommé, il n'était rien en termes de hiérarchie. Et tout se passe comme si un petit bout de papier – celui qui énonce les intentions de Tywin et que lit Varys au Conseil restreint – suffisait à tout changer. Et l'on comprend mieux l'importance pour la Main du roi de porter épinglée sur le cœur la broche en forme de main qui traduit la position hiérarchique. Alors que dans le cas de Daenerys, la présence de ses dragons rappelait à tous son miracle, dans le cas de Tyrion, l'insigne de la main indique à tous sa position tout en haut de la ligne hiérarchique.

Attention cependant : la compétence perçue, qui explique pour beaucoup la raison de la nomination de Tyrion, joue également un rôle crucial vis-à-vis de ses suiveurs. La position hiérarchique donne le droit et la légitimité de se faire obéir, notamment parce que toute nomination dans la logique technique présuppose une compétence de la personne nommée. Charge à cette personne ensuite d'en faire la démonstration pour consolider la légitimité initiale et s'assurer que les subordonnés non seulement suivent les directives, mais agissent de façon libre et volontaire; cela afin qu'ils aillent au-delà de la simple application desdites directives, pour proposer des améliorations par exemple, ou enrichir de façon nouvelle et différente l'action collective.

En d'autres termes, pour la pérennité de la légitimité technique, il faut quelque chose de plus, et ce quelque chose de plus, c'est la compétence perçue. Le propre du technique, c'est de s'arrimer à la raison, au raisonnement logique, à la recherche de l'efficacité, et donc à la mise en œuvre de la compétence du manager technique afin de susciter la confiance, mais aussi les efforts, de ceux qui acceptent de se soumettre à l'autorité qu'il incarne.

Aussi, alors que Cersei rejette l'idée d'un Tyrion Main du roi, ce dernier prend le temps de lui démontrer que ses actions à elle ont été d'une piètre efficacité, qu'elle a failli à son devoir et que lui est bien plus compétent qu'elle pour diriger.

Tyrion va ensuite faire de même avec les autres membres du Conseil restreint, et se positionner comme compétent et donc légitime aux yeux de tous : il expose à Varys qu'il n'est pas Ned Stark et qu'il comprend bien comment se joue le jeu politique; il remet à sa place Pycelle quand leur parvient la nouvelle que le commandant Mormont a été attaqué par un mort, en stipulant qu'il faut tenir compte des faits et des témoignages crédibles, peu importe ce que l'on pense individuellement; il envoie Janos Slynt, actuel commandant du Guet, rejoindre la Garde de Nuit à Châteaunoir en punition de sa trahison de la Main précédente, Ned Stark. Tyrion avance ainsi ses pions pour avoir une liberté d'action, et confie à Bronn le commandement du Guet. Comme il l'explique à Varys :

> *Tyrion Lannister : Le Conseil a la réputation de bien mal servir les Mains du roi. Je ne veux pas suivre Ned Stark jusque dans la tombe.*
>
> *(Saison 2, épisode 3, à 41 min 8 s)*

S'ensuit une série d'actes de gestion de Port-Réal, tant dans l'éducation du roi Joffrey que dans la prise en charge de l'élaboration d'un plan pour protéger la ville de Stannis Baratheon – ce que ni son père, ni Jaime ne semblent capables de faire. Ce qui l'amène à son principal acte de manager technique en tant que Main du roi Joffrey : la bataille de la Néra, sur laquelle nous aurons l'occasion de revenir dans le chapitre « Planifier ». Dans cette bataille face à Stannis, Tyrion est le principal instigateur, le cerveau même, de la défense de la cité. Varys le lui témoigne sans équivoque :

> *Lord Varys : Nombreux sont ceux qui savent que sans vous cette ville aurait fait face à une défaite certaine. Le roi ne vous donnera pas d'honneurs, l'histoire ne vous mentionnera pas, mais nous n'oublierons pas.*
>
> *(Saison 2, épisode 10, à 30 min 39 s)*

Et pourtant…

II. Sans insigne, point de salut

Du point de vue de ce qui confère sa légitimité à Tyrion comme manager technique, le plus bel apprentissage de la bataille de la Néra réside dans son après. À la suite de cette bataille, qui se conclut par l'arrivée triomphale de Tywin Lannister appuyée par l'armée des Tyrell, Tyrion perd son titre de Main du roi, son père étant de retour dans la capitale. Il a beau avoir sauvé la cité, il se retrouve dans un grenier obscur, seul, à panser une grande cicatrice qui lui traverse le visage.

> *Tyrion Lannister : Que s'est-il passé?*
>
> *Mestre Pycelle : L'assassin et traître Stannis Baratheon a subi une défaite mémorable face à votre père.*
>
> *Tyrion Lannister : Où sommes-nous?*
>
> *Mestre Pycelle : Ce sont vos nouveaux quartiers. Vous êtes un peu à l'étroit, peut-être, mais ce n'est pas comme si vous aviez besoin de beaucoup de place... Vous n'êtes plus la Main du roi.*
>
> *(Saison 2, épisode 10, à 3 min 3 s)*

Exception faite de Varys, il ne reçoit aucune reconnaissance de ceux qu'il a sauvés, et tous les honneurs de la victoire reviennent à son père. Du jour au lendemain, il était devenu la Main du roi et dirigeait de fait Port-Réal. Et du jour au lendemain, alors qu'il a fait la démonstration de ses compétences et sauvé la ville, il n'est plus rien. Ce dont il se plaint auprès de son père.

> *Tyrion Lannister : J'ai organisé la défense de cette ville pendant que vous teniez vos quartiers dans les ruines de Harrenhal. J'ai dirigé la défense lorsque les ennemis étaient à nos portes, tandis que votre petit-fils, le roi, tremblait de peur derrière les murs. J'ai perdu mon sang dans la boue pour notre famille. Et comme récompense, j'ai été cloitré dans une petite cellule obscure. Qu'est-ce que je veux? Un peu de gratitude serait un bon début.*
>
> *Tywin Lannister : Les applaudissements sont faits pour les jongleurs et les chanteurs. Toi, tu es un Lannister.*
>
> *(Saison 3, épisode 1, à 28 min 34 s)*

Cet épisode témoigne ainsi de la grande précarité de la légitimité du manager technique : si on lui retire son titre, sa position dans la hiérarchie, tout peut s'effriter très vite, car la légitimité n'est pas, à la différence du management charismatique, associée à la personne. Elle n'est pas basée sur la reconnaissance d'exploits singuliers, de miracles, mais porte bien sur l'application de la règle et de l'objectivité : une fois Tywin

Lannister de retour, peu importe les accomplissements de Tyrion, il n'est plus Main du roi, il n'est plus rien, et personne ne chantera son épopée de la bataille de la Néra.

La compétence demeure, mais elle n'est que de la légitimité en puissance. Sans position hiérarchique formelle, elle n'est pas encore actée.

Le caractère dramatique de la chute de Tyrion est amplifié par le fait que les autres formes de légitimité, et donc les autres formes possibles de management, lui sont hors d'atteinte. Il est certes un Lannister, et d'ailleurs il cherche à s'appuyer sur la tradition pour régner sur Castral Roc, ce qu'il demande à son père. Après tout, son frère aîné Jaime ayant renoncé à ses droits sur son héritage en rejoignant les rangs de la Garde royale, Castral Roc lui revient de droit.

> *Tyrion Lannister : Je veux ce qui me revient de plein droit. [...]*
>
> *Tywin Lannister : Nous te trouverons un logement qui sied à ton nom et en récompense de tes faits d'armes lors de la bataille de la Néra. Et le moment venu, on te donnera un poste à la hauteur de tes talents pour pouvoir servir ta famille et protéger notre héritage. Et si tu sers fidèlement, tu seras récompensé par une femme convenable. Plutôt me faire dévorer par les vers que de salir le nom de notre famille et de te faire l'héritier de Castral Roc.*
>
> *Tyrion Lannister : Pourquoi?*
>
> *Tywin Lannister : Pourquoi? Tu le demandes? Toi qui as tué ta mère en venant au monde? Tu es une petite créature mal intentionnée et méchante, pleine d'envie, de luxure et de fourberie. Les lois des hommes te donnent le droit de porter mon nom et d'afficher mes couleurs, car je ne peux pas prouver que tu n'es pas mon fils. Et pour m'apprendre l'humilité, les dieux m'ont condamné à te regarder te pavaner en portant ce lion qui était l'emblème de mon père et celui de son père avant lui. Mais ni les dieux ni les hommes ne pourront jamais m'obliger à te laisser transformer Castral Roc en ton repaire à putains.*
>
> *(Saison 3, épisode 1, à 29 min 32 s)*

Dans cet extrait, Tywin maintient Tyrion dans le seul management technique. Il peut recevoir une « récompense » pour ses « accomplissements » dans la bataille, on peut bien lui trouver une position hiérarchique qui correspond à ses « talents ». Mais Tywin lui enlève tout espoir d'accéder à une quelconque forme de management organique, fondée sur la tradition : jamais il n'aura Castral Roc, parce que jamais Tywin ne reconnaîtra Tyrion comme étant réellement le descendant de ses propres père et grand-père qui portaient ce lion comme emblème. Ce que Tyrion savait depuis toujours, ainsi qu'il l'avait clairement énoncé à Jon :

> *Tyrion Lannister : Laisse-moi te donner un conseil, bâtard. N'oublie pas qui tu es. Le reste du monde ne l'oubliera pas. Porte cela comme une armure et on ne pourra jamais s'en servir pour te blesser.*
>
> *Jon Snow : Qu'en savez-vous? Vous n'êtes pas un bâtard.*
>
> *Tyrion Lannister : Tous les nains sont des bâtards aux yeux de leur père.*
>
> *(Saison 1, épisode 1, à 43 min 21 s)*

Eh oui, nous voici au milieu de notre chapitre sur l'émergence de Tyrion, et nous n'avons encore jamais discuté du fait qu'il s'agit d'un nain. Car cela n'a aucune importance en termes de management technique, qui reconnaît les règles, la position hiérarchique et la compétence. Mais il n'en est pas de même, du moins dans l'univers médiéval de la série (heureusement, les choses ont quelque peu changé!) pour les autres. Non, il ne sera jamais l'héritier de Castral Roc. Nain, nabot, lutin, demi-homme, Tyrion Lannister a beau être né sous la bannière d'une des plus grandes maisons de Westeros, il n'en est pas moins un nain, rejet de la société et surtout déshonneur de son propre père, pour qui il n'est pas vraiment son fils.

Quant au management charismatique, Tyrion s'y essaie aussi. Ainsi, il se lance dans un grand discours enflammé qui semble rallier autour de lui les guerriers de la Colline du Val, alors qu'il s'apprête à participer à sa première bataille, son père lui ayant confié l'avant-garde de son armée en route pour affronter Robb Stark.

> *Tyrion Lannister : Tribus du Val, faites front! Freux! Oreilles Noires! Faces Brûlées! Sélénites! [...] Votre domination sur le Val commence ici et maintenant! Réclamez ce qui vous revient!*
>
> *La foule : Demi-homme! Demi-homme! Demi-homme! Demi-homme! Demi-homme! Demi-homme!*
>
> *Tyrion Lannister : À l'assaut!*
>
> *(Saison 1, épisode 9, à 43 min 46 s)*

Il ne restera conscient que pendant les premières secondes du combat, frappé à la tête par un marteau qui pendait au côté d'un cheval (ce qui ne se serait pas produit s'il avait été plus grand).

Dans ce monde où les hommes ont tendance à accomplir des exploits sur les champs de bataille, sa « stature » n'est certainement pas un avantage; et si le management charismatique n'est pas inatteignable (après tout, rien n'empêche Tyrion de faire des miracles), il reste qu'il apparaît tout de même plutôt hors de portée.

Il en sera de même lors de la bataille de la Néra où, après un grand discours inspirant alors que le roi Joffrey est parti se réfugier avec sa mère, Tyrion décide de mener l'attaque lui-même et finit à moitié mort, avec une grande balafre en travers du visage pour le lui rappeler.

En réalité, on peut se demander si sa difficulté à pouvoir mobiliser un management charismatique n'est pas tout simplement liée à la tolérance très faible de son monde pour toute forme de différence. Ce que lord Varys lui rappelle de façon abrupte et sans détour :

> *Lord Varys : Les gens suivent les leaders et ils ne nous suivront jamais. Ils nous trouvent repoussants.*
>
> *Tyrion Lannister : Je nous trouve repoussants.*
>
> *(Saison 5, épisode 2, à 29 min 2 s)*

III. D'un insigne à l'autre

Tyrion est donc condamné à s'inscrire dans la logique du management technique. Il n'a plus de position hiérarchique certes, mais il n'a pas tout perdu pour autant. Car si la hiérarchie tombe, la compétence demeure. Du moins aux yeux de deux personnes importantes : Tywin d'une part, et lord Varys d'autre part. D'une certaine manière, sa compétence est bien plus grande qu'avant son passage comme Main du roi Joffrey : à l'époque, son père l'avait nommé suite à la démonstration de son intelligence et de sa capacité à lire correctement les situations. Depuis, sa compétence – non plus seulement théorique et potentielle, mais réelle – à diriger avec succès la capitale, est clairement établie.

Et c'est pourquoi, malgré leurs nombreux désaccords et l'inexpérience de Tyrion sur le sujet, Tywin va lui confier le rôle de grand argentier du royaume, tâche à laquelle Tyrion ne va pas faillir. Car c'est bien là toute la force du management technique : reconnaître le potentiel d'un individu basé sur ses compétences, fussent-elles théoriques ou liées à des domaines connexes, et lui donner un espace pour se développer, s'exprimer, grandir.

De même, c'est la reconnaissance de ce talent qui va conduire lord Varys à sauver Tyrion de la mort certaine qui l'attend, après sa condamnation pour l'assassinat présumé du roi Joffrey. Ce que Tyrion a bien du mal à s'expliquer :

> *Tyrion Lannister : Pourquoi [me sauver]? Vous n'êtes pas de ma famille. Vous ne me devez rien.*
>
> *Lord Varys : Je ne l'ai pas fait pour vous. Je l'ai fait pour les Sept Couronnes.*
>
> *Tyrion Lannister : Un nain ivrogne ne sera jamais le sauveur des Sept Couronnes.*
>
> *Lord Varys : Je ne crois pas aux sauveurs. Je crois simplement que les hommes de talent ont un rôle à jouer dans la guerre à venir [...] Vous avez beaucoup de qualités admirables, mais l'apitoiement n'en fait pas partie. Tout imbécile avec un peu de chance peut être bien né et hériter du pouvoir. Mais le gagner soi-même, voilà qui demande du travail.*
>
> *(Saison 5, épisode 1, à 33 min 26 s)*

> *Lord Varys : Vous êtes très bon, vous savez? Pour gouverner. Pendant votre bref mandat en tant que Main.*
>
> *Tyrion Lannister : Je n'ai pas gouverné, j'étais un serviteur.*
>
> *Lord Varys : Un homme de talent quoi qu'il en soit.*
>
> *(Saison 5, épisode 2, à 28 min 28 s)*

Ce qui est extraordinaire dans ces deux séquences, c'est que, là encore, se trouvent les trois logiques managériales. Tyrion ne comprend pas pourquoi lord Varys l'aide en mentionnant deux éléments du management organique : le fait qu'ils ne fassent pas partie de la même famille, et surtout, le fait que lord Varys ne lui doit rien. Il ajoute ensuite qu'il n'a rien de charismatique, conscient qu'il ne sera jamais le « *sauveur des Sept Couronnes* ». Et lord Varys répond uniquement avec les mots du management technique : des qualités admirables; un homme de talent. Et surtout, le fait qu'il a été « *très bon* » à gouverner, lorsqu'il était Main.

Et c'est donc ainsi que Tyrion arrive, à la fin de la saison 5, auprès de Daenerys. Et là, se pose une question épineuse : Daenerys, manager charismatique, peut-elle reconnaître en Tyrion un vivier de compétences qui peut lui être utile?

> *Daenerys Targaryen : Pourquoi devrais-je passer mon temps à vous écouter?*
>
> *Tyrion Lannister : Parce que vous ne pouvez pas construire un monde meilleur toute seule. Vous n'avez personne à vos côtés qui comprend le pays que vous voulez gouverner. Qui connaît les forces et les faiblesses des maisons qui vont vous rejoindre ou vous défier.*

Daenerys Targaryen : J'aurai une très grande armée et de très grands dragons.

Tyrion Lannister : Faire la guerre et faire de la politique ne sont pas toujours la même chose. Quand j'ai servi en tant que Main du roi, je me suis bien débrouillé avec la politique, considérant que le roi en question préférait torturer les animaux plutôt que de s'occuper de son peuple. Je pourrais faire un travail encore meilleur en conseillant un dirigeant digne de ce nom. Si c'est bien ce que vous êtes.

(Saison 5, épisode 8, à 3 min 59 s)

Tyrion, à la suite de ses multiples conversations avec lord Varys, a enfin compris comment vendre ses compétences et comment se rendre légitime aux yeux de la reine : il connaît Westeros, à la différence de Daenerys qui n'y a jamais mis les pieds. Il comprend les enjeux politiques, les alliances stratégiques, l'historique entre les différentes maisons. Et en cela, il comble certaines lacunes du cercle de conseillers qui épaulent la Mère des dragons.

Mais pour que cela soit concret et tangible pour Daenerys, il faudra que Tyrion aille au-delà des belles paroles et réussisse une épreuve. Tout comme la stratégie à adopter face à Robb Stark avait servi de test à Tywin pour évaluer les compétences de Tyrion, Daenerys met à l'épreuve la capacité de ce dernier à la conseiller sur le cas de ser Jorah : banni par la reine, qui avait découvert que ce proche conseiller servait initialement les intérêts d'un autre à ses dépens, le retour de ce dernier à Meereen, fut-il accompagné de Tyrion, est problématique. Daenerys avait en effet promis de tuer Jorah si jamais celui-ci osait revenir.

Daenerys Targaryen : Pourquoi les gens devraient-ils faire confiance à une reine qui ne peut pas tenir ses promesses?

Tyrion Lannister : Quelle que soit la personne qu'était ser Jorah lorsqu'il a commencé à vous espionner, il n'est plus cet homme-là aujourd'hui. Je ne me souviens pas avoir jamais vu un homme sain d'esprit aussi dévoué à votre personne. Il prétend qu'il tuerait pour vous et mourrait pour vous, et rien de ce dont j'ai été le témoin ne me donne de raison d'en douter. Et pourtant il vous a trahie. A-t-il eu l'occasion de confesser sa trahison?

Daenerys Targaryen : Oui. À de nombreuses reprises.

Tyrion Lannister : Et l'a-t-il fait?

Daenerys Targaryen : Non, pas avant d'avoir été forcé de le faire.

(Saison 5, épisode 8, à 4 min 54 s)

Il est ici question de Jorah Mormont, l'homme avec qui Tyrion vient de passer plusieurs semaines dans diverses aventures, et envers qui il a développé une admiration certaine. Il expose alors, à voix haute, son raisonnement logique, où toute partialité liée à sa propre personne et à ses propres sentiments est gommée. Il s'informe auprès de Daenerys pour avoir tous les faits à sa disposition. Puis, il évalue les solutions possibles, non pas au regard de ses propres valeurs, mais au regard de ce qui est déterminant pour Daenerys.

> *Tyrion Lannister : Il vous vénère. Je pense qu'il est amoureux de vous. Mais il ne vous a pas fait suffisamment confiance pour vous dire la vérité. Une vérité déplaisante certes, mais qui revêt une importance capitale pour vous. Il ne croyait pas que vous seriez assez sage pour lui pardonner.*
>
> *Daenerys Targaryen : Alors je devrais le tuer?*
>
> *Tyrion Lannister : Un dirigeant qui tue ceux qui lui sont dévoués n'est pas un dirigeant qui inspire la dévotion. Et vous allez avoir besoin d'inspirer beaucoup de dévotion si vous voulez régner de l'autre côté du Détroit. Mais vous ne pouvez pas l'avoir à vos côtés quand vous le ferez.*
>
> *Daenerys Targaryen : Bannissez ser Jorah de la ville.*
>
> *(Saison 5, épisode 8, à 5 min 55 s)*

Tyrion relève avec brio cette épreuve, et devient un conseiller clé de Daenerys. Et lorsque cette dernière s'envole sur le dos de Drogon pour échapper à la révolte qui soulève Meereen, si Tyrion n'est pas le bienvenu dans l'expédition ayant pour but de retrouver la reine, Daario a d'autres projets pour lui.

> *Daario Naharis : Vous ne nous aideriez pas dans cette expédition. Vous nous aiderez ici à Meereen, cependant. (Se tournant vers Missandei et Ver Gris) Aucun d'entre nous n'a d'expérience pour ce qui est de gouverner une ville à l'exception de lui. (À Tyrion) Vous voulez prouver votre valeur à la reine? Prouvez-le ici même à Meereen.*
>
> *Jorah Mormont : C'est un nain étranger qui parle à peine la langue. Pourquoi les habitants de Meereen l'écouteraient-ils?*
>
> *Daario Naharis : Ils ne le feront pas. Mais ils écouteront Ver Gris.*
>
> *(Saison 5, épisode 10, à 33min 56 s)*

Concrètement, Daario propose une nouvelle épreuve à Tyrion : gouverner la ville de Meereen en l'absence de la reine. Tâche dont Tyrion s'acquittera avec compétence vues les circonstances et le retour tardif de Daenerys. Surtout, il ne va pas la diriger dans son intérêt à lui, en témoigne cet échange entre Missandei et Varys :

> *Tyrion Lannister : Il ne suffit pas que Meereen soit en paix. Les habitants doivent savoir que Daenerys en est responsable. Les Fils de la Harpie ont une bonne histoire : « Résister aux envahisseurs étrangers ». Notre reine a une histoire encore meilleure. Mère des dragons, Briseuse de chaînes et… tout ça.*

Missandei : Les gens savent qui leur a apporté la liberté.

Tyrion Lannister : Oui, mais savent-ils qui leur a apporté la sécurité? Qui a mis fin à la violence?

(Saison 6, épisode 5, à 30 min 50 s)

Tyrion comprend le mode de fonctionnement de sa reine, sa légitimité construite au travers des miracles et donc la nécessité de créer des narratifs autour de cela pour continuer d'établir sa réputation, avant de traverser pour Westeros. En cela, il se positionne très différemment de son appétence à recevoir la reconnaissance du peuple pour son rôle joué dans la défense de la ville contre l'armée de Stannis lors de la bataille de la Néra. Il cherche ici à construire la reconnaissance *pour* Daenerys.

Et le retour de la reine est alors l'occasion pour Daenerys d'entériner l'ascension de Tyrion à ses côtés, et de lui accorder une position hiérarchique formelle, reconnaissant les compétences du manager technique qu'est Tyrion.

Tyrion Lannister : Je crois en vous. C'est vraiment gênant. Je vous offrirais bien mon épée, mais je n'en ai pas.

Daenerys Targaryen : C'est de vos conseils dont j'ai besoin.

Tyrion Lannister : Ils vous sont acquis. Maintenant et pour toujours.

Daenerys Targaryen : Bien. J'ai quelque chose pour vous. Je ne sais pas s'il est bien fait.

(Daenerys épingle une broche de la Main du roi sur la poitrine de Tyrion)

Daenerys Targaryen : Tyrion Lannister, je vous nomme Main de la reine.

(Tyrion retient ses larmes, puis se met à genoux.)

(Saison 6, épisode 10, à 46 min 57 s)

Conclusion

Main du roi Joffrey. Grand argentier de Westeros. Main de la reine Daenerys. En six saisons, par trois fois, Tyrion se voit octroyer une position formelle en reconnaissance des compétences dont il fait la preuve à de multiples reprises. Tout d'abord théoriques et extraites de ses lectures, les connaissances de Tyrion s'enrichissent de l'analyse des différents événements qu'il vit, des argumentaires qu'il développe, des décisions qu'il prend. Il témoigne également d'une capacité à s'éloigner de ses propres émotions, de sa propre subjectivité, pour laisser parler la raison, la logique, le rationnel. Et Tyrion lui-même le résume dans une phrase, devenue rapidement culte auprès des fans de la série :

> *Tyrion Lannister : C'est tout moi. Je bois et je sais des choses.*
> *(Saison 6, épisode 2, à 22 min 23 s)*

Telle est bien la clé du management technique : l'analyse de toute situation pour en construire une réalité organisationnelle objective, afin d'en tirer le meilleur parti avec efficacité. Et cette capacité se doit d'être reconnue et entérinée par une position hiérarchique.

Il est alors intéressant de souligner que si Tyrion incarne bien cette légitimité technique, il passe aussi l'ensemble de la série au service des autres : au service de son père, au service de son neveu le roi Joffrey, au service de Daenerys, voire même au final au service de Jon Snow quand il s'agira de protéger les vivants contre l'armée des Morts. Et c'est peut-être là l'une des grandes forces du management technique : pouvoir se mettre au service du management organique ou du management charismatique en offrant un socle de compétences permettant d'analyser toute situation, de comprendre les miracles du charismatique et les valeurs collectives de l'organique, et d'agir en complémentarité de l'une ou l'autre des logiques managériales.

En cela, le manager technique est souvent l'adjoint tout désigné, qui peut rendre concret la vision du manager charismatique, et efficace les volontés collectives du manager organique. Avec toujours le risque de s'y substituer et de dénaturer la spécificité des deux logiques managériales.

Notes

1. Weber, M. (1995). *Économie et société*, Pocket, p. 289.
2. *Ibid.*, p. 293.
3. *Ibid.*, p. 291.
4. *Ibid.*, p. 292.
5. *Ibid.*, p. 294.

3 | L'expérience, socle du management organique

L'émergence de Jon

Lord Mormont : Tu veux diriger un jour?
(Jon acquiesce)
Lord Mormont : Alors apprends à suivre les ordres.

Être magnétique au point d'attirer des suiveurs et de leur inspirer une volonté d'agir. Ou bien comprendre les rouages de l'organisation et savoir faire tourner la machine collective. Tels sont les deux visages du management que l'on oppose souvent l'un à l'autre, et qui constituent la tendance depuis bien des années dans les écoles de commerce. En effet, l'enseignement du management émerge à l'université à la suite des premiers écrits sur le management par Taylor en Amérique du Nord et Fayol en Europe, qui formalisent des pratiques gestionnaires orientées vers l'optimisation, la division du travail et l'efficacité. Pendant près d'un demi-siècle, les écoles de gestion se sont donc attachées à transmettre à des générations de futurs gestionnaires ce qui permet de « Planifier, Organiser, Diriger et Contrôler » de façon efficace et rationnelle le travail collectif. Au cœur de ces enseignements? La logique de planification par échéancier, le découpage du travail en tâches pour définir et optimiser l'allocation des ressources, la formulation de directives, l'évaluation de la performance par indicateurs, bref, le cœur du management technique. Jusqu'à ce que le ralentissement économique des années 70 mette sur la table de nouveaux enjeux : les entreprises ne sont alors plus seulement des lieux de croissance économique, mais deviennent des lieux de vie, où la mobilisation des employés est clé et où la capacité des managers d'inspirer leurs collaborateurs est valorisée. Les *business schools* évoluent alors, et se mettent à valoriser le « leadership », faisant *de facto* entrer la logique charismatique dans leurs enseignements.

Le management technique et le management charismatique. Les deux visages du management que l'on a souvent opposé l'un à l'autre. Mais si le management technique se formalise au début du XXe siècle, c'est bien qu'il s'est construit en s'opposant à ce qui précédait. Car le pilotage de l'action collective précède de bien des siècles les premiers écrits sur le management. L'armée, l'église, les orchestres ou encore le service domestique d'une maison noble sont autant d'exemples de collectifs organisés et gérés depuis bien avant la croissance des premières entreprises. Collectifs pour lesquels des pratiques de gestion existaient bel et bien. Opposer le management technique et le management charismatique, c'est donc laisser de côté la logique de management qui précédait la logique de management technique, une logique managériale contre laquelle il a fallu écrire et enseigner. C'est oublier aussi l'une des trois formes de domination légitime de Max Weber, aux côtés de la domination rationnelle-légale et de la domination charismatique.

Mais alors, qu'est-ce qui peut bien façonner cette troisième forme d'action du management? Comme dans les chapitres précédents, revenons à la source et à Weber : « *Nous qualifions une domination de traditionnelle lorsque sa légitimité s'appuie, et qu'elle est ainsi admise, sur le caractère sacré de dispositions transmises par le temps ("existant depuis toujours") et des pouvoirs du chef*[1] »; « *Dans le cas de la domination traditionnelle, on obéit à la personne du détenteur du pouvoir désigné par la tradition et assujetti (dans ses attributions) à celle-ci, en vertu du respect qui lui est dû dans l'étendue de la coutume*[2] ».

Certes, mais encore?, pourriez-vous être tenté de dire... En fait, deux éléments doivent attirer notre attention. D'un côté, la notion de temps, de temps long, « *existant depuis toujours* ». On ne peut pas facilement créer de nouveaux règlements – comme dans le cas de la domination rationnelle-légale; et on ne peut pas non plus tout réinventer, selon la volonté du chef charismatique, comme dans le cas de la domination charismatique.

Second élément : le détenteur du pouvoir est « *assujetti (dans ses attributions)* » à la tradition. Or la tradition, contrairement à des règlements censés être objectifs et rationnels, est le propre d'un groupe. La tradition est celle acceptée par un groupe particulier qui possède une histoire commune, des valeurs partagées.

Finalement, à défaut d'être soumis aux membres du groupe en tant que tel, le chef est ici soumis au contrôle du groupe, en ce sens que ce sont les coutumes de ce dernier qui non seulement déterminent qui sera le chef, mais quelle sera l'étendue de ses pouvoirs : « *On n'obéit pas à des règlements, mais à la personne appelée à cette fin par la tradition ou par le souverain que détermine la tradition. Ses ordres sont légitimes. En partie, et d'une manière très nette, en vertu de la tradition qui en détermine le contenu, dans l'idée admise, et dans son étendue, qu'il pourrait devenir dangereux pour la situation traditionnelle même du seigneur de transgresser les limites de la tradition. En partie en vertu de l'arbitraire du seigneur, auquel la tradition assigne une relative latitude*[3]. »

Le chef dispose d'une relative autonomie – la partie discrétionnaire – mais reste largement soumis à la tradition et, de fait, au contrôle du groupe. Ce qui nous amène à proposer notre troisième « *management* », lui aussi inspiré par les types de légitimité de Weber, et qui s'oppose autant au management technique qu'au management charismatique : le management organique.

Quel est le point commun entre l'armée, l'orchestre, le service domestique, ou encore les corporations de métiers? L'idée de « faire corps » autour d'un but commun et partagé. Le management organique place le groupe comme primordial, et la logique de la pérennité comme un idéal à atteindre. « Organique », si on se plonge dans le Larousse, renvoie bien sûr à la notion d'organe, « *partie vivante d'une unité plus grande, qui assure une fonction particulière* ». Mais « organique » se comprend aussi comme un adjectif qualifiant « *ce qui est inhérent à la structure de quelque chose, à sa constitution* ». Le management organique, donc, se pense comme un management au service du groupe et qui œuvre pour la communauté. Et s'il est un collectif dans la série *Game of Thrones* qui valorise plus que tout la cohésion du groupe, dont les membres prêtent le serment à vie de défendre le royaume au prix de leur propre existence, dont le mode de fonctionnement est régi par l'expérience des frères-jurés accumulée depuis des siècles, et dont les commandants sont même élus par leurs pairs, y compris le 998e de leur histoire… C'est bien la Garde de Nuit.

Jon Snow. Élu 998e commandant de la Garde de Nuit. Puis roi du Nord. Et suivi par ce qui reste du Peuple Libre par-delà le Mur. Jon Snow nous offre une possibilité unique de plonger dans le management organique, d'en comprendre les fondements et les mécanismes.

Et justement, sur quoi s'appuie l'émergence de Jon? Dans le cas de Daenerys, nous l'avons vu, la clé de l'émergence de son management charismatique résidait dans ses *miracles*, qui faisaient d'elle une personne aux qualités extraordinaires, voire surnaturelles, propres à fonder une légitimité charismatique. Tyrion, de son côté, tirait la légitimité rationnelle-légale propre à fonder son management technique de sa position officielle comme Main; mais celle-ci n'était elle-même possible que parce qu'il faisait preuve de *compétence*. Miracle pour l'un, compétence pour l'autre; qu'en est-il de Jon?

Le management organique, nous l'avons vu, repose sur l'acceptation par le groupe. Point besoin de miracle; point besoin non plus en fait de compétence. En revanche, s'il est une chose qui est valorisée par le management organique, c'est *l'expérience*. Elle est essentielle à plus d'un titre. D'abord, dans le cadre des traditions et coutumes largement implicites du groupe, il faut de l'expérience pour savoir ce que l'on fait, ce que le groupe a toujours fait et attend que l'on fasse dans telle ou telle circonstance. Ce n'est pas quelque chose que l'on peut apprendre dans des livres ou dans une formation accélérée. Et ce n'est certainement pas quelque chose que l'on peut détenir de façon innée, par son seul génie. Mais cette expérience, c'est aussi celle de celui qui a appris sur le tas, souvent avec d'autres, qui ont pu lui apprendre non pas seulement quoi faire, mais toutes les valeurs qui y sont associées; comment le faire bien, du point de vue du groupe. Et c'est aussi en faisant avec d'autres que se créent les liens essentiels au management organique, où le groupe occupe une place centrale. Liens si forts qu'ils peuvent conduire assez aisément au sacrifice pour le groupe, si nécessaire.

Bien sûr, cette notion d'expérience n'est pas chez Weber. Dans la légitimité traditionnelle, on l'a vu, ce qui compte, c'est la tradition, la coutume; le fait que le chef ne peut outrepasser les pouvoirs qui lui sont conférés par la tradition. D'une certaine manière, le mot-clé dans ce cas, c'est l'héritage, celui qu'on reçoit des anciens et transmet aux nouveaux, qui inclut les valeurs, un imaginaire commun, des façons de faire, etc. La source de légitimité, c'est le groupe, en ce qu'il est non pas un regroupement d'individus, mais bel et bien un collectif qui partage un imaginaire, une histoire, des valeurs. Et l'expérience est sans doute ce pont entre le passé et le présent, entre les anciens et les plus jeunes.

Comme pour Daenerys et Tyrion, l'émergence de Jon passera par plusieurs phases, et aussi des revers. Dans un premier temps, il devra apprendre - et ce sera loin d'être évident pour lui - à être accepté par le groupe; puis, ses différentes expériences - et le fait qu'il soit prêt à se sacrifier pour le groupe, aboutiront à son élection comme 998e lord commandant de la Garde de Nuit... jusqu'à son assassinat. Alors, il émergera comme chef organique d'un groupe beaucoup plus grand que la Garde de Nuit, incluant le Peuple Libre, ou ce qu'il en reste, et le Nord, qui le choisira comme roi.

I. S'intégrer à un collectif

Ce qui guide la majeure partie des actions de jeunesse de Jon, et ce depuis les premières scènes où il nous est présenté, c'est la recherche de l'appartenance à un groupe, la recherche d'une filiation qui lui échappe.

Si les premières images de Daenerys nous donnent à voir un miracle (l'entrée dans le bain brûlant), si les premiers mots concernant Tyrion portent sur sa connaissance livresque, les scénaristes ne nous déçoivent pas en nous présentant dès le premier épisode Jon au sein de ses frères; il encourage Bran qui s'exerce à l'arc. Ses paroles sont alors parfaitement éclairantes : « *Allez, Père te regarde. Ainsi que ta mère* ».

Jon nous est ainsi présenté d'entrée de jeu attentif aux regards des autres, notamment de son père; il est aussi celui qui accompagne et conseille ses frères (« *Ne réfléchis pas trop Bran* »), et exerce un contrôle social pour les aider à adopter les comportements qu'il convient (« *Ne détourne pas le regard. Père le saura si c'est le cas* »). Et ce que ses premières paroles nous apprennent aussi, c'est que Jon Snow est un bâtard. Présenté comme le fils illégitime de Ned Stark, son père. Rejeté par Catelyn Stark, la mère de ses frères et sœurs. Tel est d'ailleurs l'objet du premier échange de la série entre Jon et Tyrion.

> *Tyrion Lannister : Et toi, tu es le bâtard de Ned Stark, n'est-ce pas? Oh! je t'ai offensé? Pardon. Tu es pourtant bien un bâtard.*
>
> *Jon Snow : Lord Eddard Stark est mon père.*
>
> *Tyrion Lannister : Et lady Stark n'est pas ta mère, ce qui fait de toi un bâtard. Laisse-moi te donner un conseil, bâtard. N'oublie jamais ce que tu es. Le reste du monde, lui, ne l'oubliera pas. Porte cela comme une armure et on ne pourra jamais te blesser avec ce mot.*
>
> *(Saison 1, épisode 1, à 43 min 10 s)*

Jon n'est pas un Stark. Il ne le sait que trop bien. Toujours au premier épisode, alors qu'il trouve cinq jeunes sombres loups, il ne peut que constater :

> *Jon Snow : Lord Stark? Il y a cinq chiots. Un pour chacun des enfants Stark. Le loup est l'emblème de votre maison. C'est le destin. [...]*
>
> *Bran Stark : Mais toi, Jon?*
>
> *Jon Snow : Je ne suis pas un Stark. [...]*
>
> *Robb Stark : Mais qui voilà? (Jon sort de sous une roche un petit loup blanc)*
>
> *Theon Greyjoy : Le vilain petit canard de la portée. Celui-là est pour toi, Jon.*
>
> *(Saison 1, épisode 1, à 17 min 20 s)*

Ce ressenti ne s'estompera pas avec les années. Bien plus tard, alors qu'il a été élu lord commandant de la Garde de Nuit, que le Peuple Libre s'est battu pour lui et qu'il vient de remporter la bataille des Bâtards, ce sentiment d'être rejeté par le groupe ne s'est pas évanoui :

> *Jon Snow : Quand nous avions des fêtes, notre famille s'asseyait ici... et moi je m'asseyais loin là-bas.*

Mélisandre : Ça aurait pu être pire, Jon Snow. Vous aviez une famille, des fêtes à célébrer.

Jon Snow (soupire) : Oui, vous avez raison. J'ai eu beaucoup de chance.

[...]

Jon Snow (à Sansa) : J'ai demandé à ce qu'on prépare la chambre des maîtres pour toi.

Sansa Stark : La chambre de Mère et de Père? Tu devrais la prendre.

Jon Snow : Je ne suis pas un Stark.

Sansa Stark : Tu l'es pour moi.

Jon Snow : Tu es la Dame de Winterfell. Elle te revient.

(Saison 6, épisode 10, à 32 min 28 s)

Tout cela explique peut-être le désir si fort en lui de faire partie d'un collectif qui saura lui donner une juste place; il exprime très jeune sa volonté de rejoindre les rangs de la Garde de la Nuit, le corps militaire presque millénaire qui garde le nord du royaume et le défend des invasions des Sauvageons et des Morts qui se relèvent.

Alors que son oncle, lui-même membre de la Garde, lui demande pourquoi il ne participe pas à une fête qui se tient au château, Jon répond :

Jon Snow : Lady Stark pensait qu'il serait peut-être insultant pour la famille royale de faire asseoir un bâtard au milieu d'eux.

Benjen Stark : Eh bien, tu es toujours le bienvenu sur le Mur. Aucun bâtard ne s'y est jamais vu refuser une place.

Jon Snow : Alors amenez-moi avec vous quand vous y retournerez. [...] Je suis prêt à prêter serment.

Benjen Stark : Tu ne sais pas ce à quoi tu renoncerais. Nous n'avons pas de famille. Aucun de nous ne sera jamais père.

Jon Snow : Je ne me soucie pas de cela.

Benjen Stark : Tu devrais, si tu savais ce que cela signifie.

(Saison 1, épisode 1, à 41 min 33 s)

Clairement, Jon semble très peu informé de la nature de ce qui l'attend et ne prend pas la mesure des sacrifices que cela implique. Et c'est bien là l'une des caractéristiques de l'émergence de Jon Snow comme manager organique. Il est tellement à la recherche de reconnaissance collective, qu'il est prêt à s'emparer de toute occasion de faire partie d'un collectif sans même en examiner les conséquences, alors que dans le cas de la Garde de Nuit, l'engagement n'est pas réversible. Jaime Lannister s'amuse d'ailleurs à le rappeler à Jon : « *ça doit être exaltant de servir dans une telle force d'élite. Et si ce n'est pas le cas, cela ne durera que le temps d'une vie* » (Saison 1, épisode 2, à 12 min 44 s).

Pour autant, à son arrivée au Mur, l'intégration au groupe n'est pas d'une claire évidence pour Jon. Il accumule les faux pas, ce qui lui vaut la méfiance, puis la franche antipathie de nombreuses jeunes recrues et de ser Alliser, en charge de l'intégration des nouveaux membres. Il se retrouve même affublé du sobriquet de lord Snow.

En effet, cherchant désespérément à se faire accepter et reconnaître, Jon se méprend complètement sur ce qui est valorisé dans une organisation comme la Garde de Nuit; il est persuadé que se montrer meilleur que les autres va lui attirer le respect de tous.

Or, l'une des clés du management organique se trouve être l'intégration par un groupe, l'assimilation de valeurs et de connaissances ancestrales qui forgent l'identité, l'histoire du collectif. Et dans une communauté qui valorise le management organique, il n'est pas lieu d'essayer de se distinguer – propre au management charismatique – ou de prouver sa compétence, comme dans la logique technique.

Sachant se battre, ayant le sang des Stark dans les veines, Jon ridiculise ses compagnons de fortune lors des entraînements au combat, n'hésitant pas à montrer et à insister sur sa supériorité.

Alors qu'il vient de briser le nez d'un de ses collègues – et futur ami Grenn – et de se moquer de lui, laissant entendre qu'il vient d'améliorer son visage, il se plaint auprès de Tyrion de n'être toujours pas accepté par un groupe. La raison cette fois ne fait pas de doute à ses yeux : « *Ils me détestent parce que je suis meilleur qu'eux.* » (Saison 1, épisode 3, à 26 min 33 s)

Par « *meilleur* », Jon veut sans doute dire meilleur au sens de ses compétences – il manie en effet mieux l'épée qu'eux –, mais aussi meilleur au sens de ce qu'il est : lui n'est pas un condamné qui a été envoyé sur le Mur, il a choisi de venir servir la Garde.

Mais comme le lui fait remarquer Tyrion, les nouveaux camarades de Jon n'ont pas eu la chance d'avoir un maître d'armes qui leur a appris le maniement des armes : « *C'est une chance qu'aucun d'entre eux n'ait été formé par un maître d'armes comme votre ser Rodrik* », il n'y a donc pas une si grande gloire à leur être supérieur. D'autant, ajoute Tyrion que probablement aucun de ceux qu'il vient de battre si aisément n'ont jamais porté une vraie épée avant d'arriver ici.

Surtout, même si la plupart des autres sont des repris de justice, cela n'en fait pas pour autant des hommes méprisables. Après tout, comme le lui apprend Tyrion, ce même Grenn a été abandonné dans une ferme à l'âge de trois ans; quant à Pyp, il avait volé un fromage pour nourrir sa petite sœur qui n'avait rien mangé depuis trois jours.

Pour être accepté au sein d'un collectif tel que la Garde de Nuit, nul besoin de faire des miracles ou de briller par ses compétences comme dans le management charismatique ou technique. Nul besoin de se distinguer. Il faut d'abord être tout simplement un homme comme les autres, accepter son sort, et attendre le moment venu. Après Tyrion, c'est son oncle Benjen qui le réprimande, alors qu'il l'accompagne pour sa première fois en haut du Mur. Jon n'a même pas fait son entraînement, n'a pas encore prêté serment, n'a pas encore été affecté dans un des corps de la Garde, que déjà il veut accompagner Benjen de l'autre côté du Mur :

> *Jon Snow : Je suis prêt. Je ne vous laisserai pas tomber.*
> *Benjen Stark : Tu ne pars pas. Tu n'es pas un patrouilleur, Jon.*
> *Jon Snow : Mais je suis meilleur que...*
> *Benjen Stark : Tu n'es meilleur que personne! Ici, un homme obtient ce qu'il gagne quand il le gagne. Nous parlerons quand je reviendrai.*
> *(Saison 1, épisode 3, à 41 min 21 s)*

Alors Jon se met à changer peu à peu. Il se rapproche des autres recrues, n'hésitant pas à faire avec eux ce qu'il faisait avec Bran : donner des conseils, les faire progresser. Une première façon de gagner sa légitimité auprès du groupe de jeunes recrues. Pourtant, alors que les affectations sont choisies, Jon tombe de haut : intendant! Lui qui se voyait déjà patrouilleur et accompagner son oncle Benjen dans des contrées périlleuses.

> *Jon Snow : Les intendants ne sont que des domestiques! Je suis meilleur à l'épée et meilleur à cheval que n'importe lequel d'entre vous! – Ce n'est pas juste.*
> *(Saison 1, épisode 7, à 38 min 24 s)*

De nouveau, Jon retombe dans le travers de se sentir supérieur aux autres. Mais surtout, il commet encore l'erreur de penser que la Garde de Nuit reconnaît en premier lieu la compétence, et que chacun reçoit un « dû » qui en dépendrait. Il se réfère même à un principe d'équité, qui est le propre du management technique, et regarde les choses de son propre point de vue et non du point de vue du collectif.

> *Jon Snow : Vous me prenez pour un domestique?*
>
> *Mestre Aemon : Nous t'avons pris pour un homme de la Garde de Nuit. Mais peut-être avons-nous eu tort.*
>
> *(Saison 1, épisode 7, à 37 min 24s)*

Pourtant, si Jon a bien été nommé intendant, il est plus précisément affecté comme aide du lord commandant de la Garde. Son ami Sam, lui, a bien perçu ce que cela signifie.

> *Samwell Tarly : Maintenant écoute-moi. Le vieil homme est le lord commandant de la Garde de Nuit. Tu seras avec lui jour et nuit. Oui, tu vas nettoyer ses vêtements. Mais tu écriras également ses lettres, tu seras de toutes les réunions, tu seras son écuyer lors des combats. Tu sauras tout, tu seras au milieu de tout. Et il t'a lui-même demandé. Il veut te préparer au commandement.*
>
> *Jon Snow : C'est juste que j'ai toujours voulu être un patrouilleur.*
>
> *Samwell Tarly : Et moi j'ai toujours voulu être un magicien.*
>
> *(Saison 1, épisode 7, à 39 min 37 s)*

Sam a compris que sur le Mur, les désirs individuels n'ont pas leur place : il faut se soumettre aux besoins du collectif. Mais Sam a aussi compris que ce qui est valorisé sur le Mur, c'est avant tout l'expérience. Et de ce point de vue, le choix de l'affectation de Jon auprès du lord commandant n'a rien de dégradant; et si ce rôle nécessite temps et humilité, c'est certainement une place privilégiée pour apprendre au contact du dirigeant lui-même.

Avec les douces réprimandes et les conseils de Tyrion, de Benjen et de mestre Aemon et les explications de Sam, ce qu'il est temps que comprenne Jon, c'est que sur le Mur, il y a une place pour chacun. Et chacun doit rester à sa place. Car la magie de la Garde de Nuit, c'est que d'où que l'on vienne, qui que l'on soit, quelles que soient nos qualités, une place adaptée nous y attend.

II. L'expérience et le sacrifice comme piliers du management organique

La première fois que Jon commence à être accepté par ses compagnons - jeunes recrues - sur le Mur, c'est lorsqu'il consent de partager son expérience du maniement des armes avec eux. Car ce n'est pas tant son génie guerrier ou sa compétence de combattant qui est valorisé, mais bien le fait qu'il possède - et que lui seul possède - une certaine expérience des armes. Après tout, Tyrion lui avait dit que lui seul avait eu un maître, et lui seul avait déjà tenu une vraie arme dans ses mains.

Sa seconde expérience concerne, comme l'avait pressenti Sam, l'accompagnement du lord commandant Mormont partout où il va; apprendre de ses décisions, de ses agissements. L'expérience ne tient pas du miracle. Elle ne garantit pas qu'on en tire un apprentissage qui débouche sur une compétence. Mais elle est irremplaçable pour transmettre le tacite; non pas seulement une compétence précise, mais toutes les valeurs qui vont avec. Et lorsque cela ne suffit pas, Jeor Mormont est là pour lui rappeler sa place et aussi le temps nécessaire pour développer son expérience, alors que Jon conteste une de ses décisions :

> *Lord Mormont (En colère) : Qui suis-je? (Jon a l'air confus) Qui suis-je?*
>
> *Jon Snow : Le lord commandant.*
>
> *Lord Mormont : Et qui es-tu?*
>
> *Jon Snow : Jon Snow.*
>
> *Lord Mormont : Qui es-tu?*
>
> *Jon Snow : Votre intendant.*
>
> *Lord Mormont : Tu veux diriger un jour? (Jon acquiesce) Alors apprends à suivre les ordres.*
>
> *(Saison 2, épisode 1, à 24 min 14 s)*

Mais l'expérience, c'est aussi avoir déjà vécu quelque chose, de l'avoir ressenti, d'avoir dû faire des choix parfois difficiles; et de vivre avec. Telle est bien d'ailleurs la troisième expérience de Jon. Lui qui a prononcé ses vœux avec Sam, serment qui le lie jusqu'à la mort à incarner « *le bouclier qui protège le royaume des hommes* », Jon doit faire un choix. Il vient d'apprendre la nouvelle de la mort de son père, et du début de la guerre commencée par son frère; il doit alors décider s'il reste sur le Mur ou s'enfuit pour aller rejoindre son frère et se battre à ses côtés. Expérience que mestre Aemon avait déjà eu à vivre avant lui.

> *Jon Snow : Vous êtes Aemon Targaryen.*
>
> *Mestre Aemon : Je suis un maître de la citadelle, lié au service de Châteaunoir et de la Garde de Nuit. Je ne te dirai pas de rester ou de partir. Tu dois faire ce choix toi-même et vivre avec pour le reste de tes jours. Comme je l'ai fait.*
>
> *(Saison 1, épisode 9, à 20 min 44 s)*

Mais l'expérience des autres ne peut remplacer sa propre expérience. Et Jon oublie ses vœux, abandonne son poste et part rejoindre son frère. Il est pourtant rattrapé par ses camarades. Ceux qui ont partagé avec lui l'expérience du serment, les jeunes recrues. Et alors qu'il rentre au Mur, le commandant Mormont lui apprend qu'il est parfaitement au courant de sa fuite nocturne. Et lui rappelle que, là encore, Jon Snow n'est pas différent des autres. Il n'est pas le premier, ni le dernier à déserter. Surtout, il lui enseigne la capacité de pardon du manager organique; plutôt que de le réprimander, ou de le punir, il lui explique l'importance de la Garde de Nuit, et l'importance des choix qu'il doit faire comme frère de la Garde.

> *Jeor Mormont : Vous paraissez épuisé. Votre balade au clair de lune était-elle si éreintante? N'ayez pas l'air si terrifié. Si nous décapitions tous les fuyards d'une nuit, seuls des fantômes garderaient le Mur. Au moins, vous n'étiez pas avec des prostituées à La Mole. L'honneur vous a fait partir, l'honneur vous a ramené.*
>
> *Jon Snow : Mes amis m'ont ramené.*
>
> *Jeor Mormont : Je n'ai pas dit que c'était votre honneur. [...] Pensez-vous que la guerre de votre frère est plus importante que la nôtre?*
>
> *Jon Snow : Non.*
>
> *Jeor Mormont : Quand des morts-vivants, et pire encore, viennent nous chercher dans la nuit, pensez-vous qu'il est important de savoir qui est assis sur le Trône de fer?*
>
> *Jon Snow : Non.*
>
> *Jeor Mormont : Bien. Parce que je veux que vous et votre loup soyez avec nous quand nous irons au-delà du Mur demain. [...] Je ne vous le demanderai donc qu'une seule fois, Lord Snow : êtes-vous un frère de la Garde de Nuit ou un bâtard qui veut jouer à la guerre?*
>
> *(Saison 1, épisode 10, à 43 min 4 s)*

Apparemment, ces enseignements porteront leurs fruits quand, bien des années plus tard, Jon sera confronté à un choix similaire : le roi Stannis lui propose en effet ni plus ni moins de le faire seigneur de Winterfell et de le légitimer comme un Stark.

> *Samwell Tarly : Il fera de toi un Stark d'un simple trait de plume.*
>
> *Jon Snow : C'est ce que j'ai toujours voulu, d'aussi loin que je m'en souvienne. Je rêvais que mon père le demande au roi. D'un seul coup, je n'aurais plus été le bâtard de Winterfell.*
>
> *Samwell Tarly : Non, tu le mérites. Vraiment. Je ne pourrais pas être plus heureux pour toi.*
>
> *Jon Snow : Je vais lui dire que je refuse.*
>
> *Samwell Tarly : Mais tu serais le seigneur de Winterfell.*
>
> *Jon Snow : J'ai prêté serment à la Garde de Nuit. Si je ne prends pas ma parole au sérieux, quelle sorte de seigneur de Winterfell ferais-je?*
>
> *(Saison 5, épisode 2, à 38 min 35 s)*

Depuis la première fuite, les expériences de Jon auprès de la Garde l'ont marqué de façon indélébile. Si son plus grand désir – devenir un Stark – n'a pas changé, Jon fait clairement passer son devoir avant son désir.

Autre expérience significative pour Jon, qui sera riche de conséquences : se retrouver nez à nez avec un mort-vivant dans la chambre du lord commandant, et parvenir à s'en débarrasser. A-t-il accompli un miracle? A-t-il fait preuve d'un grand talent de combattant pour accomplir pareil exploit? Nullement. Il se contente en fait de jeter au visage du mort-vivant une lanterne enflammée. Mais cette expérience va revêtir une importance capitale. Outre la reconnaissance du lord commandant – qui lui offrira Grand-Griffe, l'épée en acier valyrien – à qui il vient de sauver la vie (et de partager une expérience…), cela lui vaut l'intérêt du patrouilleur Qhorin Mimain. Jon se propose en effet d'accompagner Qhorin dans une mission dangereuse loin au nord du Mur. La première réaction de ce dernier est de l'éconduire :

> *Jeor Mormont : Vous êtes un intendant, Snow, pas un patrouilleur.*
>
> *Jon Snow : Je me suis battu et j'ai tué un spectre. Combien de patrouilleurs peuvent en dire autant?*
>
> *Qhorin Mimain (au lord commandant Mormont) : C'est lui?*
>
> *Jeor Mormont : Affirmatif.*
>
> *Qhorin Mimain : Tu as tué un spectre…*
>
> *(Saison 2, épisode 5, à 45 min 31 s)*

Qhorin le prendra finalement avec lui. Parce que, tout intendant qu'il est, il possède une expérience dont Qhorin pourrait bien avoir besoin.

Si l'expérience est si valorisée par le management organique, ce n'est pas seulement parce qu'elle donne à son détenteur de nombreuses connaissances, un savoir; après tout, une connaissance livresque ferait de même. Elle donne aussi un savoir-faire, qu'il n'est pas facile de trouver dans les livres. Mais surtout, elle donne un savoir-être. Nombre de connaissances tacites, qui ne sont pas dans les livres, et qui renseignent sur ce qui est valorisé par le groupe, sur ce qui se fait, sur ce qui ne se fait pas. Qui s'apprend aux côtés des autres, en vivant les situations en question. Par essai-erreur; sous la conduite d'un maître, ou tout simplement de mentors, ou même des autres, bien attentionnés ou non. Ce savoir-être, largement bâti par l'expérience, est nécessaire pour être pleinement accepté par le groupe; car pour prétendre diriger un groupe organique, il faut *l'incarner*. Incarner ce qu'il est, ce qu'il représente. Faire sienne la mission, la raison d'être du groupe (ce que l'on abordera plus en détail dans le prochain chapitre). Voire si nécessaire, être prêt à aller jusqu'au sacrifice.

En effet, du point de vue du management organique, l'engagement doit être total; ce qui est exigé, c'est le sacrifice de l'intérêt individuel en faveur de la cause collective. C'est auprès de Qhorin Mimain que Jon va en faire, une fois de plus, l'expérience. Qhorin est considéré comme l'un des vétérans les plus expérimentés de la Garde de Nuit, et plus précisément comme l'un des meilleurs patrouilleurs. Et voici le discours qu'il tient à Jon :

> *Qhorin Mimain : La Garde t'a fait un beau cadeau. Tu n'as qu'une chose à donner en retour, ta vie.*
>
> *Jon Snow : Je donnerai volontiers ma vie.*
>
> *Qhorin Mimain : Je ne veux pas que tu sois ravi de cela. Je veux que tu maudisses cela et que tu combattes jusqu'à ce que ton cœur ait fini de battre. Et sache ceci, mon garçon. Ta mort sera un cadeau pour ceux au sud du Mur. Ils ne sauront jamais ce que tu as fait. Ils ne sauront jamais comment tu es mort. Ils ne connaîtront même pas ton nom. Mais ils seront en vie parce qu'un bâtard sans nom au nord du Mur a donné sa vie pour la leur. Maintenant, tu me comprends?*
>
> *Jon Snow : Je comprends.*
>
> *(Saison 2, épisode 6, à 11 min 53 s)*

Et alors que lui et Jon sont faits prisonniers par des Sauvageons, Qhorin provoque violemment Jon, afin de le faire passer pour traître de la Garde de Nuit aux yeux des Sauvageons. Qhorin parvient à subtiliser son épée à son garde, et fonce droit sur Jon. Une bataille s'ensuit, où Qhorin, volontairement, se sacrifie afin de donner à Jon une chance d'infiltrer le Peuple Libre. Avant de s'éteindre, Qhorin murmure qu'ils gardent le Mur, rappelant implicitement à Jon son devoir envers la Garde. Jon voit ainsi toute l'étendue du sacrifice qui peut être attendu de lui, faisant écho au discours que lui avait tenu quelques temps plus tôt le même Qhorin.

Et c'est ce sens du sacrifice qui l'amène à tenir son premier discours au sein de la Garde, demandant à ses frères de l'accompagner se battre contre d'anciens frères s'étant rebellés :

> *Jon Snow : Ahem, Frères. Je vais au-delà du Mur jusqu'au manoir de Craster. Je vais capturer les mutins qui s'y cachent ou les tuer. J'ai besoin de volontaires pour m'y accompagner. Il y a cent kilomètres de nature sauvage d'ici au manoir de Craster, et Mance Rayder a une armée contre nous, mais nous devons le faire. Notre survie dépendra peut-être du fait d'arriver à ces mutins avant Mance. Ils connaissent le Mur. Ils connaissent nos défenses. Si Mance apprend ce qu'ils savent, nous sommes perdus. Et si cela ne vous suffit pas, alors pensez à ceci. Si les Gardes de Nuit sont vraiment des frères, alors le Lord commandant Mormont était notre père. Il a vécu et est mort pour la Garde et il a été trahi par les siens. Poignardé dans le dos par des lâches. Il méritait mieux que cela. La seule chose que nous pouvons faire désormais, c'est lui rendre justice. Qui veut se joindre à moi?*
>
> *(Saison 4, épisode 4, à 37 min 26 s)*

Jon met ainsi l'accent sur le fait qu'ils doivent aller à Craster's Keep, quand bien même la route est longue et les dangers multiples : leur survie en dépend; leur survie individuelle – à cause des informations que les mutins détiennent, mais aussi et d'abord la survie du groupe. Si l'on ne fait rien lorsque l'un des nôtres est trahi par ses propres frères, comment le collectif peut-il encore en être un?

Et il réitère le sacrifice à la fin de la saison 4, se proposant d'aller chez les Sauvageons pour tuer Mance. Sam lui fait remarquer qu'il s'agit là d'une mission suicide. Jon en est parfaitement conscient.

> *Sam Tarly : Où allons-nous?*
>
> *Jon Snow : Je vais trouver Mance. [...]*
>
> *Sam Tarly : Ils ne te laisseront jamais à moins de cent mètres de lui. Et même s'ils le faisaient, même si tu parvenais à le tuer...*
>
> *Jon Snow : Ils vont me tuer, hein? Si je n'y vais pas, ils me tueront quand même. Et ils tueront en plus toute la Garde.*
>
> *Sam Tarly : Ils ne vont pas simplement te tuer. Ils vont te faire bouillir. Ils vont t'écorcher. Ils vont faire durer cela des jours.*
>
> *Jon Snow : Tu as raison. C'est un mauvais plan. Tu as autre chose à proposer?*
>
> *(Saison 4, épisode 9, à 46 min 1 s)*

III. Incarner les valeurs du collectif

Jon Snow et la Garde de Nuit

Fort de ses multiples expériences et après avoir démontré qu'il était prêt à incarner les valeurs et la mission du collectif jusqu'au sacrifice, Jon peut désormais gagner la reconnaissance du groupe et apparaître comme légitime et responsable pour guider la Garde de Nuit. Mais là encore, cela s'effectue par étape. Première étape décisive, quand Jon et ses camarades doivent défendre Châteaunoir contre les attaques des Sauvageons, amassés par milliers aux portes du royaume de Westeros. Janos Slynt, l'un des frères de la Garde, est alors aux commandes de la défense du Mur, mais ne semble pas comprendre la gravité de la situation.

> *Janos Slynt : Une bande de voleurs, c'est tout ce qu'ils sont. J'ai commandé le Guet de Port-Réal. Ces hommes-là obéissaient aux ordres!*
>
> *Jon Snow : Nous ne pouvons pas les laisser attaquer la porte!*
>
> *Janos Slynt : Les barres de ces portes sont de quatre pouces d'acier laminé à froid.*
>
> *Jon Snow : Ce sont des géants chevauchant des mammouths! Pensez-vous que votre acier laminé à froid va les arrêter?*
>
> *Janos Slynt : Les géants, ça n'existe pas. Ce sont des balivernes qu'on raconte aux enfants.*
>
> *Grenn : Frère Slynt. Nous venons d'apprendre que ser Alliser a besoin de vous en bas. Vous êtes l'homme le plus expérimenté qu'il ait, Ser, et il a besoin de vous.*
>
> *Janos Slynt : On a besoin de moi en bas. Oui. Oui.*
>
> *(Janos quitte son poste. Les frères restant sur le Mur se tournent alors vers Jon)*
>
> *Jon Snow : Archers, encochez vos flèches! Encochez vos flèches! Armez! Décochez! Ils ne se rendront pas au sommet avant l'aube.*
>
> *Edd : Comment sais-tu ça?*
>
> *Jon Snow : Parce que ce mur, je l'ai déjà escaladé.*
>
> *(Saison 4, épisode 9, à 25 min 45 s)*

Dans cet extrait, face au déni de réalité de Janos Slynt, qui ne voit pas qu'il est impératif de changer la tactique défensive, le groupe décide de fait de rejeter un des leurs, sans doute parce qu'il privilégie sa propre supposée expertise sur la réalité que tous voient de leurs propres yeux, et qui risque de les empêcher de réaliser leur mission : garder le Mur. La réaction du collectif est alors immédiate, et Grenn décide d'envoyer Slynt en bas.

Tout le monde se tourne alors vers Jon, le choisissant pour commander. Et on peut souligner qu'à ce moment précis, Jon renforce sa légitimité auprès de Edd en lui rappelant que lui a déjà grimpé le Mur; il a donc une expérience utile pour en planifier la défense.

Ainsi, pour une première fois, le collectif choisit Jon. Et pas juste ses deux ou trois amis, mais de façon plus large, les frères de la Garde valorisent l'expérience de Jon, son sens du sacrifice et son courage. Ce que Sam rappelera quand, la bataille du Mur gagnée, il faut procéder à une élection d'un nouveau commandant de la Garde de Nuit, et qu'il va proposer Jon comme candidat. Sam fera alors un discours qui retrace le parcours de Jon.

> *Sam Tarly : Tandis que le seigneur Janos se cachait avec les femmes et les enfants, Jon Snow commandait. Ser Alliser s'est battu courageusement, c'est vrai, mais lorsqu'il a été blessé, c'est Jon qui nous a sauvés. Il a pris en charge la défense du Mur, il a tué le magnar des Thenns, il est allé au Nord pour traiter avec Mance Rayder. Sachant que cela signifierait presque certainement sa propre mort. Avant cela, il a dirigé la mission pour venger le lord commandant Mormont. Mormont lui-même a choisi Jon pour être son intendant. Il a vu quelque chose chez Jon. Et maintenant nous l'avons tous vu nous aussi. Il est peut-être jeune, mais c'est le commandant vers qui nous nous sommes tournés dans les moments les plus difficiles.*
>
> *(Saison 5, épisode 2, à 41 min 9 s)*

Si Sam fait référence au fait que Jon les a sauvés, ce qui pourrait être assimilé à du management charismatique, tout le reste est profondément empreint de ce que le management organique valorise : ses nombreuses expériences, son sens du devoir, son engagement total envers la Garde, étant même prêt à aller jusqu'au sacrifice. Sam rappelle qu'il a de plus été choisi par son prédécesseur et que les frères se sont retournés vers lui quand ser Alliser a été blessé au combat. Il n'est pas question ici de miracles, ni de promesses de lendemains qui chantent.

Et d'ailleurs, nul besoin pour Jon d'être éloquent : c'est un autre qui parle. Jon ne demande rien : Sam décide par lui-même de s'adresser à ses frères et choisit ses propres mots.

Jon est alors élu par les siens. Il est celui vers qui le collectif se tourne en pleine tourmente de la bataille du Mur. Il est celui à qui les frères confient la direction du groupe pour faire face aux dangers qui les guettent.

Jon Snow et le Peuple Libre

Mais Jon ne va pas seulement diriger la Garde de Nuit. Il va aussi s'imposer, sinon comme le chef, du moins comme celui à qui les derniers ressortissants du Peuple Libre doivent la vie, et celui qu'ils vont finalement suivre par-delà du Mur, jusque dans ses batailles.

L'ironie de l'histoire est que ser Alliser, dans sa réponse à Sam lors de l'élection du lord commandant, avait déjà posé la bonne question :

> *Ser Alliser : Je ne conteste rien de cela. Mais qui Jon Snow veut-il commander? La Garde de Nuit? Ou les Sauvageons? Tout le monde sait qu'il aimait une Sauvageonne. Il a parlé avec Mance Rayder à plusieurs reprises. Que se serait-il passé entre ces deux vieux amis dans cette tente si l'armée de Stannis n'était pas arrivée? Nous l'avons tous vu mettre fin au calvaire du roi au-delà du Mur. Voulez-vous choisir un homme qui a combattu les Sauvageons toute sa vie ou un homme qui leur fait l'amour?*
>
> *(Saison 5, épisode 2, à 42 min 5 s)*

Qui Jon veut-il donc diriger? Ou plutôt, qui doit-il diriger? Peut-être les deux justement. Devenu commandant de la Garde, Jon découvre alors peu à peu que le collectif dont il a la charge est peut-être bien plus complexe. S'il est là pour assurer la protection du peuple de Westeros, la question des Sauvageons, qui se considèrent comme le Peuple Libre, est simple : étant du nord du Mur, ils sont censés être des ennemis de la Garde. Cependant, si la Garde est là d'abord pour protéger les vivants du royaume des morts, le Peuple Libre fait partie des vivants, et il convient de les protéger. En outre, tout humain laissé au nord du Mur ira, un jour ou l'autre, grossir les rangs de l'armée des Morts.

Jon va alors incarner peu à peu une figure de manager organique auprès de ce nouveau collectif, au fonctionnement pourtant bien différent de celui de la Garde. Cette seconde émergence de Jon comme guide du Peuple Libre va encore se baser sur l'intégration par le groupe, sur une expérience de première main, et sur le sacrifice pour la cause collective, menant les Sauvageons à accepter la direction d'un frère de la Garde de Nuit.

De son expérience, au contact de Ygritte, Tormund et Mance Rayder, Jon retire une compréhension profonde des modes de vie et des valeurs du Peuple Libre. Et devant l'imminence de l'arrivée sur eux de l'armée des Morts, il décide de leur ouvrir les portes et de leur permettre de s'installer au sud du Mur.

Pour ce faire, il décide, accompagné de vingt membres de la Garde de Nuit ainsi que de Tormund, d'entamer des pourparlers de paix avec le Peuple Libre. Il se rend donc à Durlieu, où sont réunis les principaux dirigeants et chefs des tribus du Peuple Libre. Jon leur propose des terres au sud du Mur, et donc le passage de celui-ci, reprenant à son compte le but que Mance Rayder s'était fixé pour son peuple. Le discours qu'il prononce alors est empreint de la mission collective qu'il fait sienne : protéger les vivants.

> *Jon Snow : Aucun clan ne peut les arrêter. Le Peuple Libre ne peut pas les arrêter. La Garde de Nuit ne peut pas les arrêter. Et tous les rois du Sud ne peuvent pas les arrêter. C'est seulement ensemble, tous ensemble, que nous le pourrons. Et même dans ce cas, cela ne suffira peut-être pas; mais au moins, ces salauds ne l'auront pas facile.*
>
> *(Saison 5, épisode 8, à 37 min 27 s)*

Mais à la grande différence de la Garde de Nuit, les Sauvageons sont libres de leurs choix, la noblesse et les allégeances n'existant pas dans leur société. Ils choisissent leur chef, et peuvent changer d'avis à tout moment. Leur société est organisée en tribus et en clans dispersés dans des centaines de petits villages, chacun avec ses propres pratiques et coutumes. Le Peuple Libre s'est unifié sous la direction de Mance Rayder, un ancien frère de la Garde de Nuit qui est devenu le roi d'au-delà du Mur. Ce qui a pris une vingtaine d'années. Jon, lui, a cinq minutes. Alors, comme Sam l'avait fait pour l'élection du 998e commandant de la Garde de Nuit, Tormund, guerrier respecté parmi les siens, va prendre la parole pour témoigner de la légitimité de Jon. D'abord pour rappeler qu'il a pris des risques personnels pour abréger les souffrances de Mance Ryder :

> *Un Sauvageon : Où est Mance?*
>
> *Jon Snow : Il est mort.*
>
> *Le Sauvageon : Comment?*
>
> *Jon Snow : Je lui ai tiré une flèche en plein cœur.*
> *(Plusieurs Sauvageons se lèvent et menacent Jon)*
>
> *Tormund : Hé! Hé! hé! hé! hé! hé!*
>
> *Un Sauvageon : Je suggère de renvoyer le seigneur commandant à Châteaunoir sans ses yeux.*
>
> *Tormund : Hé! Aucun de vous n'a vu mourir Mance. Moi, je l'ai vu. Le roi du Sud qui a brisé notre armée, Stannis, voulait le brûler vif pour nous envoyer un message. Jon Snow a défié les ordres de ce connard. Sa flèche était celle de la miséricorde. Ce qu'il a fait demandait du courage. Et c'est ce dont nous avons besoin aujourd'hui, le courage de faire la paix avec des hommes que nous avons tués depuis des générations.*
>
> *(Saison 5, épisode 8, à 35 min 59 s)*

Jon n'a pas fait de miracle. Il n'a pas montré de compétence particulière. Mais il a vécu une expérience que Tormund peut relater. Il avait le choix de ne rien faire, comme tous les autres, ou de se lever pour Mance et défier les ordres du roi Stannis. Courage et compassion envers le Peuple Libre. Mais ce n'est pas tout, comme poursuit Tormund :

> *Tormund : Il est plus joli que mes deux filles, mais il sait se battre. Il est jeune, mais il sait diriger. Il n'était pas obligé de venir à Durlieu. Il est venu parce qu'il a besoin de nous et que nous avons besoin de lui.*
>
> *Un Sauvageon : Mes ancêtres cracheraient sur moi si je rompais le pain avec un Corbeau.*
>
> *Karsi : Les miens aussi, mais qu'ils aillent se faire foutre, ils sont morts. Jamais je ne ferais confiance à un homme en noir. Mais j'ai confiance en toi, Tormund.*
>
> *(Saison 5, épisode 8, à 38 min 5 s)*

La prise de parole de Tormund amorce alors un débat. Sa parole convainc nombre de chefs de tribus de se rallier, en particulier Karsi, qui veut protéger ses enfants. Un Thenn, cependant, refuse tout ralliement de son peuple, convaincu que la Garde va les poignarder dans le dos. C'est alors que les Marcheurs Blancs arrivent à Durlieu, encerclent le bâtiment où se tenaient les négociations. Jon, les quelques frères de la Garde, Tormund et plusieurs Sauvageons unissent leurs forces pour tenter de combattre tout en aidant un maximum de Sauvageons à monter dans des bateaux pour s'enfuir.

À la suite de cette confrontation, les quelques milliers de Sauvageons subsistants arrivent au Mur, suivant Jon qui demande que s'ouvrent les portes de Châteaunoir pour laisser passer les derniers survivants du Peuple Libre.

Les portes s'ouvrent.

Pour la première fois de l'histoire de la Garde.

> *Jon Snow : Le premier lord commandant de l'histoire à sacrifier la vie de ses frères jurés pour sauver celles des Sauvageons.*
>
> *(Saison 5, épisode 10, à 5 min 46 s)*

Ce geste à l'égard du Peuple Libre est perçu comme une rupture fondamentale avec la tradition de la Garde de Nuit par de nombreux frères de la Garde. Jon le paiera de sa vie : il est assassiné à l'occasion d'une mutinerie. Ce qui ne surprendra pas le lecteur de Max Weber… Dans sa description de la légitimité traditionnelle, il pointait directement le risque que prend tout détenteur d'une telle légitimité d'aller au-delà de ce qui est attendu et accepté de lui. Si tel est le cas, c'est contre sa personne même que la révolte est dirigée : « *Le mode effectif d'exercice de la domination se conforme à ce que le détenteur du pouvoir (et sa direction administrative) peut habituellement se permettre, face à la docilité de ses sujets, sans aller jusqu'à les pousser à la résistance. Résistance qui, lorsqu'elle survient, se dresse contre la personne du détenteur du pouvoir, lequel a méprisé les limites traditionnelles du pouvoir, mais non contre le système en tant que tel*[4] ».

Dans la salle commune de la Garde, alors qu'un frère demande qui donc a tué Jon, ser Alliser avoue son crime, en précisant que tous les autres officiers se sont joints à lui. Et alors que les frères commencent à protester, voire à les menacer, le chef de la mutinerie tient un discours éloquent pour expliquer au reste de la Garde de Nuit ce qu'ils ont fait, pourquoi ils l'ont fait, et surtout, pourquoi ils devaient le faire.

> *Frères : Meurtriers! Traîtres!*
>
> *Ser Alliser : Vous avez raison! Nous avons commis une trahison, nous tous. Jon Snow était mon lord commandant. [...] La loyauté est la base sur laquelle la Garde de Nuit s'est construite, et la Garde signifie tout pour moi [...] Jon Snow allait détruire la Garde de Nuit. Il a laissé les Sauvageons passer nos portes, ce qu'aucun lord commandant n'a jamais fait auparavant. [...] Et ce qu'il pensait être la bonne chose à faire nous aurait été fatal. Il nous a confrontés à un choix terrible et nous avons fait notre choix.*
>
> *(Saison 6, épisode 1, à 7 min 13 s)*

Le lendemain, pourtant, à la suite du rituel de la prêtresse rouge Mélisandre, Jon est miraculeusement ressuscité et retrouve Tormund et les Sauvageons dans la cour de Châteaunoir. Faut-il y voir un miracle? S'agit-il d'une version plus nordienne de la sortie des flammes de Daenerys? Il convient pourtant de souligner une différence, subtile peut-être, mais qui change tout : ce n'est pas Jon qui accomplit ici un miracle, mais bien Mélisandre qui use de magie pour faire revenir Jon d'entre les morts. Jon ne fait pas de miracle, il en subit un.

Jon Snow et le Nord

Nous avons étudié en détails l'émergence de Jon comme lord commandant, puis comme rassembleur du Peuple Libre. Pour être tout à fait juste, il faudrait préciser que ce ne sont pas deux collectifs que

Jon rassemble, mais bien trois, puisqu'il sera aussi choisi par ses pairs comme roi du Nord. Comme nous allons le voir, cela suit les canons du modèle organique. Mais replaçons les choses dans leur contexte.

Parce que les vœux de la Garde de Nuit durent le temps d'une vie, sa mort délivre Jon de son serment. Résurrection ou pas. Alors qu'il se dévêt de sa cape de commandant et la tend à Edd, ce dernier s'étonne :

> *Edd: Qu'est-ce que tu veux que je fasse de ça?*
>
> *Jon Snow : Porte-la. Brûle-la. Fais-en ce que tu veux. Châteaunoir est à toi. Ma Garde est terminée. [...]*
>
> *(Saison 6, épisode 3, à 50 min 36 s)*

Et alors que Edd insiste pour retenir Jon, ce dernier ne se voit pas rester commandant d'un groupe qui l'a rejeté.

> *Edd : Nous avons vu ce qu'il y a au-delà du Mur, ce qui arrive sur nous. Comment peux-tu nous quitter maintenant? [...]*
>
> *Jon Snow : J'ai été tué par mes propres frères; tu voudrais que je reste ici après ça?*
>
> *(Saison 6, épisode 4, à 2 min 50 s)*

Mais les responsabilités de Jon le rattrapent par la voix de sa sœur Sansa, qui arrive à ce moment précis à Châteaunoir. Cette dernière essaie en effet de le convaincre de reprendre le château des Stark, désormais occupé par le tortionnaire Ramsay Bolton.

> *Jon Snow : Je n'ai pas d'armée.*
>
> *Sansa Stark : Combien de Sauvageons as-tu sauvés?*
>
> *Jon Snow : Ils ne sont pas venus ici pour être à mon service.*
>
> *(Saison 6, épisode 4, à 6 min 35 s)*

On voit ici que Sansa mise sur un argumentaire propre à la logique charismatique pour convaincre Jon, ce que ce dernier rejette catégoriquement. Il refuse la personnification et le fait que les Sauvageons soient engagés auprès de lui. Si les esclaves ont été libérés de leurs chaînes par Daenerys et la suivraient au bout du monde, il n'en est pas de même des Sauvageons vis-à-vis de Jon. Du moins, c'est ainsi que ce dernier le perçoit. Sansa essaie alors un autre argument : « *Ils te doivent la vie* ». Et comme cela ne suffit pas, elle ajoute l'argument décisif :

> *Sansa Stark : Tu penses qu'ils seraient en sécurité ici, si Roose Bolton reste le gardien du Nord?*
>
> *(Saison 6, épisode 4, à 6 min 45 s)*

Sansa a compris la mission que sert Jon : protéger les Sauvageons, peu importe le prix. Mais Jon résiste néanmoins, explique qu'il est fatigué et qu'il n'en peut plus. Amenant Sansa à enfoncer le clou de la responsabilité qui incombe à Jon :

> *Sansa Stark : Si nous ne reprenons pas le Nord, nous ne serons jamais en sécurité. Je veux que tu m'aides. Mais je le ferai moi-même s'il le faut.*
>
> *(Saison 6, épisode 4, à 7 min 24 s)*

Tout cela va se régler lors de la bataille des Bâtards, opposant les Bolton à Jon et Sansa, accompagnés des Sauvageons et des quelques alliés du Nord que les Stark réussissent à rallier. Cette bataille va se conclure par une grande victoire, mais n'y voyons pas un grand acte charismatique de la part de Jon. En effet, de sa planification à son exécution par Jon, cette bataille est un grand désastre – et nous aurons l'occasion d'y revenir dans quelques chapitres. En fait, la victoire est remportée uniquement par l'intervention in extremis de Sansa, accompagnée des chevaliers du Val. D'ailleurs, Jon ne s'y trompe pas, alors qu'il parle à Sansa dans le château de Winterfell qu'ils occupent à nouveau :

> *Jon Snow : Tu es la raison de notre présence ici. La bataille était perdue jusqu'à l'arrivée des chevaliers du Val. C'est grâce à toi qu'ils sont venus.*
>
> *(Saison 6, épisode 10, à 37 min 12 s)*

Et pour être honnête, la prise de Winterfell en tant que telle est à mettre au crédit du géant Wun Wun, sans lequel Jon aurait été bien incapable de défoncer la porte du château. Wun Wun y laissera d'ailleurs la vie. Contrairement à Daenerys, qui est à l'origine directe des victoires qu'elle remporte, Jon ne suscite que très indirectement des actes décisifs de ceux qui se rallient à sa cause.

Cela ne l'empêchera pas de rassembler derrière lui le Nord tout entier, et cela va se passer exactement de la même manière que lors de son élection à la tête de la Garde de Nuit. Ce n'est pas lui qui fait un discours, mais quelqu'un d'autre pour lui. Il s'agit cette fois de la jeune lady Mormont, une des maisons historiquement ralliées aux Stark.

> *Lady Mormont : Nous ne reconnaissons aucun roi autre que le roi du Nord et dont le nom est Stark. Je me fiche de savoir s'il est un bâtard. Le sang de Ned Stark coule dans ses veines. Il est mon roi depuis ce jour jusqu'à son dernier jour.*
>
> *(Saison 6, épisode 10, à 59 min 27 s)*

Les arguments sont différents de la première élection, car le collectif ici valorise d'autres éléments que ceux qui sont au cœur des valeurs de la Garde de Nuit. Dans le cas présent, la tradition est incarnée par le nom et le sang. Ce que fait valoir avec force lady Mormont. Par ailleurs, il ne s'agit pas ici d'une élection formelle, mais cela s'apparente néanmoins à une élection par acclamation, car tous les seigneurs se joignent à lady Mormont pour reconnaître Jon comme leur roi. Chacun y ajoutant son élément traditionnel, à l'instar de lord Manderly qui voit en Jon celui qui a vengé les noces pourpres, ou lord Glover, qui indique que sa maison se tiendra derrière la maison Stark comme elle l'a fait depuis mille ans. Si les détails diffèrent, les grandes lignes de cette troisième émergence comme manager organique dessinent un collectif sans cesse plus grand qui se rassemble derrière Jon Snow. Et surtout, on peut remarquer que Jon ne souhaitait en rien cette situation, qui se produit finalement contre sa volonté et ses désirs : il avait même choisi Sansa comme lady de Winterfell.

Conclusion

Le management organique se pense donc comme un management dont la légitimité trouve sa source dans l'expérience accumulée, reconnue par le collectif comme pertinente et alignée avec les valeurs partagées. Le manager organique ne doit pas avoir le désir de diriger : il se doit de diriger, il est porteur d'une responsabilité envers le collectif. Et c'est pourquoi la loyauté envers le groupe, l'engagement total envers lui, implique pour le chef – et pour chacun – de faire tout ce qui est en son pouvoir pour protéger le groupe, quel qu'en soit le prix, fut-il le sacrifice de sa vie.

On peut d'ailleurs remarquer que Jon n'a jamais œuvré pour détenir un quelconque pouvoir managérial. Et au final, après avoir été tué, Jon gouverne collectivement : Edd au Mur, Tormund avec les Sauvageons… et Sansa au Nord. On pourra alors souligner la différence majeure avec les postes de Main du roi ou de seigneur du royaume : il n'y a pas ici délégation à des hommes de main. Il y a alliance collective, organique. Tormund, Sansa et Edd sont bien libres de leurs actes. Ils ne dépendent en aucun cas formellement de Jon; ni ne sont soumis charismatiquement à lui. D'ailleurs, Jon ne les gère pas. Ils opèrent tous collectivement, sans forcément le savoir d'ailleurs. Jon agit comme une colle qui unit le collectif autour d'un but commun. Pas un but qu'il transmet aux autres comme peut le faire Daenerys, voire Tyrion. Un but commun partagé par tout le collectif, qu'il ne fait qu'incarner : protéger les vivants de l'armée des Morts, qu'il s'agisse du Peuple Libre, les premiers sur leur route, des frères jurés de la Garde de Nuit, ou des habitants du Nord, les prochains menacés une fois le Mur franchi.

Notes

1. Weber, M. (1995). *Économie et société*, Pocket, p. 301.
2. *Ibid.*, p. 289.
3. *Ibid.*, p. 302.
4. *Ibid.*, p. 302-303.

Deuxième partie

Tyrion, Daenerys et Jon : trois logiques managériales spécifiques

De la légitimité d'un manager à l'action managériale

Au cours des trois premiers chapitres, nous avons privilégié une approche centrée sur chacun de nos trois protagonistes, en consacrant à Daenerys, Tyrion et Jon un chapitre chacun. Nous avons adopté une approche chronologique afin de faire ressortir les différentes étapes de l'émergence de la logique managériale spécifique qu'incarne chacun de ces trois personnages, à savoir respectivement le management charismatique, technique et organique. Nous avons, pour chacun d'eux, cherché à mettre en évidence ce qui est en son cœur, ce qui lui donne sa légitimité aux yeux des autres, bref, ce qui lui donne sa force. Et nous nous sommes appuyés sur celui qui est considéré comme l'un des fondateurs de la sociologie, Max Weber.

À présent, plutôt que de présenter tour à tour les logiques managériales, nous allons les comparer; et surtout, regarder comment chacune s'incarne au quotidien dans les décisions de gestion les plus fondamentales. Cette fois, nous allons nous appuyer sur celui qui est considéré comme l'un des fondateurs du management, Henri Fayol.

Si Weber se demandait ce qui pousse les gens à obéir, ou plutôt, à faire (volontairement et activement) ce qu'un chef veut qu'ils fassent, Fayol se pose une question toute différente : que fait concrètement et au quotidien celui qui dirige une organisation? Sa réponse : il prévoit, organise, commande, coordonne et contrôle. Au cours des décennies qui ont suivi, le « prévoir » est devenu « planifier »; le « commander » est devenu « diriger »; le « coordonner » s'est fondu dans l'« organiser ». Et cela nous a donné l'acronyme connu de tout étudiant en management : PODC, soit « Planifier, Organiser, Diriger, Contrôler ». Vous pouvez ouvrir n'importe quel manuel de management, vous trouverez toujours dans la table des matières, en titre de chapitre, ces quatre éléments. Et en général, ils forment l'essentiel du manuel… Car finalement, le management, c'est le pilotage de l'action collective, ou, dit de façon plus pragmatique : faire faire des choses par autrui. Ce qui nécessite de planifier l'action à venir, d'organiser les ressources pour le faire, de diriger l'action en train de se faire et de contrôler que ce qui avait été envisagé a bien été réalisé. De planifier, d'organiser, de diriger et de contrôler, donc.

Mais, et c'est là que croiser l'approche de Weber et de Fayol devient intéressant, si trois logiques managériales s'appuient sur une légitimité complètement différente, qu'en est-il du PODC? Comme nous allons le voir au sein de cette seconde partie, que l'on se situe dans le management technique, charismatique ou organique, il importe toujours de planifier, organiser, diriger et contrôler. Mais cela se fait d'une manière différente, complémentaire, voire parfois de façon complètement contradictoire. La finalité n'est pas la même, les caractéristiques ne sont pas les mêmes; en fait, la couleur du PODC change avec la logique managériale qui va avec.

Bien entendu, dans le monde réel, les managements technique, charismatique et organique ont tendance à se superposer les uns aux autres, ils n'apparaissent jamais sous forme pure. Mais dans le monde imaginaire de *Game of Thrones*, nous l'avons vu au cours de notre première partie, Tyrion, Daenerys et Jon en incarnent des formes pures. Il est donc fascinant de regarder comment celles-ci se concrétisent dans le quotidien de l'action collective. C'est ce que nous vous proposons dans cette seconde partie.

Comme vous le verrez, si nous avons présenté jusqu'à présent le management charismatique avant le management technique – et ce, par souci didactique –, nous allons, pour chacun des quatre chapitres qui viennent, commencer la comparaison par le management technique, pour lui opposer le management charismatique ensuite et finir par le management organique. En effet, le PODC a d'abord largement été pensé en termes du management technique, puis charismatique, avant d'être interrogé par la légitimité traditionnelle de l'organique.

4 | Optimiser, changer ou préserver le monde?

Le « planifier » à la lumière des trois logiques

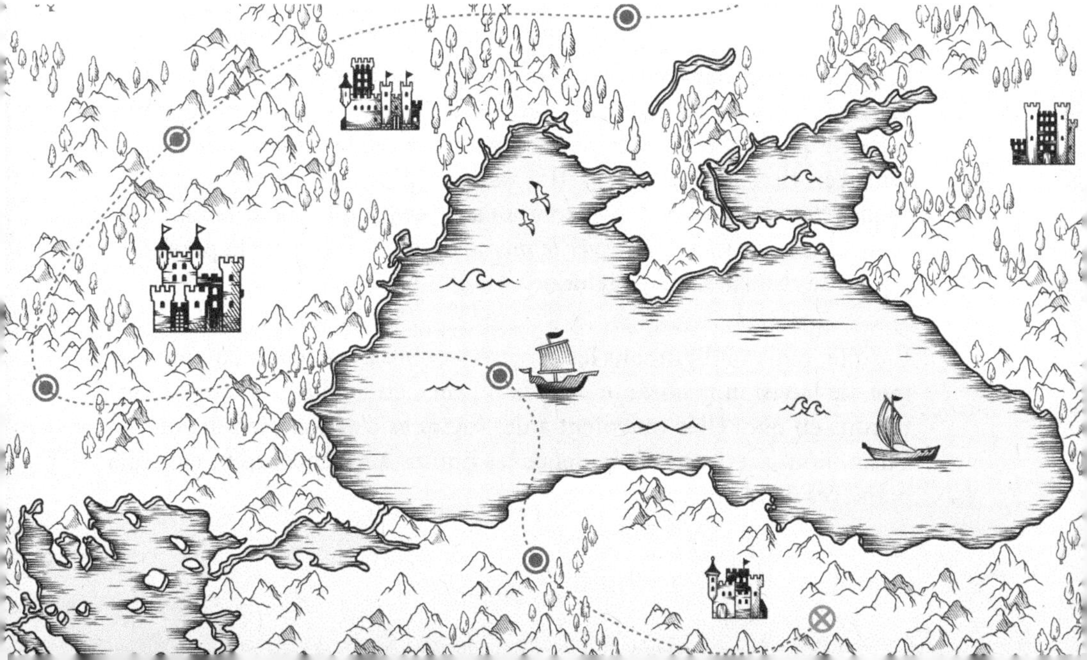

Introduction

Planifier – ou plus précisément prévoir, pour reprendre le mot originel de Fayol – c'est décider ce que l'on veut et va faire. C'est envisager les possibilités offertes par notre environnement et les ressources à notre disposition, imaginer les futurs potentiels, et tracer un chemin cohérent pour les atteindre. Dans un environnement comme celui de *Game of Thrones*, les occasions de planifier sont nombreuses : qu'il s'agisse de construire des alliances politiques, de protéger une position stratégique, d'amorcer un changement social, ou tout simplement de remporter une bataille, planifier fait partie du quotidien de Tyrion, Daenerys et Jon.

Reste que, selon la logique managériale mobilisée, selon que le protagoniste se situe dans le management technique, charismatique ou organique, le « planifier » va prendre une couleur bien différente. On ne parlera de planification au sens strict que dans le cas du management technique. Lui seul s'appuie sur l'élaboration d'un *plan formel*. Pour autant, on peut parler de « planifier » pour les deux autres formes de management.

Après tout, Fayol indiquait que prévoir, c'est « *supputer l'avenir et le préparer* ». Le management charismatique s'appuie sur une *vision inspirante* quand il s'agit de prévoir et donc de planifier; quant au management organique, il s'appuie, lui, sur une *raison d'être collective.*

L'objectif de ce chapitre sera précisément de faire ressortir ce qui distingue le « planifier » selon qu'il prend la forme d'un plan formel, d'une vision inspirante ou d'une raison d'être collective. Nous montrerons d'abord que la finalité diffère complètement : *optimiser le monde* – au sens d'en tirer le meilleur parti possible – pour le management technique; *changer le monde* – et rompre avec l'existant – pour le management charismatique; *préserver le monde* – pour en assurer la pérennité – pour le management organique.

Ensuite, nous soulignerons les caractéristiques principales du plan formel, de la vision inspirante et de la raison d'être collective, nous montrerons en quoi elles renvoient à des logiques d'action bien distinctes. Enfin, nous mettrons en évidence les limites que rencontrent ces trois manières de planifier.

Mais pour rendre ce chapitre aussi concret que possible, pour permettre au lecteur de d'abord ressentir les différences et oppositions de ce que nous voulons montrer, plutôt que de le faire de façon théorique et conceptuelle, nous débuterons ce chapitre en comparant trois situations similaires vécues par nos trois protagonistes : la préparation d'une bataille.

Après tout, s'il y a bien une occasion pour laquelle nos trois personnages doivent mobiliser leurs habiletés de manager quant au « planifier », c'est certainement au moment d'une bataille d'envergure.

Nous avons choisi pour chacun la bataille qui nous semble la plus représentative du management mobilisé : une bataille que, bien que paraissant désespérée, nos trois protagonistes sont parvenus à remporter, et pour laquelle ils ont joué un rôle primordial; et qui surtout exprime de façon spectaculaire le management technique, charismatique et organique qu'ils utilisent.

Figure 5
La planification selon les trois logiques managériales

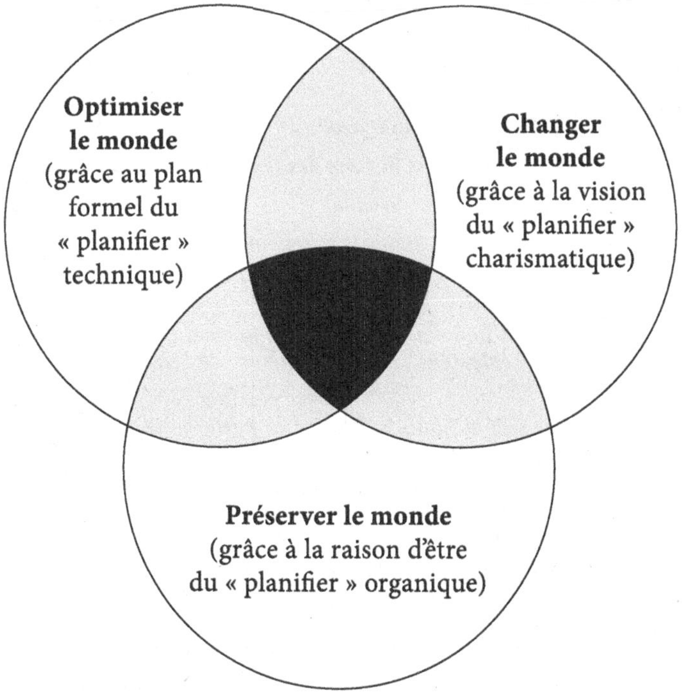

I. Optimiser le monde; changer le monde; préserver le monde

En choisissant trois événements similaires – trois batailles – la première section nous permettra de faire apparaître assez clairement comment le « planifier » s'incarne de manière complètement différente selon que le protagoniste s'appuie sur le management technique, charismatique ou organique. Il s'agit ici de comprendre quelle est la finalité première de chacun d'eux. Pour le dire avec des mots simples, au risque de caricaturer, le plan formel du management technique fait en sorte d'*optimiser le monde*; la vision inspirante du management charismatique se propose ni plus ni moins *de changer le monde*; quant à la raison d'être du management organique, elle cherche avant tout à *préserver le monde*.

Tyrion et la bataille de la Néra

Chef-d'œuvre de Tyrion, la bataille de la Néra, au cours de la saison 2, illustre de façon spectaculaire la planification technique. Tout commence bien en amont, alors que l'armée de Stannis est encore loin. Et tout se passe bien loin du terrain, dans un bureau, entouré de livres, ce qui ne manque pas d'étonner Bronn :

> *Bronn : Pourquoi suis-je ici?*
>
> *Tyrion Lannister : Pour m'aider à planifier la défense de Port-Réal. Stannis arrivera bientôt.*
>
> *Bronn : Et l'un de ces livres explique-t-il comment le vaincre?*
>
> *Tyrion Lannister : « Une histoire des grands sièges de Westeros ». [...]*
>
> *(Lord Varys arrive dans la salle)*
>
> *Bronn : J'échangerais bien vos livres contre plusieurs archers. [...]*
>
> *Tyrion Lannister : Stannis connaît Port-Réal. Il sait où les murs sont les plus forts et quelles portes sont les plus faibles. La porte de la Gadoue. Un bon coup de bélier l'enfoncera en quelques minutes, et elle est à seulement cinquante mètres de l'eau. C'est là qu'il va débarquer.*
>
> *Lord Varys : Et si Stannis attaque la porte de la Gadoue, quel est notre plan?*
>
> *Bronn : Nous pourrions jeter des livres à ses hommes.*
>
> *Lord Varys : Nous n'avons pas beaucoup de livres.*
>
> *Bronn : Nous n'avons pas beaucoup d'hommes non plus.*
>
> *Lord Varys : Qu'avons-nous?*
>
> *Tyrion Lannister : Du « fumier de porc ».*
>
> *(Saison 2, épisode 8, à 19 min 59 s)*

Quand bien même Tyrion s'attire les moqueries de Bronn, il élabore un plan minutieux, prévoyant chaque détail de la bataille. Son objectif est d'abord d'accumuler autant de connaissances que possible du terrain, des forces et des faiblesses de Port-Réal. Le recours à l'histoire pourrait faire penser qu'il cherche de l'expérience, mais en réalité, parce que celle-ci est mise dans des livres, il s'agit bel et bien de connaissances explicites qui représentent l'ensemble des connaissances disponibles sur le sujet.

Mais il ne s'arrête pas là. Il va jusqu'à prévoir, à anticiper les mouvements et actions de son adversaire, pour s'ajuster en conséquence. Il réagit plus qu'il ne crée la situation. Surtout, il fait le compte de ce dont il dispose et essaie d'élaborer la meilleure réponse possible en fonction des circonstances. Et celles-ci ne sont pas favorables, malgré plusieurs améliorations des défenses de la ville ordonnées par Tyrion. Sans le renfort de l'armée de Tywin Lannister, les chances de l'emporter sont minces, et même dans ce cas, il faudra retenir suffisamment longtemps l'armée de Stannis pour laisser le temps à Tywin d'arriver.

La clé de la stratégie de Tyrion réside en quelque chose dont il dispose (et surtout, dont il a connaissance), et dont Stannis ne se doute pas : le « *fumier de porc* », à savoir le feu grégeois. Anticipant les mouvements de Stannis, et notamment le positionnement de sa flotte depuis les murailles proches de la porte de la Gadoue, Tyrion élabore un plan brillant : n'ayant ni les bateaux pour affronter la flotte de Stannis, ni les archers pour empêcher leur débarquement, il envoie droit sur les bateaux de l'ennemi un bateau unique, mais rempli d'une centaine de pots de feu grégeois qui se déverse progressivement dans l'eau, et qu'il suffit d'embraser d'une flèche enflammée tirée par Bronn, archer de grand talent. La flotte de Stannis se retrouve alors en grande partie détruite, donnant le temps à l'armée de Tywin Lannister de sauver la cité.

Dans la même veine, alors que Tyrion est à Meereen, il se retrouve à négocier avec les marchands d'esclaves. Se basant sur la raison, trouvant sa source dans une objectivation sans émotion de la situation, Tyrion cherche le compromis et fait preuve de pragmatisme face aux représentants de Yunkaï, qui ont bien du mal à vivre la fin de l'esclavage et cherchent à défaire l'œuvre de Daenerys.

> *Tyrion Lannister : Il y a toujours eu d'un côté ceux qui ont la richesse et le pouvoir et de l'autre, ceux qui n'ont rien. C'est ainsi que tourne le monde. Je ne suis pas ici pour changer cela. [...] Au lieu d'abolir l'esclavage du jour au lendemain, nous vous donnerons sept ans pour y mettre fin. Les propriétaires d'esclaves seront bien sûr indemnisés pour leurs pertes, à un juste prix. En échange, vous retirerez votre soutien aux Fils de la Harpie. [...] J'espère que vous accepterez, mes amis. Vous ne recevrez pas de meilleure offre.*
>
> *(Saison 6, épisode 4, à 14 min 42 s)*

Tyrion, à la différence de Daenerys, ne cherche en aucune façon à révolutionner l'ordre des choses : il va même jusqu'à affirmer qu'il n'est pas là pour changer la façon dont le monde tourne. Par ailleurs, il accepte de négocier, c'est-à-dire de ne pas chercher la victoire totale, et propose le compromis. Dès lors, pragmatisme et argumentaire logique se retrouvent au cœur de ses propositions. Propositions que Daenerys aurait été dans l'impossibilité de formuler.

Pour les suiveurs de Daenerys, la question se pose de savoir si un tel compromis ne s'apparente pas à une compromission à même de trahir l'esprit de l'œuvre de Daenerys :

> *Ver Gris : Ma loyauté va envers ma reine, pas envers vous. Si vous trahissez son œuvre, vous êtes mon ennemi.*
>
> *Tyrion Lannister : Je ne trahis pas son œuvre. J'essaie de sauver sa ville.*
>
> *Missandei : Vous avez promis aux esclavagistes qu'ils pourraient poursuivre l'esclavage.*
>
> *Tyrion Lannister : Pour une courte période.*
>
> *Missandei : Sept ans, ce n'est pas court pour un esclave.*
>
> *Tyrion : Vous avez raison. Vous avez raison! L'esclavage est une horreur qui devrait être abolie immédiatement. La guerre est une horreur qui devrait être terminée immédiatement. Je ne peux pas les régler tous les deux aujourd'hui.*
>
> *(Saison 6, épisode 4, à 18 min 56 s)*

Tyrion montre ici à Ver Gris et Missandei la différence entre ce que l'on veut faire, ce que l'on doit faire, et ce que l'on *peut* faire. La différence entre le désir, la responsabilité et le principe de réalité. La différence entre le management charismatique, le management organique et le management technique. Tyrion se positionne clairement dans le troisième cas et ne cherche ni à réaliser un miracle, ni à se lancer dans une opération suicide propre au sacrifice. Il se contente de faire au mieux, selon la situation du moment, en acceptant largement le monde tel qu'il est, cherchant uniquement à l'améliorer à la marge.

Daenerys et la bataille de Meereen

La bataille la plus spectaculaire de Daenerys est sans doute la deuxième bataille de Meereen, au cours de la saison 6, lorsqu'elle reprend en main la bataille mal engagée face à la coalition de tous ses adversaires de la Baie des Serfs, venus à Meereen reprendre la ville et rétablir l'esclavage. À elle seule, elle parvient à redresser une situation qui semblait désespérée. Pourtant, on cherchera vainement un plan, une analyse froide de la situation, une anticipation de l'adversaire, etc. Tout apparaît plutôt comme une totale improvisation.

> *Tyrion Lannister : Avons-nous un plan?*
>
> *Daenerys Targaryen : Je vais crucifier les maîtres. Je vais mettre le feu à leur flotte, tuer jusqu'au dernier de leurs soldats et réduire leurs villes en poussière. Voilà mon plan.*
>
> *(Saison 6, épisode 9, à 3 min 36 s)*

Daenerys ne dit nullement comment elle va parvenir à ses fins, elle indique simplement quel sera le résultat de ses actions. Il pourrait sembler exagéré de parler de « vision » pour quelque chose qui tient en deux lignes, et pourtant, bien davantage qu'un guide de la bataille qui montre les différentes étapes à accomplir, les mots de Daenerys évoquent plutôt une image de ce qui se passera après la bataille : des bateaux qui brûlent, un champ de bataille jonché de cadavres, et des villes détruites dont il ne reste que des ruines et de la fumée. Il est question de ce qu'il sera, plutôt que du chemin à emprunter pour s'y rendre.

L'autre caractéristique notable est que tout est centré sur elle. Le « *je* » revient sans cesse. C'est elle qui, seule, va faire une immense différence. Croire en sa vision, c'est d'abord croire en elle et en sa capacité à renverser la situation.

Et c'est à peu près ce qui va se passer. À ceci près que Tyrion déconseille à Daenerys de brûler entièrement la flotte, mais de brûler seulement quelques navires, afin de récupérer ceux qui resteront pour constituer une nouvelle flotte. La Mère des dragons monte sur Drogon; Rhaegal et Viserion sortent des catacombes, et Daenerys prononce alors le mot « *Dracarys* », brûlant quelques navires de la baie et surtout déclenchant un mélange de terreur et de fascination parmi les troupes, ce qui mène à l'abandon des combats.

La horde des Dothrakis, qu'elle est elle-même allée chercher peu auparavant, déferle pendant ce temps dans les rues de Meereen et massacre les Fils de la Harpie. Outre le fait que Daenerys refait la démonstration de sa capacité à accomplir des miracles (elle chevauche un dragon qui, à sa demande, crache du feu), elle prend surtout le contrôle total de la bataille. Là où Tyrion puise dans la connaissance livresque et dans son expertise pour élaborer une stratégie sophistiquée pour faire battre en retraite Stannis, Daenerys s'appuie sur sa seule volonté et ses caractéristiques hors du commun pour remporter la bataille, presque à elle seule. Ou du moins, c'est ainsi que cela apparaît.

Fondamentalement, Daenerys veut ni plus ni moins changer le monde et, on pourrait ajouter, du tout au tout :

> *Daenerys Targaryen : Lannister, Targaryen, Baratheon, Stark, Tyrell. Ce ne sont que des rayons sur une roue. Celui-ci est au sommet, puis celui-là est au sommet. Et ainsi de suite la roue tourne, écrasant ceux et celles qui sont au sol.*
>
> *Tyrion Lannister : C'est un bien beau rêve que d'arrêter la roue. Vous n'êtes pas la première personne à en rêver.*
>
> *Daenerys Targaryen : Je ne vais pas arrêter la roue. Je vais briser la roue.*
>
> *(Saison 5, épisode 8, à 24 min 45 s)*

Elle ne se contente pas d'affirmer qu'elle compte changer ce qui a toujours été. Elle indique surtout qu'elle compte s'affranchir des règles qui existent; bref se débarrasser de ce qui est, pour pouvoir, en toute liberté, façonner le futur qu'elle souhaite voir émerger.

Jon et la bataille du Mur

La bataille du Mur, au cours de la saison 4, où Jon et la Garde de Nuit vont repousser l'assaut de l'immense armée de Mance Ryder, s'oppose complètement aux deux précédentes batailles. Point de plan; point de vision. Tout autre chose, mais difficile à percevoir. Car dans l'« organique », l'essentiel est tacite et n'a pas besoin de se dire.

Premier acte décisif de Jon? Envoyer une équipe protéger la porte extérieure avant que les géants ne passent à travers le tunnel.

> *Grenn : Écoutez! La porte extérieure ne tiendra pas.*
>
> *Jon Snow : Prends cinq hommes, bloque la porte intérieure.*
>
> *Grenn : Très bien.*
>
> *Jon Snow : Bloque la porte. S'ils réussissent à passer...*
>
> *Grenn : Ils ne réussiront pas.*
>
> *(Saison 4, épisode 9, à 32 min 11 s)*

Jon n'exprime même pas le pourquoi. Ni ce qu'il faut faire. Il n'en a pas besoin. Dans l'« organique », ce qui est crucial ce n'est pas tant le plan (ou la stratégie), ni la vision, mais la *raison d'être*. Tout le monde sait pourquoi ils sont là. Ils doivent protéger le Mur, quel qu'en soit le prix. Lorsque Jon envoie une petite équipe protéger le tunnel, ce qui se révèlera être une mission suicide, il se contente de leur confier une *responsabilité*. Il n'a même pas besoin de leur rappeler l'importance de celle-ci. Certes, certains, face au danger, vacilleront, mais le collectif aura tôt fait de leur rappeler le serment :

> *Un frère de la Garde : Comment allons-nous arrêter ça?*
>
> *Un autre frère : J'ai déjà tiré vingt flèches sur lui.*
>
> *Grenn : Tu as entendu Jon. Nous tenons la porte.*
>
> *Un frère de la Garde : Jon Snow n'est pas lord commandant.*
>
> *Grenn : Nous tenons la porte!*
>
> *Un frère de la Garde : Mère, sauvez-moi. Père, sauvez-moi.*
>
> *Grenn : Les dieux ne sont pas ici. Il n'y a que nous six. Tu m'entends? La nuit se regroupe, et voici que débute ma garde. Jusqu'à ma mort, je la monterai.*
>
> *Tous ensemble : Je suis le gardien sur les murs. Je suis le bouclier protecteur des royaumes humains. Je voue mon existence et mon honneur à la Garde de Nuit, je les lui voue pour cette nuit-ci comme pour toutes les nuits à venir.*
>
> *(Saison 4, épisode 9, à 37 min 37 s)*

Second moment clé de la bataille, Jon est appelé en bas du Mur pour pallier la blessure de ser Alliser. Alors qu'il quitte son poste en haut du Mur, il procède à peu près de la même manière.

> *Jon Snow : Edd, à toi le Mur. S'ils essaient à nouveau avec les mammouths, ouvrez le feu sur eux. Si les grimpeurs arrivent trop près du sommet, fauchez-les. Venez, Frères.*
>
> *(Saison 4, épisode 9, à 36 min 57 s)*

On pourrait croire cette fois qu'il donne des instructions beaucoup plus précises, un peu comme le ferait Tyrion. Mais en réalité, il ne s'agit que d'évidences, dont Edd a parfaitement conscience, et ce, avant que Jon ne les énonce. Bien sûr, la faux est utilisée lorsque ceux qui escaladent le Mur sont trop haut, et que face aux mammouths, il faut faire usage du feu. Tout le monde le sait sur le Mur. Encore une fois, ce que Jon fait, c'est de confier une responsabilité. « *Edd*, à toi *le Mur* ». Et cela veut dire : accomplis ta mission à tout prix. Ne laisse pas les Sauvageons monter trop haut, ni les mammouths s'approcher trop près.

Pour le reste, Jon ne fait rien de bien particulier, de bien spectaculaire. Certes, il se bat avec courage en bas du Mur, mais sans génie particulier. Olly le sauve sans doute d'une flèche d'Ygritte, il bat bien difficilement le chef thenn; et ce n'est certainement pas lui qui renverse le cours de la bataille. Autant la Néra est la victoire de la compétence et de la stratégie de Tyrion, autant Meereen est la victoire des pouvoirs surnaturels de Daenerys, autant la bataille du Mur est la victoire de la Garde de Nuit. Jon a joué son rôle, comme tant d'autres soldats de la Garde.

Là où Daenerys veut changer le monde, là où Tyrion veut l'améliorer et en tirer le meilleur parti, Jon veut le préserver. La bataille du Mur en est bien sûr emblématique, puisqu'il s'agit de préserver le royaume des attaques des Sauvageons qui, s'ils passent le mur, pourront ravager, piller, tuer, violer tout ce qui se trouve au sud. La raison d'être de la Garde de Nuit, c'est être le bouclier protecteur des royaumes humains, d'être le rempart entre le peuple de Westeros, et ce qui se cache au nord du Mur. Les membres de la Garde prêtent ainsi serment de défendre et de protéger le royaume des hommes, et toutes leurs actions sont guidées par cette mission. Mais Jon va même plus loin, même s'il lui faudra près de six saisons pour pouvoir mettre des mots sur ce qu'est, dans le fond, cette raison d'être.

Car préserver le monde, ce n'est pas seulement se préoccuper de Westeros et rejeter au nord du Mur le « Peuple Libre ». Il y a le monde des vivants et le monde des morts. Et ce qui compte, c'est de sauvegarder le monde des vivants. Cela est formulé clairement dans le serment de la Garde de Nuit (« *Je suis le veilleur au rempart* [...] *le bouclier protecteur des royaumes humains* »). Or cette raison d'être, elle est aussi susceptible d'unir Jon et le Peuple Libre.

> *Jon Snow : Je m'appelle Jon Snow. Je suis le commandant de la Garde de Nuit. Nous ne sommes pas amis. Nous n'avons jamais été amis. Nous ne deviendrons pas amis aujourd'hui. Ce n'est pas une question d'amitié. C'est une question de survie. Il s'agit de mettre un mur de sept cents pieds entre vous et ce qu'il y a au-delà du Mur.*
>
> *(Saison 5, épisode 8, à 33 min 55 s)*

Loin de la certitude du « planifier » technique qui, en cherchant à tout prévoir, pense connaître le futur; loin de l'optimisme du « planifier » charismatique, qui imagine des lendemains qui chantent, le « planifier » organique apparaît ici incertain et sombre, presque tragique. Mais quoi qu'il en soit, jusqu'à son dernier souffle, Jon fera tout ce qu'il peut pour préserver le monde.

II. Le plan formel; la vision inspirante; la raison d'être collective

À présent, nous pouvons relever les caractéristiques principales des trois incarnations du « planifier », à savoir le plan formel du management technique, la vision inspirante du management charismatique et la raison d'être collective du management organique.

Le plan formel du management technique

Planifier, dans la logique technique, passe par l'élaboration d'un plan formel, rationnel, qui décrit un enchaînement de séquences à accomplir, d'actions à mener. C'est la logique de l'ingénieur qui définit les étapes de conception d'un nouvel objet; c'est la logique du planning et de l'échéancier. Une logique souvent rassurante, puisqu'explicitée et rationnelle; elle parle à notre intelligence et permet de toujours savoir ce que l'on veut faire.

Déjà visible lors de la bataille de la Néra, ce plan formel est élaboré de manière similaire pour l'autre réalisation magistrale de Tyrion, accomplie lors de son arrivée à Port-Réal, au cours de la saison 2. Il utilise un plan sophistiqué, digne d'un joueur d'échecs, pour tester la loyauté des différents membres du Conseil restreint. Fraîchement nommé Main du roi, Tyrion veut savoir si ceux qui siègent au Conseil sont à la botte de sa sœur Cersei. Il donne alors trois informations différentes à lord Varys, Littlefinger et Pycelle concernant son intention de marier sa nièce Myrcella, informations soit-disant confidentielles. Cersei aura très vite vent de la volonté supposée de Tyrion de marier Myrcella au jeune prince de Dorne, exposant alors que Pycelle a transmis à Cersei l'information que lui avait confiée Tyrion. Tyrion apprend ainsi qu'il ne peut compter sur la loyauté de mestre Pycelle, l'écartant par la suite des réunions du Conseil restreint.

Première caractéristique du plan formel : il convient de fixer des objectifs réalistes et mesurables. Retarder Stannis lors de la bataille de la Néra; assurer la paix au sud en mariant Myrcella aux Martell; découvrir sur quels membres du Conseil restreint on peut compter ou non. Et si un même plan permet de faire d'une pierre deux coups, pourquoi s'en priver?

Seconde caractéristique : l'exécution du plan est prévue dans les moindres détails. Chaque mouvement de l'adversaire est anticipé, et toutes les actions à effectuer sont prévues à l'avance, avec une minutie impressionnante. Que l'on se réfère à la bataille de la Néra ou au stratagème autour du mariage de Myrcella, rien n'est laissé au hasard, rien n'est laissé à l'improvisation.

Troisième caractéristique : le plan est objectif et fondé sur la raison. Ce n'est pas la volonté ou une lubie particulière de Tyrion qui explique la manière dont il conduit la bataille de la Néra ou le mariage de sa nièce, mais ce que toute Main rationnelle devrait faire, indépendamment de la personne qui occupe le poste. L'émotion n'a pas sa place, ni les envies personnelles. Mais l'objectivité va plus loin. Non seulement il est question de celui qui élabore le plan, mais au-delà, tout ce qui participe au plan est lui aussi objectivé : même les personnes sont traitées comme des objets. Sa propre nièce Myrcella, qu'il aime pourtant profondément, est traitée comme un objet au service de son objectif. Nous y reviendrons dans les limites du plan formel.

Enfin, quatrième caractéristique : le plan s'appuie sur des connaissances explicites. Cela n'empêche pas d'être inventif sur la manière d'agencer les éléments à disposition (par exemple en disposant du feu grégeois sur un bateau vide), mais l'élaboration du plan s'appuie sur ce que l'on sait : l'histoire des sièges de Westeros relatée dans les livres, la connaissance du feu grégeois caché dans les sous-sols de Port-Réal, ou, dans le cas de son stratagème autour du mariage, les rapports de force des différentes familles de Westeros, et le fait que les deux dernières Mains ont été tuées, d'où une certaine méfiance à adopter à l'égard du Conseil restreint.

Les caractéristiques du plan formel

1. Fixe des objectifs réalistes et mesurables;
2. Détermine à l'avance et minutieusement les moyens de les atteindre;
3. Est objectif (et non dépendant d'une personne en particulier);
4. S'appuie sur des connaissances explicites.

La vision inspirante du management charismatique

Parce qu'il s'agit ni plus ni moins de changer le monde, de s'en autonomiser, le management charismatique ne peut s'appuyer sur la situation telle qu'elle est pour construire un plan. Il faut partir du futur imaginé : la force de la vision ne réside pas dans son aspect réaliste et réalisable, mais bien au contraire dans la force de l'image du monde de demain que l'on cherche à créer. La vision ne parle pas à la raison, mais au cœur, à l'émotion. À de nombreuses reprises, Daenerys élabore une vision, notamment lorsqu'elle cherche à réunir ses troupes. L'exemple le plus spectacuclaire est sans doute lorsqu'elle s'adresse à l'armée dothraki, peu après avoir quitté Vaes Dothrak (et avoir brûlé les khals) :

> *Daenerys Targaryen (en dothraki) : Je demanderai plus que ce que n'importe quel khal a jamais demandé à son khalasar! Chevaucherez-vous les chevaux de bois à travers la mer noire de sel? Tuerez-vous mes ennemis dans leur costume de fer et démolirez-vous leurs maisons de pierre? Voulez-vous me donner les Sept Royaumes, le cadeau que Khal Drogo m'a promis devant la Mère des montagnes?*
>
> *(Saison 6, épisode 6, à 49 min 1 s)*

Dans cette vision, on ne trouve pas réellement des objectifs réalistes et mesurables, mais plutôt un futur imaginé, idéalisé. Certes, il est question de traverser la mer, de tuer ses ennemis, et de lui offrir le trône, mais en fait, il s'agit davantage ici de se projeter dans le futur, une fois le chemin parcouru pour y parvenir. Notons qu'il en était à peu près de même pour la bataille de Meereen, où elle n'a fixé ni plan, ni objectifs, mais simplement décrit à Tyrion ce qu'il adviendra à la fin de la bataille, une fois tous ses ennemis massacrés et les villes de ses ennemis en ruine.

Par ailleurs, contrairement au plan formel, les moyens d'atteindre la vision présentée sont très vagues, pour ne pas dire inexistants. En fait, rien n'est prévu. Tout est laissé à l'improvisation. Ou dit autrement, le but, la vision seuls comptent, les moyens sont secondaires. Il s'agit certes, dans un cas comme dans l'autre, de tuer ses ennemis et de raser leurs maisons, mais où, quand et comment précisément vont se dérouler les choses? Nul ne le sait.

Ensuite, la vision est éminemment subjective. Elle dépend du leader, de ce qu'il ou elle est, de ses convictions, de ses envies. Ce n'est pas un « on » général et impersonnel qui est adopté, comme dans le management technique, mais bien le « je ». Manifeste dans l'exemple précédent où elle décrit ce qui est son envie et son but personnel (prendre le contrôle de Westeros), c'est encore plus évident lors de sa discussion avec Jorah, alors qu'ils avancent vers Yunkaï à la recherche d'une flotte pour rejoindre Westeros. Touchée par le sort réservé à ceux que l'on enchaîne, sensibilisée par sa propre expérience d'avoir été vendue à Khal Drogo par son propre frère, elle décide de libérer les esclaves des villes et communautés qu'elle rencontre, plutôt que d'être utilitariste, de se saisir de ressources, de mettre la main sur une flotte et de voguer vers Westeros pour réclamer le trône. Son cheval de bataille de la libération des esclaves n'est en aucun cas rationnel ou efficace, détournant Daenerys de son but initial.

> *Jorah Mormont : Nous n'avons pas besoin de Yunkaï, Khaleesi. Prendre cette ville ne vous rapprochera pas de Westeros ou du Trône de fer.*
>
> *Daenerys Targaryen : Combien y a-t-il d'esclaves à Yunkaï?*
>
> *Jorah Mormont : Deux cent mille, sinon plus.*
>
> *Daenerys Targaryen : Alors nous avons deux cent mille raisons de prendre la ville.*
>
> *(Saison 3, épisode 7, à 20 min 8 s)*

Ici, Daenerys exprime sa vision comme elle exprime sa volonté, en se basant sur son imagination, sa capacité à inventer un futur nouveau et différent : surtout, elle ne prend même pas la peine de se justifier. Pas de raison logique, pas de données qui puissent soutenir son choix. La vision de Daenerys est sienne, elle exige parce qu'elle est elle, Daenerys Targaryen, Mère des dragons, non pas parce que ce qu'elle propose est intéressant ou pertinent. La vision s'appuie sur son imaginaire, non sur des connaissances objectives. L'exercice de planification se fait alors de façon très individuelle, sans qu'elle prenne réellement en considération ce que ses conseillers lui suggèrent, comme le lui rappelle à l'occasion sa conseillère Missandei.

> *Missandei : Je peux seulement vous dire ce que j'ai vu, Ma Reine. Je vous ai vu écouter vos conseillers. Je vous ai vu vous reposer sur leur expérience lorsque la vôtre faisait défaut et soupeser les choix qu'ils vous ont proposés. Et je vous ai vu ignorer vos conseillers, car il y avait un meilleur choix. Que vous seule pouviez voir.*
>
> *(Saison 5, épisode 5, à 45 min 14 s)*

Les caractéristiques de la vision inspirante
1. Décrit un futur idéalisé;
2. Est sujette à improvisation;
3. Est subjective;
4. S'appuie sur l'imaginaire.

La raison d'être collective du management organique

La première chose qui surprend, lorsque l'on se penche sur le management organique qu'exerce Jon, c'est l'absence d'une quelconque forme de planification formelle. Pas de plan stratégique bien défini, pas de séquençage d'actions à mener pour assurer le bon fonctionnement de la Garde de Nuit. De même, on ne trouvera nulle part une quelconque « vision » qui serait transmise aux membres de la Garde par le lord commandant, et Jon ne fait pas exception. Cela ne veut pas dire pour autant qu'il n'y ait pas d'acte de « planifier ». Simplement, ce qui oriente l'action par rapport au futur, ce n'est pas un plan bien défini, ni une vision professée dans des grands discours, mais une *raison d'être*, ce que l'on qualifierait en anglais de « *purpose* ». Celle-ci est clairement exprimée par les vœux que prononcent les futurs membres de la Garde de Nuit quand, à la suite de leur entraînement, ils s'engagent officiellement à devenir Frère de la Garde :

> *« La nuit se regroupe, et voici que débute ma garde. Jusqu'à ma mort, je la monterai. Je ne prendrai femme, ne tiendrai terres, n'engendrerai. Je ne porterai de couronne, n'acquerrai de gloire. Je vivrai et mourrai à mon poste. Je suis l'épée dans les ténèbres. Je suis le veilleur au rempart. Je suis le feu qui flambe contre le froid, la lumière qui rallume l'aube, le cor qui secoue les dormeurs, le bouclier protecteur des royaumes humains. Je voue mon existence et mon honneur à la Garde de Nuit, je les lui voue pour cette nuit-ci comme pour toutes les nuits à venir. »*
>
> *(Saison 1, épisode 7, à 46 min 47 s)*

Ce serment, tout comme la bataille du Mur précédemment évoquée, nous permet de mettre en évidence les caractéristiques de la raison d'être du management organique. Il n'est pas question d'un futur idéalisé comme dans le cas du management charismatique. Mais il n'est pas réellement question d'un objectif fixé, mesurable et réaliste. La raison d'être expose plutôt une mission, une cause, ou dit plus simplement, une responsabilité. Une responsabilité partagée, une responsabilité collective. Telle est la première caractéristique de la raison d'être.

Seconde caractéristique, on cherchera vainement une liste détaillée des moyens à mobiliser pour parvenir à l'objectif fixé comme dans le management technique; mais à l'inverse, il ne s'agit pas de se reposer sur l'improvisation pour régler le détail de la réalisation de la vision, comme dans le management charismatique. En fait, et parce que la raison d'être expose, au moins implicitement, les valeurs qui sont recherchées par le groupe, et parce que leur entraînement au quotidien les prépare à accomplir leur mission, le « comment » est largement internalisé. C'est pourquoi Jon n'a nullement besoin de dire quoi faire à l'équipe qui part défendre le tunnel, ni pourquoi ils doivent le faire. Ils le savent déjà; nul besoin d'être explicite, tout est tacitement connu de tous : pour protéger le tunnel, ils se battront jusqu'au bout, de toutes leurs forces, quelles qu'en soient les conséquences.

Troisième caractéristique, le « planifier » du management organique est largement collectif. Une raison d'être est partagée par le groupe; c'est un projet qui unit l'ensemble du collectif, non seulement horizontalement au sens de tous les membres actuels du groupe, mais aussi verticalement – temporellement – au sens de tous ceux qui les ont précédés, et ceux qui les suivront. D'une certaine manière, il y a coexistence des vivants, des anciens et des futurs dans la raison d'être de la Garde de Nuit. On peut parler d'intersubjectivité.

La vision et la raison d'être diffèrent considérablement en ce sens que la vision est individuelle, incarnée par un dirigeant, un chef, puis transmise au reste du groupe, alors que la raison d'être est largement collective et partagée. Le dirigeant incarne cette raison d'être bien plus qu'il ne la crée et la transmet aux autres. Elle est un héritage qu'il reçoit, protège et donne au suivant.

Dernière caractéristique, la raison d'être s'appuie sur un passé partagé, des valeurs communes qu'il convient de faire perdurer. Elle ne puise pas dans l'imaginaire du manager charismatique, ni dans des connaissances objectives mises en avant par le management technique. Tout au plus est-il possible de réinterpréter à la marge la mission et la raison d'être.

Pour le reste, elle est déjà présente dans le serment répété comme un hymne, dans la mémoire collective des événements passés, glorieux ou non, dans l'expérience partagée des membres (passés et présents) du groupe. Ce rappel au passé, assez constant dans le management organique, est illustré par Jon, alors qu'il cherche à avertir Ygritte des dangers auxquels elle s'expose :

> *Jon Snow : Six fois au cours des mille dernières années, un roi d'au-delà du Mur a attaqué les royaumes. Six fois ils ont échoué.*
>
> *Ygritte : Et comment le sais-tu?*
>
> *Jon Snow : Tous les garçons du Nord le savent. Nous grandissons en l'apprenant. Où les combats ont eu lieu, les noms des héros, qui est mort où. Six fois vous avez voulu nous envahir et six fois vous avez échoué. La septième fois ne sera pas différente.*
>
> *(Saison 3, épisode 7, à 43 min 12 s)*

Les caractéristiques de la raison d'être collective
1. Se traduit en une responsabilité collective;
2. Présuppose une internalisation des valeurs collectives;
3. Est intersubjective;
4. S'appuie sur une histoire, une mémoire partagée.

III. Les limites

George R. R. Martin et les créateurs de la série ne se contentent pas de nous montrer les trois formes pures de management dans toute leur gloire et leur réussite. Ils nous exposent aussi à plusieurs reprises les limites et les dangers qui guettent chacun d'eux.

Les limites du « planifier » technique

Du côté du management technique, cette logique managériale retire toute émotion dans la planification au profit de la seule raison. Dès lors, le danger est d'omettre de voir la réalité humaine de chaque situation, avec sa part irréductible d'irrationnel. Le raisonnement mené est logique, objectif, et d'une froideur implacable. C'est ainsi que Tyrion, revenu à Port-Réal avec Shae comme compagne, lui expose qu'il doit la cacher de Cersei, et passe complètement à côté des enjeux de la position symbolique de Shae à la cour.

Tyrion Lannister : Où nous nous trouvons est un endroit dangereux. Ma sœur me veut du mal. Elle cherchera toutes les faiblesses qu'elle pourra trouver. Elle ne doit rien savoir sur toi.

Shae : Je suis une faiblesse?

Tyrion Lannister : C'est un compliment, ma Lady.

Shae : En quoi le fait d'être une faiblesse est-il un compliment?

Tyrion Lannister : Les mots sont parfois trompeurs.

Shae : Oh! Je suis trop bête pour comprendre. Une étrangère stupide. Je ne suis pas une fille de cuisine!

(Saison 2, épisode 3, à 20 min 19 s)

Ici, le plan formel peut glisser facilement vers un acte managérial sans âme, qui vient heurter ceux et celles qui doivent le suivre et qui ne se reconnaissent pas dans cette logique qui nie leur humanité, leur singularité, et qui tend à la condescendance. Tyrion ne prend jamais en considération que Shae pourrait réagir à la façon très cavalière et presque insultante dont il présente ce qui est pour Shae un réel sacrifice : pour la garder auprès de lui, Tyrion envisage la solution qui minimise les dangers pour lui et pour elle. Il la considère presque comme une variable d'une équation, et agit comme si aucun sentiment n'était en jeu, sans se préoccuper le moindrement de son estime d'elle-même.

Pire encore, à tout objectiver, le plan peut en arriver à traiter les personnes exactement comme des objets, qui ne sont que des moyens en vue de l'atteinte d'objectifs. Le plan brillant de Tyrion pour assurer la paix au sud et démasquer le membre du Conseil restreint qui trahit la Main peut apparaître, de son point de vue du moins, remarquable. Mais qu'en est-il de Myrcella? Il utilise sa propre nièce comme un moyen pour parvenir à ses fins, sans se poser un instant la question de ce qui peut lui arriver; et sans même se poser la question de la réaction de sa sœur. Car quand bien même Cersei n'a jamais aimé son frère, c'est sans doute à ce moment qu'elle décide de se venger de lui.

Cersei Lannister : Tu es un monstre. Myrcella est ma fille unique. Tu crois vraiment que je vais te laisser la vendre comme une simple putain?

Tyrion Lannister : Myrcella est une princesse. Certains diraient qu'elle est née pour cela.

Cersei Lannister : Je ne te laisserai pas l'expédier à Dorne comme j'ai été expédiée à Robert Baratheon [...] Tu ne t'en tireras pas comme ça.

(Saison 2, épisode 3, à 33 min 55 s)

Et là se loge l'autre risque de la planification formelle : l'excès de confiance en ses propres capacités d'analyse, l'impossibilité de voir les zones d'ombres, d'inconnu. C'est ce qui coûte à Tyrion sa défaite contre son frère et sa sœur dans la saison 7. Tyrion, non sans satisfaction devant son propre talent, expose à Daenerys – et au spectateur – son plan magnifique qui consiste à passer par les égouts de Castral Roc, qu'il a lui-même bâtis comme il se plaît à le rappeler, et à massacrer l'essentiel des forces des Lannister, récupérer leur château, et surtout tout l'or qu'ils possèdent. Sauf que Cersei et surtout Jaime, son frère qui se plaît à rappeler qu'il « *apprend lentement* », ne se comportent pas comme l'imaginait Tyrion, déjouant alors toutes ses stratégies. Quand les Immaculés arrivent à Castral Roc, il n'y a presque plus personne, pas d'or, pas de vivres, et une bonne partie de l'armée de Daenerys se trouve coincée à l'autre bout de Westeros.

Les limites du « planifier » technique
1. Négation du caractère humain des situations, allant jusqu'à traiter les personnes comme de simples objets;
2. Excès de confiance dans la capacité à tout prévoir.

Les limites du « planifier » charismatique

Planifier selon la logique charismatique présente aussi son lot de dangers : les promesses peuvent vite apparaître bien utopiques (ou peu crédibles), et la vision peut se déconnecter de la réalité. Ainsi, nous l'avons vu au premier chapitre, alors qu'elle est aux portes de Qarth avec son « armée » qui ressemble à une troupe de mendiants, Daenerys se met à menacer les maîtres de Qarth, les « Treize », s'ils ne la laissent pas entrer.

> *Daenerys Targaryen : Quand mes dragons auront grandi, nous reprendrons ce qui m'a été volé et nous détruirons ceux qui m'ont fait du tort. Nous allons détruire leurs armées et incendier leurs villes. Si vous nous tournez le dos, vous brûlerez les premiers.*
>
> *Un des Treize : Ah. Vous êtes une vraie Targaryen. Seulement, comme vous l'avez dit il y a un instant, si nous ne vous permettons pas d'entrer dans notre ville, vous mourrez tous.*
>
> *Xaro Xhoan Daxos : Et céder à la peur d'une petite fille est indigne de la plus grande ville de tous les temps.*
>
> *(Saison 2, épisode 4, à 35 min 22 s)*

Par ailleurs, si le management technique peut sombrer dans l'excès de confiance dans sa capacité à tout prévoir, le management charismatique, lui, peut verser dans l'excès de confiance à se sortir de n'importe quelle situation : sentiment de toute puissance, exacerbé par l'accomplissement de miracles passés, croyance trop forte en ses capacités extraordinaires, repos total sur une capacité infinie à improviser. Le moment qui illustre le mieux ce travers est lorsque Daenerys part dans la maison des Nonmourants récupérer ses dragons alors qu'ils sont retenus par un sorcier :

> *Jorah Mormont : Si vous entrez dans cet endroit, vous n'en sortirez jamais. Forte, est sa magie.*
>
> *Daenerys Targaryen : Et qu'en est-il de ma magie? Vous m'avez vu marcher dans le feu. Vous avez regardé la sorcière brûler. Qu'est-ce que les flammes m'ont fait? Vous souvenez-vous?*
>
> *(Saison 2, épisode 8, à 49 min 33 s)*

L'irrationnel l'emporte à ce moment précis chez Daenerys : elle est dans une situation parfaitement inconnue, elle n'a aucune idée de la nature dangereuse des forces en présence, et elle balaie du revers de la main toute prudence, tout examen des stratégies possibles.

Les limites du « planifier » charismatique
1. Déconnexion de la réalité;
2. Sentiment de toute puissance.

Les limites du « planifier » organique

Serions-nous donc mieux lotis avec la logique organique, gardienne d'une raison d'être sérieuse et profonde? Rien n'est si simple. Derrière les grandes paroles de la raison d'être de la logique organique, se cache souvent une réalité quelque peu différente. Le quotidien n'est pas toujours aussi reluisant que la raison d'être, ce qui explique sans doute que les foules ne se pressent pas aux portes de la Garde de Nuit : outre le renoncement à avoir une famille, rejoindre la Garde de Nuit, c'est s'enfermer dans un château à moitié gelé pour le reste de sa vie, et combattre des dangers inouïs pour le salut et le confort du reste de la population.

Qhorin Mimain l'a bien compris :

> *Qhorin Mimain : Et rappelle-toi, mon gars : ta mort sera un cadeau pour ceux qui vivent au sud du Mur. [...] Ils seront encore vivants parce qu'un bâtard sans nom, quelque part au nord du Mur, aura donné sa vie pour sauver la leur. [...] Ce ne sont que des mots, mon gars. On se dit ça pour avoir plus chaud pendant la nuit, pour se donner l'impression qu'on a une raison d'être.*
>
> *(Saison 2, épisode 6, à 12 min 7 s)*

On aime prendre comme exemple pour illustrer la raison d'être, le *purpose* du tailleur de pierres. Que fait cet homme? Le premier répond : il casse des pierres. L'autre répond : il bâtit une cathédrale. Bien entendu, les deux sont dans le vrai. Mais le problème du *purpose*, aussi glorieux soit-il, c'est qu'au bout du compte, la personne passe quand même sa journée à casser des pierres. C'est ce qu'illustre très bien l'échange suivant entre plusieurs membres de la Garde de Nuit :

> *Grenn : Quand les gens parlent de la Garde de Nuit, personne ne parle de pelletage.*
>
> *Edd : Ni de la merde.*
>
> *Grenn : Les gens vous parlent d'honneur, de pardonner des méfaits et de protéger le royaume, mais en fait, on passe le plus clair de notre temps à pelleter.*
>
> *Edd : On se fait aussi attaquer, ou tuer, ou pire.*
>
> *Grenn : C'est clair. Et si t'es pas en train de te faire attaquer ou tuer, en général tu pellettes.*
>
> *Edd : Regarde. Encore de la merde à pelleter. Je me demandais justement ce que j'allais faire de ma journée.*
>
> *(Saison 3, épisode 4, à 9 min 1 s)*

Enfin, autre travers qui peut s'avérer lourd de conséquences, il est parfois impossible de faire ce qui devrait être fait tout simplement parce que « cela ne s'est jamais fait »; ou parce que cela n'est pas conforme à ce qui « doit être fait ». Jon – qui revient d'une mission d'infiltration hautement risquée, qui a vu la gigantesque armée de Mance et les géants qui l'accompagnent – explique pourtant pourquoi il faut impérativement sceller les tunnels, en vain.

> *Jon Snow : Nous devons nous préparer.*
>
> *Ser Alliser : Nous nous sommes préparés.*
>
> *Jon Snow : Nous devrions sceller le tunnel. Le remplir de roches et de glace. L'inonder et le laisser geler.*

Ser Alliser : Et comment irons-nous au Nord?

Jon Snow : Nous n'y irons pas.

Les autres : Lâche!

Ser Alliser : Vous nous couperiez les jambes, nous arracheriez les yeux, nous laisseriez nous réfugier derrière le Mur en espérant que la tempête passe?

Jon Snow : Nous ne pouvons pas défendre la porte contre cent mille hommes.

Ser Alliser : Ce château existe depuis des milliers d'années. La Garde de Nuit le défend depuis des milliers d'années. Et au cours de tous ces siècles, nous n'avons jamais scellé le tunnel.

Jon Snow : Avez-vous déjà vu un géant, Ser Alliser? J'en ai vu. Les grilles du souterrain ne les arrêteront jamais.

Ser Alliser : Les barreaux de ces portes ont une épaisseur de quatre pouces. De l'acier laminé à froid.

Jon Snow : Ils ne les arrêteront pas.

(Saison 4, épisode 7, à 12 min 10 s)

Pire, un manager organique ne peut rediscuter la raison d'être historique, ne peut radicalement changer les règles, ne peut engager une transformation de grande ampleur qui remet en question les valeurs collectives et fait évoluer la raison d'être dans de grandes mesures. Et lorsque le temps est compté, cela peut être critique.

Après avoir passé des mois auprès du Peuple Libre, avoir vu l'armée des Morts et après avoir réexaminé les mots du serment de la Garde de Nuit, Jon en vient à la conclusion que la Garde de Nuit a dévié de sa vraie mission : « être le bouclier qui protège le royaume des humains » – protéger tous les humains y compris le Peuple Libre des dangers d'au-delà du Mur, à savoir l'armée des Morts et tout ce qui va avec. Mais dévier de la raison d'être telle qu'elle est comprise et partagée par le collectif est impensable : Jon est assassiné dans un acte collectif de mutinerie.

Ser Alliser : Jon Snow allait détruire la Garde de Nuit. Il a laissé les Sauvageons passer nos portes, ce qu'aucun lord commandant n'a jamais fait auparavant. [...]Ce qu'il pensait être la bonne chose à faire nous aurait été fatal. Il nous a confronté à un choix terrible et nous avons choisi.

(Saison 6, épisode 1, à 7 min 13 s)

Même avec du recul, et face à son exécution imminente, ser Alliser assume toujours son choix, tant il était prêt à donner sa vie pour la Garde :

> *Ser Alliser : J'avais le choix, lord commandant. Vous trahir ou trahir la Garde de Nuit. [...] Si je devais tout refaire en sachant où je finirais, j'espère que je ferais de nouveau le bon choix.*
>
> *(Saison 6, épisode 3, à 47 min 55 s)*

Les limites du « planifier » organique
1. Quotidien loin d'être à la hauteur du caractère noble de la raison d'être; 2. Incapacité à prendre en compte les changements brutaux de l'environnement.

Se retrouver à contre-emploi

Cette description des limites pourrait laisser penser qu'il faut parfois utiliser une forme de « planifier » et parfois une autre. Ce n'est pas si simple. D'ailleurs, la série regorge d'exemples de ce qui se passe lorsqu'un des protagonistes se retrouve à contre-emploi.

Ainsi, à deux reprises, Tyrion se lance dans un grand discours inspirant pour amener les troupes avec lui au combat. Il utilise de fait le management charismatique, avec un certain succès pour ses troupes... mais pas vraiment pour lui. La première fois – nous l'avons vu au chapitre 2 – avec les guerriers de la colline du Val alors qu'ils sont à l'avant-garde de l'armée des Lannister; à peine a-t-il fini son grand discours qu'il se fait heurter par un marteau qui pend aux côtés d'un cheval. Il passera la totalité de la bataille inconscient... La seconde fois, c'est au moment de diriger un assaut pour prendre à revers des soldats de l'armée de Stannis qui s'apprêtent à passer la porte de la ville.

> *Tyrion Lannister : Soldats, formez les rangs. Soldats! On m'appelle le « demi-homme ». Comment doit-on appeler ceux qui abandonnent leur poste?*
>
> *Un soldat : Le seul moyen de sortir est par les portes. Et l'ennemi est à nos portes.*

> *Tyrion Lannister : Il y a une autre issue. Je vais vous montrer. Nous allons sortir derrière eux et les baiser par derrière. Ne vous battez pas pour votre roi et ne vous battez pas pour le royaume. Ne vous battez pas pour l'honneur. Ne vous battez pas pour la gloire. Ne vous battez pas pour la richesse, car vous n'en obtiendrez pas. C'est votre ville que Stannis vient chercher. C'est votre porte qu'il enfonce. S'il entre, ce seront vos maisons qu'il brûlera, votre or qu'il volera, vos femmes qu'il violera. Ce sont des hommes courageux qui frappent à notre porte. Allons les tuer. [...]*
>
> *Tous : Demi-homme! Demi-homme! Demi-homme!*
>
> *(Saison 2, épisode 9, à 43 min 6 s)*

La foule crie son nom; même sous la forme de « *Demi-homme* ». Tyrion semble être enivré par la puissance de la ferveur charismatique qui l'entoure. Il terminera dans une petite chambre au bout du château, inconscient, une balafre tout au long du visage, pendant que son père récoltera tous les honneurs de la victoire.

Daenerys, elle aussi, se retrouve à contre-emploi à Meereen, alors qu'elle essaie d'appliquer un plan formel pour reprendre en main la ville. Elle renonce à ses valeurs, se range même du côté de la tradition, fait alliance avec les « riches ». Un plan que Tyrion n'aurait sans doute pas renié.

> *Daenerys Targaryen : Je suis venue ici pour vous dire que j'avais tort. J'avais tort et vous aviez raison. À propos de la tradition. À propos de rassembler les habitants de cette ville. Je vais rouvrir les fosses de combat. Pour les hommes libres seulement. L'esclavage ne reviendra jamais à Meereen, pas tant que je serai en vie.*
>
> *Hizdahr zo Loraq : Bien, Ma Reine.*
>
> *Daenerys Targaryen : Et afin de forger un lien durable avec le peuple meereenien, je vais épouser le chef d'une ancienne famille. Heureusement, un prétendant est déjà à genoux.*
>
> *(Saison 5, épisode 5, à 46 m 23 s)*

Tout cela se terminera dans l'arène avec l'attaque brutale des Fils de la Harpie, et Daenerys ne trouvera son salut que grâce à la ténacité de Jorah Mormont et au retour miraculeux de Drogon.

Quant à Jon, il planifie minutieusement avec Davos la bataille des Bâtards. Tout est prévu : les mouvements des armées, la manière de faire face à la cavalerie ennemie; surtout, un plan précis est adopté, qui consiste à ne pas bouger et à attendre que l'adversaire vienne s'écraser sur les lignes de défense mises en place. Sansa le met pourtant en garde.

Sansa Stark : Vous le connaissez depuis très peu de temps, toi et tes conseillers, et vous vous asseyez et préparez votre plan pour vaincre un homme que vous ne connaissez pas. J'ai vécu avec lui. Je sais comment son esprit fonctionne. Je sais qu'il aime faire du mal aux gens. Ne t'est-il jamais arrivé de penser que je puisse avoir des idées?

Jon Snow : Tu as raison.

Sansa Stark : Tu penses qu'il va tomber dans ton piège. Il n'en sera rien. C'est lui qui pose les pièges.

(Saison 6, épisode 9, à 16 min 50 s)

En fait, Sansa lui fait comprendre qu'il planifie sans utiliser son expérience à elle pour comprendre son adversaire. Résultat, le plan ne sera pas exécuté comme prévu. Alors qu'il s'agissait d'attendre impérativement et de ne pas bouger pour laisser venir l'armée de Ramsay, le piège de ce dernier (envoyer Rickon en lui tirant des flèches dessus) fonctionne et Jon, oubliant tout son plan, se rue pour essayer de le sauver. La bataille sera un désastre et ne sera gagnée que grâce à l'intervention inopinée de Sansa, qui arrive avec Littlefinger et les cavaliers des Eyrié.

Trois désastres donc, comme si George R. R. Martin et les créateurs de la série voulaient faire passer un message, voire une morale : il ne faut pas chercher à être ce qu'on n'est pas. Incarner complètement le management technique, charismatique ou organique ne nous protège certes pas des limites et des dangers inhérents à ceux-ci. Mais le salut n'est pas à rechercher dans l'adoption d'un « planifier » autre que celui du management que l'on incarne. La puissance des managements technique, charismatique et organique vient de la cohérence entre ce que l'on est, ce qui nous donne notre légitimité, et la manière dont on agit. Un « planifier » charismatique au sein d'un management technique, ou un « planifier » technique au sein d'un management charismatique ou organique risque de conduire droit au désastre.

Conclusion

En comparant trois situations similaires auxquelles étaient confrontées nos trois protagonistes – la bataille de la Néra, la bataille de Meereen et la bataille du Mur, nous avons fait apparaître le fait que le « planifier » est au service d'une finalité différente selon qu'il est mobilisé par le management technique, charismatique ou organique : optimiser le monde pour le premier, changer le monde pour le second, et préserver le monde pour le dernier. Puis, nous avons fait ressortir que le « planifier » suit un mode opératoire propre à chacune des logiques managériales :

le plan formel pour le technique, la vision inspirante pour le charismatique et la raison d'être collective pour l'organique. Enfin, chacun de ces modes opératoires n'est bien sûr pas exempt de limites et de dangers, illustrés là encore par de nombreux exemples de la série.

Tableau 4
Le « planifier » selon les trois logiques

	Le « planifier » technique	Le « planifier » charismatique	Le « planifier » organique
Finalité	Optimiser le monde	Changer le monde	Préserver le monde
Modalité	Le plan formel…	La vision inspirante…	La raison d'être…
Caractéristiques	Fixe des objectifs réalistes et mesurables	Décrit un futur idéalisé	Se traduit en une responsabilité collective
	Détermine à l'avance et minutieusement les moyens de les atteindre	Est sujette à improvisation	Présuppose une internalisation des valeurs collectives
	Est objectif (et non dépendant d'une personne en particulier)	Est subjective	Est intersubjective
	S'appuie sur des connaissances explicites	S'appuie sur l'imaginaire	S'appuie sur une histoire, une mémoire partagée
Limites	Négation du caractère humain des situations, allant jusqu'à traiter les personnes comme de simples objets	Déconnexion de la réalité	Quotidien loin d'être à la hauteur du caractère noble de la raison d'être
	Excès de confiance dans la capacité à tout prévoir	Sentiment de toute puissance	Incapacité à prendre en compte les changements brutaux de l'environnement

5 | Structurer, fusionner ou rassembler?

L'« organiser » à la lumière des trois logiques

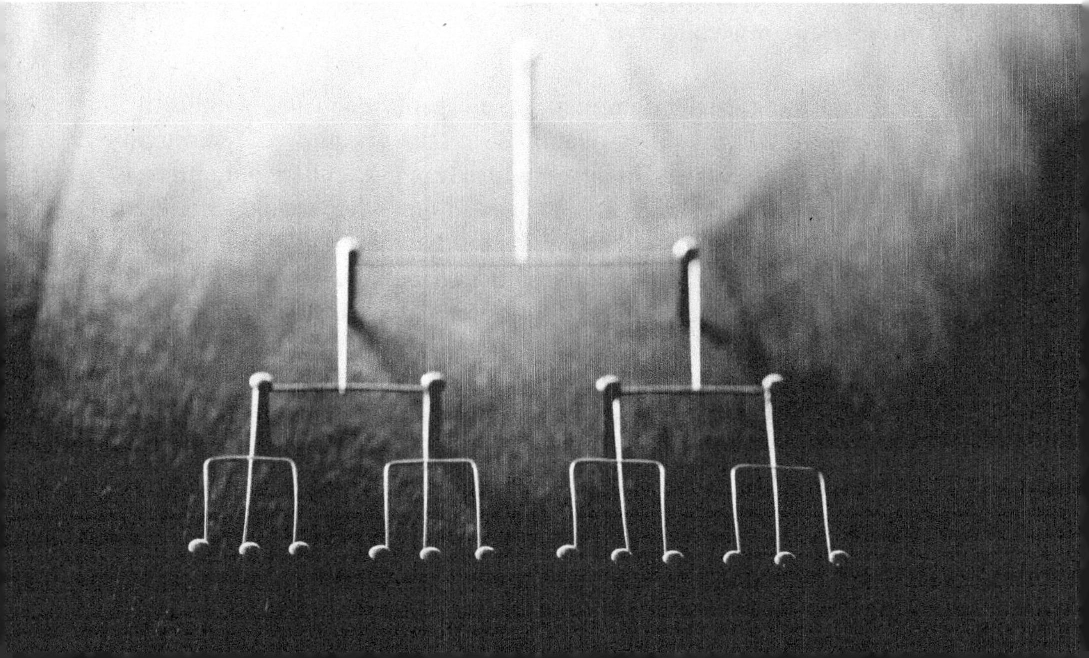

Introduction

Sans action collective, point de management. Le management se pense donc parce que le collectif, parce que le groupe existe. Le management permet alors d'organiser les interactions entre les différents membres. Au-delà de l'évidente question de « qui fait quoi », organiser, c'est se donner les moyens de mettre en œuvre le plan, la vision ou la raison d'être. C'est s'appuyer sur les forces de chacun, sur les ressources à disposition pour donner vie à un futur recherché. C'est composer avec la réalité du tissu humain que forme le collectif pour en utiliser les attributs et coordonner une action désirée.

Tout comme le « planifier » prenait trois couleurs distinctes selon le type de management mobilisé, il en va de même pour l'« organiser ». Nous le reverrons plus en détail au cours de ce chapitre, mais si l'on devait exprimer en un seul mot la différence entre les trois formes d'organiser, il s'agirait de *structurer* dans le management technique, de *fusionner* dans le management charismatique, et de *rassembler* pour le management organique.

Plus précisément, dans une logique technique, le manager établit un *contrat* avec son subordonné, stipulant les obligations de chacune des parties l'une envers l'autre. C'est au contraire ni plus ni moins que la *dévotion*, dans un attachement fervent, qui amène un individu à suivre un dirigeant charismatique. Enfin, du point de vue organique, le « rassembler » s'apparente à prêter *serment*, à un engagement personnel envers une cause collective.

Réfléchir à la capacité d'un manager à organiser son action collective, c'est mettre l'accent sur sa relation avec ceux et celles qui l'entourent. Et quoi de mieux que s'intéresser à la nature particulière qui unit chacun de nos trois protagonistes à leur « adjoint » le plus emblématique, à savoir Bronn pour Tyrion, Jorah pour Daenerys, et Tormund pour Jon? Que l'on porte notre attention sur chacun des binômes que nous venons d'évoquer, et les différences sautent aux yeux d'une manière tellement évidente qu'elles permettent d'éclairer les multiples façons dont il est possible d'organiser. Puis, nous développerons de manière plus systématique les caractéristiques du contrat, de la dévotion et du serment. Et comme précédemment, nous terminerons ce chapitre en nous intéressant aux limites que rencontrent ces trois façons d'organiser.

Figure 6
L'organisation selon les trois logiques managériales

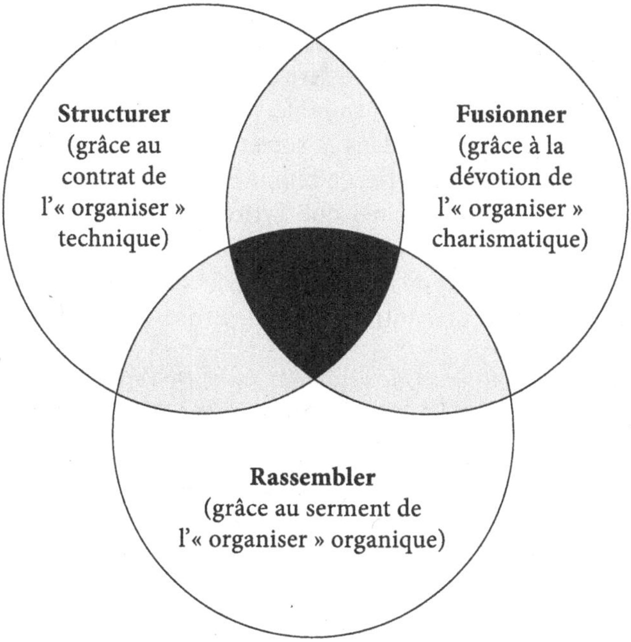

I. Structurer; fusionner; rassembler

Si on s'amuse à ouvrir un dictionnaire, à l'entrée « Organiser », on trouvera une définition comme « *S'occuper de chacun des éléments d'un ensemble de façon à constituer un tout cohérent et adapté à sa destination* ». Reste à savoir comment. En choisissant trois binômes emblématiques, cette première section va nous permettre de contraster les différentes façons dont Tyrion, Daenerys et Jon se lieront avec ceux qui sont à leurs côtés : *structurer* les relations selon le modèle du contrat; utiliser la dévotion pour *fusionner* les suiveurs; *rassembler* le collectif autour d'un serment explicite ou implicite.

Bronn et Tyrion

Dans le contexte d'une organisation, d'une entreprise, on pense souvent qu'organiser le travail, c'est attribuer des tâches spécifiques, selon les compétences de chacun. En ce sens, on s'attache à expliciter ce qu'est l'« organiser » selon le management technique. Et qu'est-ce qui permet d'expliciter une attribution de tâches spécifiques à accomplir? Un contrat qui stipule les obligations de chacune des parties.

Voilà qui est parfaitement illustré par le contrat initial que passe Tyrion avec Bronn. Sur toute la période qui précède son départ en cachette de Westeros pour rejoindre Daenerys, Tyrion est toujours secondé par Bronn dans son action. Ce dernier, un grand guerrier, mais non issu d'une grande maison de Westeros, vend son épée au plus offrant. Doté d'une philosophie de vie amorale, il est à l'affût de toute occasion lui permettant de se hisser dans la société, l'amenant à venir à la rescousse de Tyrion dans les Eyrié, en retour de l'espoir d'une belle somme d'argent. On aurait pu imaginer que Tyrion récompense Bronn et que cela en reste là. Or, Tyrion va beaucoup plus loin : il l'engage à son service. Il ne lui promet pas de l'or pour lui avoir sauvé la vie. Il lui promet de l'or dans le cadre d'un contrat qui fait de Bronn son mercenaire privé.

> *Tyrion Lannister : Que veux-tu, Bronn? De l'or? Des femmes? Des femmes en or? Reste à mes côtés et tu auras tout cela, aussi longtemps que je serai là et pas un instant de plus. Mais tu le sais. C'est pourquoi tu as vaillamment pris les armes pour défendre mon honneur.*
>
> *Bronn : D'accord. Mais ne vous attendez pas à ce que je me mette à genoux et que je vous appelle « Monseigneur » chaque fois que vous allez faire vos besoins. Je ne suis pas votre lèche-bottes et je ne suis pas votre ami.*
>
> *Tyrion Lannister : Bien que je chérisse ton amitié, je m'intéresse surtout à la facilité que tu as à tuer. Et si un jour tu es tenté de me vendre, souviens-toi de ceci : quel que soit leur prix, le mien sera plus élevé. J'aime vivre.*
>
> *(Saison 1, épisode 8, à 19 min 20 s)*

Un contrat est impersonnel, dénué d'émotions, ne laissant pas de place à l'amitié par exemple. Tyrion en fait l'amère expérience lorsqu'il fait de nouveau face à un « jugement par combat » et qu'il espère que Bronn se batte de nouveau pour lui. Sauf qu'il apparaît que Bronn s'est vu offrir, sans doute par Cersei, une « lady » et un château. Bronn visite Tyrion dans sa cellule, non pas par courtoisie, mais pour voir s'il peut s'aligner.

> *Tyrion Lannister : Pourquoi as-tu pris la peine de venir ici?*
>
> *Bronn : Tu as dit un jour que si quelqu'un me demandait de te vendre, tu doublerais son prix.*
>
> *(Saison 4, épisode 7, à 15 min 28 s)*

Bronn a reçu une meilleure offre ailleurs. Tyrion n'a pas les moyens de continuer de se payer ses services. Le contrat prend fin. Et Tyrion a beau appeler Bronn son « *ami* », le fait est que Bronn ne prend aucune décision en fonction d'un quelconque lien d'amitié : ce qui compte, c'est bien le contrat qui est établi, et le retour qu'il obtient.

Bronn : Peut-être que je pourrais l'emmener et le faire danser jusqu'à ce qu'il soit si fatigué de me frapper qu'il laisse tomber son épée, qu'il tombe d'une façon ou d'une autre. Mais un faux pas et je suis mort. Pourquoi devrais-je risquer ma vie?

Tyrion Lannister : Parce que tu es mon ami.

Bronn : Oui, je suis ton ami. Et quand as-tu déjà risqué ta vie pour moi? Je t'aime bien, petite merde choyée que tu es. C'est juste que je m'aime davantage.

Tyrion Lannister : Je comprends.

(Saison 4, épisode 7, à 16 min 45 s)

Malgré leurs liens interpersonnels, Bronn refuse de se battre pour Tyrion. Et ce dernier le lui pardonne volontiers, car ici réside précisément la nature du management technique : prendre des décisions fondées sur la seule raison. De ce point de vue, la décision de Bronn est parfaitement raisonnable et logique. Il n'y a là rien de personnel, rien d'émotionnel, et donc rien à pardonner.

Si nous devions prendre une image pour illustrer ce qu'est le chef dans l'« organiser » technique, nous dirions qu'il est comme un engrenage au sein d'un mécanisme, entraînant divers pièces d'un même puzzle pour orchestrer une action collective. Plus précisément, il fait tourner autour de lui les différentes pièces d'un mécanisme; tout doit y être mécanique, logique, bien loin du monde des émotions. Si une pièce est usée, il faut la changer; si elle ne fait pas ce qu'elle doit faire, il faut la remplacer. Et si c'est l'engrenage qui pose problème, et bien il suffit de le changer aussi. Si tout se passe bien, au contraire, on a la bonne pièce au bon endroit qui fait exactement ce qu'on attend d'elle, ni plus, ni moins. Certaines pièces ont des fonctions différentes, et du moment que tout est bien articulé, le mécanisme fonctionne. Tel est le collectif technique par excellence.

Jorah et Daenerys

Du côté du management charismatique, c'est certainement la relation qui unit Jorah à Daenerys qui est la plus frappante. Jorah Mormont a été condamné à mort par Ned Stark, alors le gardien du Nord, pour avoir vendu des esclaves et participé de ce fait à la traite, qui a été bannie de Westeros. Il se réfugie à Essos et entre au service de Daenerys à la demande de lord Varys, l'espion en chef du roi Robert (et du roi précédent, et du roi suivant…), pour le tenir au courant des faits et gestes des jeunes Targaryen alors en exil. En retour : la promesse d'un pardon royal et la possibilité de rentrer chez lui. Tout comme Bronn, Jorah a simplement accepté un contrat, spécifique, assorti de tâches précises, et qui lui donnera droit à une rémunération précise en échange.

Les choses changent pourtant quand il commence à côtoyer Daenerys. Il se met à s'attacher à elle, peut-être à tomber amoureux. Il décide alors de lui sauver la vie, lorsqu'elle est victime d'une tentative d'assassinat.

Après tout, son contrat était précis et demandait qu'il renseigne lord Varys de ses faits et gestes, ce qu'il fait. Il n'était pas mentionné qu'il devait s'abstenir de la protéger au besoin… Reste qu'il cesse alors d'envoyer des rapports à lord Varys; surtout, il commence à développer une réelle affection pour Daenerys. La relation change cependant du tout au tout quand Daenerys donne naissance à ses dragons. Il croit tout simplement en elle, comme il le confie bien plus tard à ser Barristan :

> *Ser Barristan : Est-ce que vous croyez en elle?*
>
> *Jorah Mormont : De tout mon cœur.*
>
> *(Saison 3, épisode 5, à 43 min 38 s)*

Jorah, prêt à vendre des esclaves pour un peu d'or, prêt à vendre la personne auprès de qui il s'était engagé pour récupérer un pardon royal, calculateur et recherchant d'abord son propre intérêt, a bien changé. Tellement changé qu'il est maintenant prêt à faire n'importe quoi pour elle. Ce que Tyrion exprime parfaitement en trois lignes :

> *Tyrion Lannister : Je ne me souviens pas avoir jamais vu un homme sain d'esprit aussi dévoué à vous servir. Il prétend qu'il tuerait pour vous et mourrait pour vous, et rien de ce dont j'ai été témoin ne me donne de raison d'en douter.*
>
> *(Saison 5, épisode 8, à 5 min 8 s)*

Ce qui unit Jorah à Daenerys n'a rien du contrat. C'est un mélange d'admiration, de ferveur, de fascination. Mais surtout, comme l'exprime Tyrion lui-même, de *dévotion*. Et c'est cette dévotion qui amène Jorah à faire siens les désirs de Daenerys :

> *Tyrion Lannister : Les Targaryen sont reconnus pour être fous. Et si elle conquiert le monde? Alors quoi? La prospérité?*
>
> *Jorah Mormont : D'abord, nous devons conquérir le monde.*
>
> *(Saison 5, épisode 6, à 18 min 13 s)*

On s'attendrait à ce que Jorah dise « *D'abord,* elle *doit conquérir le monde* ». Mais il y a identification entre Jorah et celle qu'il suit. Ce qui étonne Tyrion, c'est la fusion manifeste entre les désirs de Daenerys, ses ambitions, ses plans, et ce que poursuit désormais Jorah, alors même qu'à ce moment-là, il a été banni après la découverte de sa trahison initiale. « Organiser », selon la logique charismatique, c'est intrinsèquement fusionner avec le dirigeant.

Tormund et Jon

Tormund est un guerrier du Peuple Libre et vraisemblablement le chef d'une des tribus importantes qu'il comporte. Tormund, après avoir fait le choix de suivre Mance Rayder comme roi d'au-delà du Mur, se met à suivre Jon Snow, historiquement son ennemi, pour protéger les siens de l'armée des Morts qui descend progressivement sur les terres au sud. Il va jusqu'à mener Jon au campement de ce qui reste du Peuple Libre, tue le seigneur des Os qui refuse l'ouverture même d'une discussion, et fait face à la question de Karsi, une autre chef du Peuple Libre.

> *Karsi : Tu te portes garant de cet homme, Tormund?*
>
> *Tormund : Il est plus joli que mes deux filles, mais il sait se battre. Il est jeune, mais il sait diriger.*
>
> *(Saison 5, épisode 8, à 38 min 5 s)*

Mais qu'est-ce qui peut bien conduire le chef d'une des tribus du Peuple Libre à se montrer garant d'un « Corbeau » et essayer de convaincre les autres de le suivre? Sur quoi donc peut se fonder la relation qui unit Tormund à Jon? Certes, Tormund semble reconnaître ses qualités de guerrier et de chef, mais de là à parler de dévotion, certainement pas.

Contrairement à Jorah, qui n'est pas loin de considérer Daenerys comme une déesse – ou du moins ne met pas en doute ses pouvoirs surnaturels – il en va tout autrement de Tormund par rapport à Jon. Aucune fascination ni dévotion inconditionnelle ne semblent émaner de Tormund. Il a vu Jon revenir d'entre les morts, ce qui en impressionne plus d'un – mais pas lui.

> *Tormund : Ils pensent que tu es une sorte de dieu. L'homme qui est revenu d'entre les morts.*
>
> *Jon Snow : Je ne suis pas un dieu.*
>
> *Tormund : Je le sais bien. J'ai vu ta queue. Quel genre de dieu aurait une queue aussi petite?*
>
> *(Saison 6, épisode 3, à 6 min 59 s)*

Faut-il y voir un contrat? Jon offrirait quelque chose en échange d'autre chose? Il aurait libéré Tormund contre cette introduction auprès du Peuple Libre? Difficile à croire. On imagine mal Tormund vendre son peuple pour sauver sa vie; même du point de vue de Jon, cela n'aurait pas grand sens : pourquoi prendre un tel risque? Pour tendre un piège au Peuple Libre et tous les massacrer? Alors pourquoi Jon revient-il avec ce qu'il reste du Peuple Libre, et lui permet-il de passer le mur et de s'installer dans les terres qui l'avoisinent? En fait, ce qui est à l'origine de la relation entre Tormund et Jon et de tout ce qui s'ensuit, ce n'est pas un contrat, c'est un *serment.*

Mais à aucun moment, pourrait-on nous rétorquer, Tormund ne prête serment à Jon; à aucun moment il ne s'agenouille devant lui pour le reconnaître comme son chef. Et pourtant, il y a bien un serment. Mais il ne faut pas le rechercher du côté de Tormund. C'est Jon qui prête serment.

Dans le cas du contrat, le chef et le subordonné s'engagent. Dans le cas de la dévotion, le chef ne fait rien; tout l'engagement est du côté des suiveurs qui se dévouent pour leur dirigeant. Dans le cas du serment, c'est cette fois le dirigeant lui-même qui prête serment auprès du collectif. Et même dans les cas explicites où tous les membres du collectif doivent prêter serment – c'est le cas de la Garde de Nuit, mais c'est aussi par exemple le cas des médecins, et des ingénieurs (au Québec) – il convient de remarquer que ce serment n'est nullement un engagement envers un chef, mais traduit bien un engagement envers le collectif, et plus précisément envers les valeurs de ce collectif.

> *Jon Snow : Et si je retirais tes chaînes?*
>
> *Tormund : Pourquoi ferais-tu ça?*
>
> *Jon Snow : Parce que tu n'es pas mon ennemi. Et que je ne suis pas le tien.*
>
> *Tormund : Tu ressemblais beaucoup à mon ennemi quand tu as tué mes amis.*
>
> *Jon Snow : Depuis huit mille ans, la Garde de Nuit a juré d'être le bouclier protecteur des royaumes humains. Et pendant huit mille ans, nous avons failli à ce serment. Vous appartenez aux royaumes humains. Vous tous.*
>
> *(Saison 5, épisode 5, à 9 min 58 s)*

En reconnaissant que le Peuple Libre fait partie du royaume des hommes, Jon l'inclut dans le serment de la Garde de Nuit d'être protégé de l'armée des Morts. Et c'est bien un serment, car Jon s'engage à protéger le Peuple Libre sans rien demander en retour.

> *Jon Snow : Je voudrais que tu ailles au nord du Mur. Rassemble les gens du Peuple Libre restants, où qu'ils soient, et ramène-les ici. Je vais leur ouvrir les portes et les laisser passer. Je vais leur trouver des terres pour qu'ils s'installent au sud du Mur.*
>
> *Tormund : Ils ne vont pas s'agenouiller devant toi, et moi non plus.*
>
> *Jon Snow : Je ne veux pas qu'ils s'agenouillent devant moi. Je veux qu'ils se battent avec moi le moment venu.*
>
> *(Saison 5, épisode 5, à 10 min 43 s)*

Jon précise qu'il faudra qu'ils se battent ***avec*** lui. En hommes libres et « *lorsque le temps viendra* » (Saison 6, épisode 7). Ne s'agit-il pas justement d'une demande? Pas réellement. C'est une évidence. Bien sûr qu'ils se battront contre l'armée des Morts quand elle franchira le Mur. D'ailleurs, c'est bien parce que Jon les veut du côté des vivants, plutôt que comme matière première de l'armée des Morts, qu'il souhaite tant les protéger.

Cet engagement, qui se traduit par le commandement de Jon d'ouvrir les portes du Mur aux Sauvageons et que celui-ci paiera de sa vie, créera une dette de Tormund envers Jon. Ce que Tormund ne manquera pas de rappeler à ses pairs lorsque viendra le temps de se battre avec Jon contre Bolton. Là encore, comme à Durlieu, sans que Jon ne le lui demande, Tormund va rappeler les enjeux et rallier le collectif à la cause qu'ils partagent avec Jon.

> *Dim Dalba : Nous avons dit que nous combattrions avec vous le moment venu, Roi Corbeau, et nous le voulions vraiment, mais ce n'est pas ce que nous avions convenu. Ce ne sont pas des Marcheurs Blancs. Ce n'est pas une armée de Morts. Ce n'est pas notre combat.*
>
> *Tormund : S'il n'était pas là, aucun de nous ne serait là. Vous seriez tous de la viande pour l'armée du roi de la Nuit. Et je serais un tas d'ossements carbonisés, comme Mance.*
>
> *[...]*
>
> *Jon Snow : Quand ils en auront fini avec moi, ils viendront vous chercher. Vous avez raison. Ce n'est pas votre combat. Vous ne devriez pas avoir à venir à Winterfell avec moi. Je ne devrais pas vous le demander. Ce n'est pas l'entente que nous avons conclue. J'ai besoin de vous à mes côtés si nous voulons les battre, et nous avons besoin de les battre si vous voulez survivre.*
>
> *(Saison 6, épisode 7, à 12 min 30 s)*

Jon reconnaît volontiers que ce n'est pas ce qui avait été convenu, mais cela n'a pas d'importance : leurs sorts respectifs sont intimement liés. Ils ne peuvent survivre que s'ils s'unissent. Quant à Tormund, après avoir rappelé la dette qu'ils ont à l'égard de Jon, « *aucun de nous ne serait là* », il va un cran plus loin.

> *Tormund : Les Corbeaux l'ont tué parce qu'il parlait au nom du Peuple Libre alors qu'aucun autre sudiste ne le ferait. Il est mort pour nous. Si nous ne sommes pas prêts à faire la même chose pour lui, nous sommes des lâches. Et si c'est ce que nous sommes, nous méritons d'être les derniers hommes du Peuple Libre.*
>
> *(Saison 6, épisode 7, à 13 min 54 s)*

Cette dette ne provient pas du fait que Jon leur a ouvert les portes du Mur. Il a risqué sa vie pour eux, et d'ailleurs, il en est mort. Et si ni Tormund, ni le Peuple Libre ne prêtent serment à Jon, si d'ailleurs ils suivent davantage la cause commune qui les unit que Jon en tant que chef, cette dette de sang qu'ils reconnaissent, et les actions qu'ils mènent ensuite (le suivre à la bataille, quoi qu'il en coûte), pourraient être considérées comme un serment implicite. Envers la cause qui les unit. Car le Peuple Libre n'a pas besoin de s'agenouiller, de professer de grandes paroles ou de faire de grandes promesses pour s'engager pleinement.

> *Jon Snow (à Tormund) : Es-tu certain qu'ils viendront?*
> *Tormund : Nous ne sommes pas aussi malins que vous, les sudistes. Lorsque nous disons que nous allons faire quelque chose, nous le faisons.*
>
> *(Saison 6, épisode 7, à 15 min 15 s)*

Tormund et Jon sont ainsi liés par un lien très fort, forgé dans le partage d'expériences marquantes (la montée du Mur, la bataille du Mur, la mort de Mance, l'attaque de l'armée des Morts à Durlieu, la bataille des Bâtards). Tormund s'engage sans retenue pour servir la cause qui l'unit, lui et le Peuple Libre, à Jon, dans le combat commun contre l'armée des Morts.

On ne peut d'ailleurs pas parler de « cause de Jon » comme on parlerait de la « cause de Daenerys ». Par dévotion, les fervents suiveurs de la Mère des dragons rejoignent et font sienne sa cause à elle. Ici, c'est bien une cause commune qu'incarne Jon. Leur lien reste fondamentalement tacite : Jon ne demande rien à Tormund. Il se contente de rassembler le collectif, prêtant implicitement serment de servir une raison d'être commune : en définitive, il ne s'agit pas d'articuler entre elles des compétences différentes, ni de réunir derrière un leader le collectif, mais bien de faire en sorte que les différentes parties du collectif soient unies en « collant » les unes aux autres, indépendamment du chef d'ailleurs.

Ce que fait Jon avec Tormund et le Peuple Libre, il le fera aussi avec la Garde de Nuit et le Nord. Parce que Edd, Tormund et Sansa partagent la raison d'être portée par Jon, parce qu'ils ont tous quelque chose qui les unit pour toujours à Jon (un serment à vie, une dette à vie, un lien de sang à vie), il est comme de la colle, la *glue* qui unit différents collectifs entre eux.

Au final, ce n'est pas un mécanisme que Jon crée; certainement pas une foule. Mais des communautés. Des gens qui se rassemblent et qui se ressemblent : la Garde qui fédère tous les frères jurés, d'où qu'ils viennent; des tribus du Peuple Libre; des « Nordistes » qui se ressemblent et qui « se souviennent ». Qui partagent les mêmes valeurs, la même raison d'être. Et d'une certaine manière, ces trois communautés, Jon parvient à les réunir en une seule : celle des vivants.

II. Le contrat; la dévotion; le serment

Le contrat du management technique

Soulignons d'emblée un élément clé : chaque contrat est différent. Tyrion a passé un contrat particulier avec Bronn, s'achetant les services de ce dernier en échange d'une place auprès de lui; et les contrats étant indépendants les uns des autres, Tyrion en passe un bien différent avec Shae.

Tyrion Lannister : Ce que je veux? Je veux que tu partages ma tente. Je veux que tu me serves du vin, que tu ris de mes blagues, que tu frottes mes jambes quand elles sont douloureuses après une journée d'excursion. Je veux que tu ne partages le lit d'aucun autre homme aussi longtemps que nous serons ensemble. Et je veux que tu me fasses l'amour comme si c'était ma dernière nuit sur cette terre… ce qui pourrait bien être le cas.

Shae : Et qu'est-ce que je gagne en retour?

Tyrion Lannister : Un : la sécurité. Personne ne te fera de mal aussi longtemps que tu seras à moi. Deux : le plaisir de ma compagnie qui, à ce qu'on dit, est spectaculaire.

Shae : Qui t'a dit ça? Des femmes que tu as payées?

Tyrion : Et trois : plus d'or que tu ne pourrais dépenser si tu vivais mille ans. Acceptes-tu ma proposition?

(Saison 1, épisode 9, à 26 min)

Le mode opératoire est le même : Tyrion passe un contrat avec Shae comme avec Bronn, mais les conditions sont complètement différentes – l'accompagner pour sa sécurité dans un cas, l'accompagner pour assurer son agrément dans l'autre. Et les deux parties sont complètement libres d'en fixer les termes. Telle est la première caractéristique du contrat. Il en va tout autrement d'un serment, comme celui qui lie la chevalière Brienne de Torth et Sansa Stark :

> *Brienne de Torth : Lady Sansa, j'offre à nouveau mes services. Je vous protégerai, je vous serai fidèle et je donnerai ma vie pour la vôtre si besoin est. Je le jure par les anciens dieux et les nouveaux.*
>
> *Sansa Stark : Et je jure… que vous aurez toujours une place près de mon cœur et…*
>
> *Podrick Payne (l'aidant à se souvenir) : De la viande et de la boisson à ma table.*
>
> *Sansa Stark : De la viande et de la boisson à ma table. Et je m'engage à ne vous demander aucun service qui pourrait vous causer du déshonneur. Je le jure par les anciens dieux et les nouveaux.*
>
> *(Saison 6, épisode 1, à 18 min 8 s)*

Comme illustré ici, un serment est générique. Tous les chevaliers prononcent les mêmes vœux (offrir leur vie), et tous les seigneurs répondent par les mêmes mots (offrir une place à leur table) : la seule liberté consiste à accepter la relation, mais il n'est pas question de définir les termes du serment. C'est d'ailleurs pourquoi Podrick, l'écuyer de Brienne, en connaît les mots et aide Sansa à en énoncer les phrases exactes.

Par ailleurs, dans le libellé même du contrat, les tâches attendues de part et d'autre sont explicitement formulées dès le début : il s'agit de se mettre d'accord précisément sur les engagements de chacun – ce que l'on fera ou ne fera pas, et ce que l'on attend de l'autre ou pas. En effet, tout contrat est de nature symétrique, en ce sens qu'il engage les deux parties. Ainsi, deuxième caractéristique, le contrat explicite les engagements de chacun. Parce qu'il est spécifique et explicite, chaque contrat est bien sûr négociable. Si Shae ne le fait pas, Bronn, nous l'avons vu, ne se gêne pas pour négocier le contrat et définir les limites de son engagement : non pas en demandant plus d'or, mais en indiquant immédiatement ce qu'il n'est pas prêt à faire. Il sortira son épée pour défendre Tyrion, mais il ne s'agenouillera pas devant lui ni ne l'appellera « Monseigneur ». Et lorsque Tyrion le nommera commandant du Guet de Port-Réal et lui demandera très logiquement de porter l'uniforme de sa fonction, Bronn s'en tiendra au contrat initial.

> *Bronn : Nous avions une entente et le port d'un manteau d'or n'en faisait pas partie.*
>
> *Tyrion Lannister : Très bien, très bien. Pas de manteau d'or.*
>
> *(Saison 2, épisode 8, à 19 min 34 s)*

Cela ne signifie pas pour autant qu'un contrat n'est pas renégociable, mais cela doit être fait précisément dans ces termes. Ce que Bronn ne manque pas de faire, à la suite de la bataille de la Néra lorsque Tyrion a perdu sa fonction de Main du roi :

> *Tyrion Lannister : Tu es là pour me protéger. [...] Cela t'ennuie-t-il de me protéger?*
>
> *Bronn : Te protéger me rend pauvre. [...] Tu m'as donné le goût de savourer des choses plus raffinées. Et si tu veux que je continue à te protéger, tu devras payer plus.*
>
> *Tyrion Lannister : Je pensais que nous étions des amis.*
>
> *Bronn : Nous le sommes. Mais je suis un mercenaire. Je vends mon épée. Je ne la prête pas à des amis comme une faveur.*
>
> *Tyrion Lannister : Combien?*
>
> *Bronn : Le double.*
>
> *(Saison 3, épisode 1, à 18 min 23 s)*

Ce qui nous amène à la troisième caractéristique du contrat : celui-ci engage pour une durée limitée. Il peut prendre fin à tout moment : lorsqu'un des deux partenaires ne souhaite plus faire ce qu'il est tenu de faire par le contrat; lorsque la situation a changé; ou tout simplement lorsque l'une ou l'autre des parties trouve mieux ailleurs. Et c'est précisément ce qui se passe, nous l'avons vu, quand Tyrion demande à Bronn de se battre pour lui contre la Montagne, offre que Bronn décline, ayant reçu une meilleure proposition ailleurs. Et c'est également ce qui se passe quand Tyrion met fin brutalement à sa relation avec Shae.

> *Tyrion Lannister : J'ai besoin que tu partes [...] J'ai particulièrement apprécié mon temps avec toi. Mais maintenant ce temps est fini. Tu auras une vie confortable à Pentos. Bronn t'accompagnera jusqu'à ton bateau.*
>
> *(Saison 4, épisode 2, à 15 min 39 s)*

La situation a changé : Cersei se fait plus menaçante, Tyrion est marié à Sansa. Le contrat avec Shae n'est plus à l'ordre du jour. Y mettre fin unilatéralement est tout à fait possible. Du moins, pour qui s'en tient au management technique. Nous y reviendrons; Shae n'acceptera pas la défection de Tyrion.

Les caractéristiques du contrat
1. Attache aux tâches du contrat;
2. Se limite aux engagements de chacun;
3. Engage pour une durée limitée.

La dévotion du management charismatique

À première vue, il serait tentant de considérer que tout comme le contrat technique, la dévotion charismatique différera selon les personnes qui se joignent au chef. Et d'ailleurs, c'est bel et bien un étrange mélange des genres que l'ensemble des conseillers et suiveurs qui se pressent aux côtés de Daenerys.

Jorah Mormont, l'ancien vendeur d'esclaves condamné à mort, qui l'espionne avant de lui sauver la vie; ser Barristan, l'ex-lord commandant de la Garde Royale déchu, qui a servi son père, puis celui qui l'a renversé avant de se joindre à elle; Missandei, l'ancienne esclave devenue sa traductrice, puis confidente; Daario Naharis, héros des arènes de combat, membre des Puînés, qui tue ses associés pour la rejoindre. Et que penser des quelques Dothrakis qui la suivent à la fin de la saison 1, des Immaculés, anciens esclaves eunuques et combattants disciplinés, des Puînés, des esclaves libérés de Yunkaï qui la rejoignent en l'appelant « *mhysa* », des esclaves de Meereen qui se libèrent en tuant leurs maîtres, ou de l'armée dothraki, composée de guerriers valeureux, aimant tuer, voler et violer, qui la suit peu après son départ de Vaes Dothrak?

Pourtant, cette armée composite parle au « *nous* ». C'est bien entendu le cas de Jorah, nous l'avons vu :

> *Jorah Mormont : D'abord, nous devons conquérir le monde.*
> *(Saison 5, épisode 6, à 18 min 13 s)*

Mais il en est de même de nombreux autres personnages qui gravitent autour de Daenerys, qui parlent aussi au « *nous* », ce qui a le don d'irriter ce même Jorah au plus haut point :

> *Ser Barristan : Nous pouvons trouver des mercenaires à Pentos et à Myr.*
>
> *Jorah Mormont : Vous dites déjà « nous », Ser Barristan?*
>
> *(Saison 3, épisode 3, à 29 min 18 s)*

> *Tyrion Lannister : Le dragon se dirigeait vers le nord. Si nous souhaitons la trouver, c'est dans cette direction que nous devons aller.*
>
> *Jorah Mormont : Nous? Vous êtes un Lannister. [...] Vous êtes ici depuis combien de jours maintenant? Je me suis battu pour elle pendant des années. Depuis qu'elle est à peine plus vieille qu'une enfant.*
>
> *(Saison 5, épisode 10, à 32 min 43 s)*

Sans doute Jorah considère-t-il qu'il faut avoir passé assez de temps avec Daenerys, et fait ses preuves, pour avoir le droit d'employer le « *nous* ». Mais il se trompe, car le propre de la dévotion charismatique, c'est d'être instantanée. Et ce « *nous* » n'a rien à voir avec celui du management organique qui est collectif. Ce « *nous* » est celui des personnes qui font leur la vision de la reine. En fait, et c'en est la première caractéristique : la dévotion lie à la personne du dirigeant. La vision, les envies, voire les qualités de Daenerys deviennent celles du groupe; c'est comme si les autres perdaient en quelque sorte leur identité pour fusionner avec elle. Ils s'identifient dès lors pleinement à elle.

Et finalement, autour d'elle, ce n'est plus un assemblage (technique) d'individus, c'est une foule. Pas de contrat, pas de dettes; en fait, pas de lien. Plutôt une attirance, une attraction. Et aux portes de Yunkaï, la contagion finit de s'opérer : alors que Daenerys a libéré les esclaves de la ville, les portes s'ouvrent et les nouveaux affranchis convergent vers elle. Après un moment, l'un des esclaves libérés tend la main vers Daenerys et l'appelle « *mhysa* ». Un autre suit le mouvement, puis un autre et un autre jusqu'à ce que toute la foule chante « *mhysa* », qui signifie « mère » dans la langue de l'ancien ghiscari. Daenerys est alors embrassée par les anciens esclaves. Si l'on repense au plan final de la scène, en vue aérienne, force est de constater que la façon dont la foule est positionnée autour de Daenerys ressemble à s'y méprendre aux mouvements de la limaille de fer autour d'un aimant.

Dévotion qui lie à la personne du dirigeant, donc. Mais demandons-nous à présent quelle est la nature de l'engagement. Sur quoi porte-t-il? Dans le cas du contrat, nous l'avons vu, cet engagement est très précisément et très explicitement défini, négocié. Il est symétrique, à défaut d'être égalitaire. Qu'en est-il dans le cas du management charismatique?

Daenerys n'offre rien, mais plus surprenant encore, elle ne demande rien. Elle libère les esclaves, les rend libres de la suivre, ou non. Elle ne demande a priori rien en retour. Mais en ne demandant rien lorsque la relation se noue, elle ne pose par conséquent aucune limite à ce qu'ils pourront être amenés à faire pour elle. Ce qu'elle dit à Missandei :

> *Daenerys Targaryen : Et qu'en est-il de vous? Vous savez que je vous emmène à la guerre. Vous pourriez avoir faim. Vous pourriez tomber malade. Vous pourriez être tuée.*
>
> *Missandei : Valar morghulis [« Tous les hommes doivent mourir, tôt ou tard »].*
>
> *(Saison 3, épisode 3, à 35 min 9 s)*

Elle le redit quelques années plus tard avec encore plus de force aux Dothrakis qui la suivent à la suite de l'incendie du temple de Vaes Dothrak, dans ce passage que nous avons déjà cité :

> *Daenerys Targaryen (en dothraki) : Je demanderai plus que ce que n'importe quel khal a jamais demandé à son khalasar! Chevaucherez-vous les chevaux de bois à travers la mer noire de sel? Tuerez-vous mes ennemis dans leur costume de fer et démolirez-vous leurs maisons de pierre? Voulez-vous me donner les Sept Royaumes, le cadeau que Khal Drogo m'a promis devant la Mère des montagnes?*
>
> *(Saison 6, épisode 6, à 49 min 1 s)*

Dans un cas comme dans l'autre, Daenerys ne fait pas de promesse. Elle montre l'étendue de ce qui les attendra. Et la réponse, dans les deux cas, est en fait la même : ils lui témoignent juste qu'ils la suivront jusqu'au bout du monde. Telle est la seconde caractéristique de la dévotion : elle est inconditionnelle.

Cela ne veut pas dire que la dévotion est totale pour autant. Sinon, rien ne distinguerait cela de la coercition que subissait l'armée d'esclaves qu'étaient les Immaculés avant leur libération. Comme Missandei l'avait expliqué à Daenerys :

> *Missandei : Ils se jetteront sur leurs épées si vous le leur ordonnez.*
>
> *(Saison 3, épisode 3, à 35 min 6 s)*

Les Immaculés, comme les Dothrakis et comme Missandei, restent libres à tout moment : ils ne le font pas par obligation, ils le font par envie. Ils ne le font pas pour le fouet ou pour l'or, ils le font pour elle. Ce qu'explique Missandei à Davos :

> *Davos : C'est elle que vous servez maintenant, n'est-ce pas?*
>
> *Missandei : Je sers ma reine parce que je veux servir ma reine. Parce que je crois en elle.*
>
> *Jon Snow : Et si vous vouliez retourner à Naath demain?*
>
> *Missandei : Elle me donnerait un navire et me souhaiterait bonne chance.*
>
> *Jon Snow : Vous le croyez vraiment?*
>
> *Missandei : J'en ai la certitude. Nous tous, qu'elle a amenés d'Essos, nous croyons en elle. Elle n'est pas notre reine parce qu'elle est la fille d'un roi que nous n'avons jamais connu. Elle est la reine que nous avons choisie.*
>
> *(Saison 7, épisode 4, à 32 min 10 s)*

Ce qui nous amène à notre troisième caractéristique : peu importe la force du lien qui unit Daenerys à ceux qui la suivent, cela peut s'arrêter à tout moment, et donc la dévotion est à réactualiser en permanence. Les suiveurs de Daenerys sont libres de leurs choix, ils ne sont pas liés. Ils sont juste *attirés*, et la suivent parce qu'ils le veulent encore à ce moment. C'est la logique de l'aimant. D'ailleurs, cela fonctionne dans les deux sens, parce qu'encore une fois, Daenerys ne s'est engagée à rien auprès de quiconque :

> *Daenerys Targaryen : Tous les deux, vous êtes là pour me conseiller. J'apprécie vos conseils, mais si jamais vous contestez à nouveau mes choix devant des étrangers, vous irez conseiller quelqu'un d'autre.*
>
> *(Saison 3, épisode 3, à 34 min 9 s)*

L'expression qui nous viendrait en tête pour caractériser l'engagement étrange propre à l'« organiser » charismatique est « Qui m'aime me suive ». On suit la personne, on ne s'engage pas à réaliser des tâches précises, ni même à donner vie à certaines valeurs, ou quoi que ce soit; on la suit parce qu'on l'aime. Et tant qu'on l'aime. Daenerys demande certes aux Dothrakis de la suivre « *Aujourd'hui et pour toujours* ». Et ils la suivent pour toujours, tant qu'ils la suivent. C'est peut-être cela que voulait expliquer Missandei à Davos : l'engagement est toujours à réactualiser, parce qu'ils sont toujours libres de rester auprès d'elle ou non.

Les caractéristiques de la dévotion
1. Attache à la personne du dirigeant;
2. Est inconditionnelle;
3. Est à réactualiser en permanence.

Le serment du management organique

Nous avons évoqué le serment particulier qui unit Jon à Tormund et au Peuple Libre, serment prêté par Jon. Bien entendu, le serment le plus évocateur et le plus évident est celui que passent les frères jurés quand ils rejoignent la Garde de Nuit.

> *« La nuit se regroupe, et voici que débute ma garde. Jusqu'à ma mort, je la monterai. Je ne prendrai femme, ne tiendrai terres, n'engendrerai. Je ne porterai de couronne, n'acquerrai de gloire. Je vivrai et mourrai à mon poste. Je suis l'épée dans les ténèbres. Je suis le veilleur au rempart. Je suis le feu qui flambe contre le froid, la lumière qui rallume l'aube, le cor qui secoue les dormeurs, le bouclier protecteur des royaumes humains. Je voue mon existence et mon honneur à la Garde de Nuit, je les lui voue pour cette nuit-ci comme pour toutes les nuits à venir. »*
>
> *Serment des Frères de la Garde*

Ce serment est générique, tous les frères prononcent exactement les mêmes vœux, ce qui fait d'eux des « frères » et les attache indéfiniment au collectif de la Garde de Nuit. Et le serment de Jon envers le Peuple Libre, en quoi est-il générique, seriez-vous en droit de demander? Parce que comme nous l'avons vu, Jon s'est contenté d'intégrer le Peuple Libre au serment existant de la Garde de Nuit, en considérant ses représentants comme des membres des royaumes humains.

Un serment n'est pas que de simples mots : comme les moines, les frères vivent ensemble, ils ne peuvent se marier ni avoir des enfants, et en entrant dans la Garde de Nuit, ils abandonnent leur passé. S'ils sont pardonnés de leurs éventuels crimes, ils renoncent surtout à leur titre, à leur héritage, à leur famille, bref, à tout ce qu'ils avaient et étaient avant, pour n'être plus que des Frères de la Garde.

Ce que rappelle le lord commandant Mormont à une nouvelle cohorte prêtant serment :

> *Lord commandant Mormont : Vous êtes arrivés ici comme des hors-la-loi, des violeurs, des tueurs, des voleurs. Vous êtes arrivés seuls, enchaînés, sans amis et sans honneur. Vous êtes arrivés riches et vous êtes arrivés pauvres. Certains parmi vous portez le nom de grandes maisons, d'autres sont des bâtards, d'autres sont des sans-noms. Cela n'a aucune importance. Tout ça appartient au passé. Ici, au Mur, nous sommes tous une seule et même maison.*
>
> *(Saison 1, épisode 7, à 33 min 12 s)*

Alors que différents contrats permettent d'insister sur les éventuelles différences entre les personnes, le serment unique a plutôt tendance à insister sur leur ressemblance. Ce qui importe de remarquer ici, première caractéristique du serment, c'est que celui-ci attache au collectif, et non pas à une personne ou aux tâches d'un contrat entre deux parties. Tout comme le serment que font aujourd'hui les membres d'un ordre professionnel, que ce soit les médecins, ou les ingénieurs (au Québec).

Les mots d'un serment ne traduisent pas des tâches à réaliser. Ils expriment des commandements généraux (pas de femme, de terre, d'enfants, de couronne, de gloire) et traduisent les valeurs portées par le collectif. Telle est la deuxième caractéristique du serment : il définit les valeurs à incarner. Cela fait en sorte que le serment ne porte pas sur des tâches spécifiques comme le contrat mais, à la différence de la dévotion, balise tout de même grâce à des valeurs ce qui est généralement attendu. Ainsi, il est question de garder le Mur ou de donner sa vie, mais il s'agit avant tout de valeurs générales. Et à ceux qui verraient dans ce serment de la Garde de Nuit des directives quant à des comportements précis à observer, Sam est là pour leur rappeler que tout cela reste sujet à interprétation :

> *Sam Tarly : Ce qui est intéressant, c'est que nos vœux n'interdisent jamais spécifiquement les relations intimes avec les femmes.*
>
> *Jon Snow : Comment cela?*
>
> *Sam Tarly : « Je ne prendrai femme », oui, ça y est. On ne peut nier cela. « Je n'engendrerai pas. » C'est très spécifique. Mais ce que nos vœux ont à dire à propos d'autres activités est sujet à interprétation.*
>
> *(Saison 4, épisode 9, à 3 min 38 s)*

Bien évidemment, parce qu'il est générique, le serment n'est pas négociable. Personne ne peut l'amender ou prêter un serment un peu différent. C'est un tout, qui engage pleinement. Un contrat technique peut porter sur une partie de la journée. On peut décider de quitter le dirigeant charismatique; Missandei le rappelait à Davos : elle peut s'en aller, comme les autres, quand elle le voudra, le jour où il lui plaira. Le serment, lui, est total, non négociable, encore moins renégociable, mais surtout, il engage à vie : on ne peut se libérer d'un serment que dans la mort.

Les caractéristiques du serment
1. Attache au collectif;
2. Définit les valeurs à incarner;
3. Traduit un engagement à vie.

III. Les limites

Aussi cohérents et puissants soient-ils, ces trois modes de l'« organiser » selon le management technique, charismatique ou organique ne sont pas exempts de dangers. Et une fois encore, la série nous en donne maints exemples.

Les limites de l'« organiser » technique

Du côté du contrat technique, Tyrion en fait l'amère expérience à quelques reprises. La première limite, nous l'avons vu, est illustrée par le refus de Bronn de se battre pour lui contre la Montagne; il met ainsi fin au contrat qui le liait à Tyrion. Mais après tout, à aucun moment le contrat ne présuppose un attachement inconditionnel. Ni d'ailleurs, illimité dans le temps. Et quand l'intérêt de la personne n'est plus servi par le contrat proposé, rien ne la retient. Cette défection de Bronn, dans un moment aussi critique, serait impensable de la part de Jorah. D'ailleurs, Tyrion le sait bien, lui qui, parlant de Jorah à Daenerys, affirme :

> *Tyrion Lannister : Il prétend qu'il tuerait pour vous et mourrait pour vous et rien de ce dont j'ai été témoin ne me donne de raison de douter de lui.*
>
> *(Saison 5, épisode 8, à 5 min 8 s)*

Sans doute Bronn serait-il prêt, comme tout bon mercenaire, à risquer sa vie, mais seulement si le jeu en vaut la chandelle. Et dans le cas précis d'un combat contre la Montagne, alors que Cersei lui propose déjà une lady et un château, eh bien, ça n'en vaut simplement pas la peine. En revanche, que ce soit Jorah, Barristan, Ver Gris ou Daario, tous iraient sans hésiter donner leur vie pour la reine, si simplement elle en avait besoin. Elle n'aurait même pas à le demander.

Il en serait de même du côté de l'organique. Que l'on pense aux frères de la Garde par rapport au collectif, à Brienne par rapport à Sansa, ou même à Tormund par rapport à Jon qui rappelle aux autres qu'ils lui doivent la vie. La question de risquer sa vie pour lui ne se pose même pas.

> *Tormund : Il est mort pour nous. Si nous ne sommes pas prêts à faire la même chose pour lui, nous sommes des lâches.*
>
> *(Saison 6, épisode 7, à 13 min 54 s)*

Il est vrai que Tyrion, comme le lui fait remarquer Bronn, nous l'avons vu, n'a jamais risqué sa vie pour lui... Par le contrat technique, on obtient ce qui est demandé à la base, en rémunérant le « service », s'appuyant sur l'intérêt bien compris de l'un et de l'autre, mais il ne faut pas en attendre plus. Il n'y a pas d'engagement au-delà du contrat. Et si l'on demande plus, et bien il faudra d'une manière ou d'une autre payer plus.

Il est une autre limite de l'« organiser » technique, peut-être plus cruciale encore. Parce que tout est censé être rationnel, fondé sur l'intérêt des parties, dénué de tout sentiment, que se passe-t-il lorsque des sentiments viennent justement se mêler à la relation? Car nous ne sommes pas des machines, des calculateurs qui à chaque pas décident quel chemin maximise le plus nos intérêts. Et là encore, George R. R. Martin nous en offre une magnifique illustration avec le personnage de Shae. Magnifique, car tout comme Bronn, elle finira par abandonner Tyrion. Magnifique aussi, car ce dernier fonctionne avec Shae exactement comme il fonctionne avec Bronn. Nous avons vu comment Tyrion a offert à Shae ni plus ni moins qu'un contrat, sans entrevoir les possibles complications d'appliquer aux sentiments amoureux la même logique et la même rationalité que dans l'orchestration des affaires du royaume. Sa relation avec Shae est en effet beaucoup plus complexe, et il est difficile de mettre de côté les sentiments, les émotions qui attachent ces deux personnages. S'il est bien un domaine où le « technique » est désarmé, c'est du côté des émotions.

Tyrion, d'habitude si habile, si doué pour manier les mots, se retrouve parfois piégé lui-même, comme nous l'avons vu au chapitre précédent :

> *Shae : En quoi le fait d'être une faiblesse est-il un compliment?*
>
> *Tyrion Lannister : Les mots sont parfois trompeurs.*
>
> *(Saison 2, épisode 3, à 20 min 19 s)*

Mais surtout, il ne sait pas comment se sortir de cette relation; il ne sait pas comment lui dire qu'elle doit partir au plus vite sans quoi elle finira torturée et tuée par sa sœur. Alors il fait le pire qu'il pouvait faire, essayer de se rattacher au contrat initial, et faire comme si ce n'était rien de plus qu'un contrat, auquel on peut mettre fin quand on veut.

> *Shae : Nous allons les combattre ensemble. C'est comme tu l'as dit, je suis à toi et tu es à moi.*
>
> *Tyrion Lannister : Tu es une putain! Sansa est faite pour avoir mes enfants et tu ne l'es pas. Je ne peux pas être amoureux d'une putain. Je ne peux pas avoir d'enfants avec une putain. Avec combien d'hommes as-tu été? […] J'ai apprécié le temps passé avec chacune d'entre elles et surtout le temps passé avec toi. Mais maintenant ce temps est révolu.*
>
> *(Saison 4, épisode 2, à 18 min 50 s)*

Et c'est sans doute ce qui déclenchera la colère de Shae et sa trahison – ou du moins, son témoignage lors du procès de Tyrion. Ce témoignage, Tyrion ne pourra pas l'encaisser. Et alors que tout était en place pour qu'il sauve sa tête à condition de jouer habilement (certes, pour finir ses jours au Mur), Tyrion entre dans une rage folle qui le conduit à sortir tout ce qu'il avait enfoui au fond de lui quant à la façon dont son père l'a traité, dont les nobles et habitants de Port-Réal l'ont traité, alors qu'il leur avait sauvé la vie à tous. Tout cela parce qu'il était tombé amoureux de Shae, ce que son frère Jaime a bien compris :

> *Jaime Lannister : Tu as gâché ta vie. Tu l'as gâchée. Ce n'est pas une blague. Tu comprends ça, n'est-ce pas?*
>
> *Tyrion Lannister : Bien sûr que c'est une blague, mais elle n'est pas très drôle. Je ne pouvais pas… je ne pouvais pas rester là à écouter ses mensonges. Je ne le pouvais pas.*
>
> *Jaime Lannister : Tu es tombé amoureux d'une putain.*
>
> *Tyrion Lannister : Oui, je suis tombé amoureux d'une putain. Et j'ai été assez stupide pour penser qu'elle était tombée amoureuse de moi.*
>
> *(Saison 4, épisode 7, à 2 min 19 s)*

Les limites de l'« organiser » technique
1. Engagement partiel limité à ce qui a été convenu;
2. Incapacité à gérer la dimension émotionnelle des relations.

Les limites de l'« organiser » charismatique

L'« organiser » à la façon du management charismatique ne souffre pas du risque d'un abandon dans les moments critiques; et encore moins de la non prise en compte de la dimension émotionnelle, tant celle-ci est partie intégrante de la relation charismatique. Les dangers et les limites de l'« organiser » charismatique se situent ailleurs.

La première de ces limites est à rechercher dans sa nature même : si le dirigeant joue le rôle d'un aimant, s'il fait tenir le collectif par sa seule présence, que se passe-t-il lorsqu'il n'est plus là? Il n'est pas ici question simplement de la mort potentielle du dirigeant charismatique, mais juste de son absence, quelque peu prolongée ou tout simplement imprévue. Le collectif risque tout bonnement de s'écrouler. Une belle illustration nous en est donnée à la fin de la saison 5, alors qu'à la suite de l'attaque de Meereen par les Fils de la Harpie, Daenerys s'est enfuit sur Drogon. Tout « son » collectif se trouve réuni dans la salle du trône à Meereen, et l'on peut légitimement se demander ce qu'il reste du collectif :

> *Ver Gris : Jorah l'Andal, [...] Vous ne devriez pas être ici. [...] Notre reine lui a ordonné de s'exiler de la ville.*
>
> *Daario Naharis : Notre reine serait morte sans lui. [...]*
>
> *Jorah Mormont (envers Tyrion) : Vous êtes ici depuis combien de jours maintenant? Je me suis battu pour elle pendant des années. Depuis qu'elle est à peine plus vieille qu'une enfant.*
>
> *Tyrion Lannister : Vous l'avez trahie!*
>
> *Jorah Mormont : Faites attention.*
>
> *Tyrion Lannister : Et elle vous a exilé, deux fois, je crois?*
>
> *Jorah Mormont : La deuxième fois, à cause de vous.*
>
> *Tyrion Lannister : Ne me blâmez pas pour vos crimes, Mormont.*
>
> *Daario Naharis : (faisant un geste vers Tyrion) Il a raison. La reine a exilé Jorah. (faisant un geste vers Jorah) Et il a raison, Jorah lui a sauvé la vie. Peut-être qu'elle aurait une opinion différente à son sujet maintenant. Peut-être pas. Nous ne le saurons que si nous le lui demandons.*
>
> *(Saison 5, épisode 10, à 31 min 54 s)*

Comme nous pouvons le voir, des clans se forment; on sent que la zizanie est sur le point d'arriver. Même le processus de prise de décision semble s'enrayer. Comment savoir ce que ferait Daenerys, puisqu'elle n'est pas là et qu'elle n'a laissé aucune directive, aucune règle et aucune coutume derrière elle? Sans doute conviendrait-il alors de s'en tenir à sa dernière décision (l'exil) jusqu'à son retour. Par chance, dans ce cas, il est possible de s'en sortir : en partant avec Daario à la poursuite de Daenerys, Jorah quitte bien la cité de Meereen. Et s'il retrouve la reine, elle pourra décider ce qu'elle souhaite faire avec lui.

Si le départ du dirigeant charismatique laisse toujours planer le risque de l'implosion du collectif dès qu'il ou elle n'est plus là, même en sa présence, un autre danger guette. Parce que tout le monde veut lui plaire, ou parce que tout le monde est impressionné (et comment ne pas l'être quand on vit à proximité d'un être aussi exceptionnel qui réalise miracle après miracle), ou parce que tout le monde a bien conscience qu'elle a eu raison si souvent contre tous les autres par le passé, il lui est difficile d'obtenir de vrais conseils. D'avoir l'heure juste. Ce que Daario a bien saisi.

> *Daario Naharis : Vous êtes la reine. Tout le monde a trop peur de vous pour vous dire la vérité. Tout le monde sauf moi. Vous vous êtes fait des milliers d'ennemis dans le monde entier. Dès qu'ils verront une faiblesse, ils attaqueront. Montrez votre force ici, maintenant.*
>
> *(Saison 5, épisode 1, à 38 min 46 s)*

Bien entendu, il s'agit là d'une manière pour Daario, alors qu'il bénéficie d'une proximité particulière avec la reine (ne prononce-t-il pas ces paroles sur l'oreiller?), de faire entendre son conseil et de prendre l'ascendant sur les autres conseillers. Il reste que son diagnostic est juste. Peu de suiveurs aveuglés par la dévotion, l'amour ou l'admiration seront capables de s'opposer au dirigeant charismatique ou risqueront de dire les vérités qui font mal, au risque d'être écartés. Quelle différence avec l'organique...

> *Ser Alliser : Lord commandant, il est de mon devoir de vous dire que cette mission est, selon moi, imprudente, téméraire et une insulte envers tous les frères morts au combat.*
>
> *Jon Snow : Comme toujours, je vous remercie pour votre honnêteté.*
>
> *(Saison 5, épisode 7, à 3 min 16 s)*

Certes, la critique est faite en privé et certainement pas devant tout le monde. Certes, il ne s'agit pas d'un conseil ou d'une tentative de faire changer d'avis le dirigeant, mais juste le partage d'un sentiment, appuyé par le mot « [je] *crois* ». Il n'en demeure pas moins que la critique est claire, même acerbe – il parle d'une insulte. Elle est pourtant bien acceptée. Sans doute Alliser est-il protégé par le fait qu'il parle sous l'obligation du *devoir*.

Daenerys finit par en avoir bien conscience, elle qui demande à lord Varys de lui dire les choses en face si nécessaire... en ajoutant toutefois une sérieuse menace.

> *Daenerys Targaryen : Promettez-moi une chose, Lord Varys. Si jamais un jour vous pensez que je tourne le dos à mon peuple, ne conspirez pas contre moi. Regardez moi dans les yeux comme vous le faites aujourd'hui, et dites moi combien je dessers mon peuple.*
>
> *Lord Varys : Je vous le promets, Ma Reine.*
>
> *Daenerys Targaryen : Et je jure que si jamais un jour vous me trahissez, je vous ferai brûler vif.*
>
> *(Saison 7, épisode 2, à 6 min 47 s)*

Ce qui explique aussi pourquoi il est si difficile d'avoir l'heure juste pour le dirigeant charismatique, et qui est en quelque sorte la limite opposée à l'incapacité à prendre en compte les émotions dans l'« organiser » façon technique, c'est que les sentiments et l'émotionnel sont si forts dans le charismatique qu'il est difficile de réparer ce qui est brisé. On peut faire la paix avec ses ennemis quand c'est l'intérêt du manager technique (Tyrion avec les autres cités de la Baie des Esclaves); on peut faire la paix avec ses ennemis, quand la raison d'être collective le commande (Jon et le Peuple Libre), mais c'est beaucoup plus difficile pour le charismatique. Et encore plus lorsqu'il y a au départ une trahison.

> *Daenerys Targaryen : Vous m'avez trahie dès le début.*
>
> *Jorah Mormont : Pardonnez-moi. Je n'ai jamais voulu... s'il vous plaît, Khaleesi, pardonnez-moi.*
>
> *Daenerys Targaryen : Vous m'avez espionné pour le compte de l'homme qui a tué mon père – et qui a volé le trône de mon frère.*
>
> *Jorah Mormont : Je vous ai protégée. Je me suis battu pour vous. J'ai tué pour vous.*
>
> *Daenerys Targaryen : Et vous voulez que je vous pardonne.*
>
> *Jorah Mormont : Je vous ai aimée.*
>
> *Daenerys Targaryen : Aimée? Aimée? Comment osez-vous me dire cela? Je devrais vous faire exécuter sur le champ ! Mais je ne veux pas même pas de votre cadavre dans ma ville. Retournez chez vos maîtres à Port-Réal. Obtenez votre pardon si vous le pouvez.*
>
> *(Saison 4, épisode 8, à 30 min 32 s)*

Les limites de l'« organiser » charismatique
1. Fragilité du collectif qui n'existe qu'autour d'une personne;
2. Difficulté d'avoir l'heure juste et de réparer ce qui est brisé.

Les limites de l'« organiser » organique

Alors, faut-il chercher du côté de l'« organiser » organique la solution à tous les problèmes? Non, bien sûr. Comme le technique, comme le charismatique, l'organique présente aussi ses propres limites sur le plan de l'« organiser ». Et là encore, la série nous en propose plusieurs exemples.

Le plus spectaculaire (et celui dont les conséquences sont les plus critiques) est bien sûr le débat sur la protection du Mur, que nous avons déjà longuement évoqué dans le chapitre consacré à l'émergence de Jon. Il explique qu'il faut sceller le tunnel, car les portes d'acier n'arrêteront pas les géants qui accompagnent Mance Ryder. Jon a la solution; il a une expérience de première main, puisqu'il a vu de ses propres yeux l'armée de Mance et les Géants. Mais il est renvoyé à son rang, et à son ordre.

Ser Alliser : Ce château existe depuis des milliers d'années. La Garde de Nuit le défend depuis des milliers d'années. Et au cours de tous ces siècles, nous n'avons jamais scellé le tunnel.

Jon Snow : Avez-vous déjà vu un géant, ser Alliser? Moi oui. [...]

Ser Alliser : Rappelez-moi à quel ordre vous appartenez, Lord Snow.

Jon Snow : Les intendants.

Ser Alliser : Est-ce que les intendants sont responsables de la maintenance du tunnel?

Jon Snow : Non.

Ser Alliser : Qui l'est?

Jon Snow : Les ingénieurs.

Ser Alliser : Ah, les ingénieurs. Premier ingénieur Yarwyck, lord Snow recommande de sceller le tunnel, ce qui nous empêcherait d'accomplir notre devoir de frères jurés de la Garde de Nuit. Êtes-vous d'accord avec lui?

Othell Yarwyck : Non.

(Saison 4, épisode 7, à 12 min 34 s)

Voilà qui peut paraître surprenant pour l'organique, qui place au cœur de sa légitimité l'expérience. En fait, ici, Jon dispose d'une connaissance (certes née de son expérience de première main), mais il n'est pas considéré comme expérimenté : il n'est pas un « *ingénieur* » responsable de l'entretien du Mur, il n'est que depuis peu membre de la Garde de Nuit. Sa parole, toute sensée et fondée qu'elle soit n'a pas le poids qu'elle devrait avoir.

Ce n'est pas la première fois d'ailleurs que Jon se fait ainsi remettre à sa place. Benjen l'avait fait en lui rappelant que sur le Mur, chacun obtient ce qu'il mérite quand il le mérite. Mormont l'avait fait, en lui rappelant d'apprendre à suivre avant de prétendre diriger. Évidemment, ici, c'est une grave erreur. À trop faire passer le collectif avant l'individu, on court le risque, parfois, de ne pas saisir l'idée décisive, l'apport crucial qu'un individu peut avoir. Et enfermer les gens dans leur rang, leur rôle au sein du collectif (Jon fait partie du corps des Intendants, pas de celui des Ingénieurs), est une erreur qui peut coûter cher, voire, comme ici, s'avérer presque fatale.

Sur un tout autre plan, l'organique présente une autre faille qui, là encore, provient de l'une de ses forces : la puissance du collectif. Celui-ci est tellement fort, tellement intégrateur, que la conséquence peut être parfois fâcheuse lorsqu'elle débouche sur un « nous » et « les autres ». La raison d'être, l'expérience du combat contre les Sauvageons, la mémoire collective de ces luttes, tout concourt à faire en sorte qu'un fossé infranchissable sépare la Garde du Peuple Libre. Seul Jon, qui est arrivé très récemment au sein de la Garde et, de ce fait, a passé presque autant de temps avec le Peuple Libre qu'avec la Garde, peut s'affranchir de ce schisme, pourtant largement artificiel. C'est ce qu'il essaie, en vain, d'expliquer à ses frères, et même, parmi ses frères de la Garde, à ses amis de la première heure :

Ser Alliser : Nous les combattons depuis des milliers d'années. Ils ont massacré des villages. Ils ont massacré nos frères.

Jon Snow : Et nous avons massacré les leurs.

Edd : Je te suivrai n'importe où, tu le sais. – Mais ils ont tué Grenn.

Frères dans la foule : Oui.

Edd : Et ils ont tué Pyp. Ils ont tué cinquante de nos frères. Je ne peux pas oublier ça. Je ne peux pas le pardonner. [...]

Jon Snow : Si nous les abandonnons, vous savez ce qu'ils deviendront. Nous pouvons apprendre à vivre avec les Sauvageons ou nous pouvons les ajouter à l'armée des Morts.

(Saison 5, épisode 5, à 14 min 2 s)

Là encore, Jon a raison. Mieux vaut des Sauvageons vivants que des soldats pour l'armée des Morts. Mais si son choix ne peut être compris par ses meilleurs amis eux-mêmes, prêts à le suivre n'importe où comme ils le disent, nous pouvons imaginer ce qu'il en est des autres frères de la Garde, que ce soit Olly, qui a vu de ses propres yeux ses parents tués récemment par des Sauvageons, ou tous ceux qui ont perdu au combat des êtres chers. Tout ce qui fait la force du collectif devient ici un frein à un changement pourtant nécessaire et urgent.

Nous connaissons la conséquence : Jon sera assassiné pour avoir ouvert le Mur aux Sauvageons et ainsi « trahi » la mission de la Garde de Nuit, et trahi les frères vivants et passés qu'elle a compté au cours des millénaires écoulés.

Les limites de l'« organiser » organique
1. Écrasement de l'individu;
2. Intégration du « nous » qui conduit au rejet « des autres ».

Conclusion

En comparant trois relations que nouent nos personnages au fil de leurs aventures – la relation de Tyrion avec Bronn, celle de Daenerys avec Jorah et celle qui unit Tormund à Jon, nous avons fait apparaître le fait que l'« organiser » est au service d'une finalité différente selon qu'il est mobilisé par le management technique, charismatique ou organique : structurer le collectif, le fusionner ou encore le rassembler.

Puis, nous avons fait ressortir que l'« organiser » suit un mode opératoire propre à chacune des logiques managériales : le contrat pour le technique, la dévotion pour le charismatique et le serment pour l'organique. Enfin, chacun de ces modes opératoires n'est bien sûr pas exempt de limites et de dangers, illustrés là encore par de nombreux exemples de la série.

Tableau 5
L'« organiser » selon les trois logiques

	L'« organiser » technique	L'« organiser » charismatique	L'« organiser » organique
Finalité	Structurer le collectif	Fusionner le collectif	Rassembler le collectif
Modalité	Le contrat	La dévotion	Le serment
Caractéristiques	Attache aux tâches du contrat	Attache à la personne du dirigeant	Attache au collectif
	Se limite aux engagements de chacun	Est inconditionnelle	Définit les valeurs à incarner
	Engage pour une durée limitée	Est à réactualiser en permanence	Traduit un engagement à vie
Limites	Engagement partiel limité à ce qui a été convenu	Fragilité du collectif qui n'existe qu'autour d'une personne	Écrasement de l'individu
	Incapacité à gérer la dimension émotionnelle des relations	Difficulté d'avoir l'heure juste et de réparer ce qui est brisé	Intégration du « nous » qui conduit au rejet « des autres »

6 | Exécuter, improviser ou interpréter?

Le « diriger » à la lumière des trois logiques

Introduction

Lorsque l'on regarde de l'extérieur un manager en action, ce que l'on peut observer facilement, ce qui se « voit » le plus souvent, c'est sa manière de diriger le collectif. Observons un chef cuisinier gérer son équipe : que le voit-on faire? Donner des ordres, peut-être des instructions pour préparer tel plat, finaliser telle assiette, et sans doute quelques mots pour motiver ses troupes. Regardons un chef d'orchestre depuis une salle de concert, que voit-on alors? Des gestes pour guider les instrumentistes, une baguette voltiger dans les airs pour battre la mesure, une main tendue pour appuyer une nuance. Et si l'on se retrouve dans une équipe d'analystes financiers, que fait leur chef d'équipe? Il leur demande probablement d'adopter une certaine approche des chiffres, de construire tel ou tel rapport, ou encore, de trouver la raison de tel résultat surprenant.

Mais alors, que veut donc dire « diriger »? Si on revient au sens initial donné par Fayol, il s'agit de « commander », un mot qui a bien sûr vieilli aujourd'hui : « *Le but du commandement est de tirer le meilleur parti des agents qui composent son unité, dans l'intérêt de l'entreprise*[1] ». D'une certaine manière, il s'agit d'indiquer au collectif quoi faire, de donner une direction, éventuellement de prendre des décisions et d'en faciliter la mise en œuvre.

Avant d'aller plus loin, une précaution s'impose. Souvent, dans les manuels américains consacrés au management, la tentation a été de mettre dans le « diriger » tout ce qui relève du leadership (au sens du charismatique). C'est, à notre sens, un choix très discutable. Cela conduit en fait à mettre l'ensemble du charismatique dans le « diriger », et à traiter le « planifier », l'« organiser » et le « contrôler » comme des éléments relevant purement du technique. Mais comme nous l'avons vu, le « planifier » et l'« organiser » (et on verra, dans le prochain chapitre, que le « contrôler » subit le même sort) peuvent tout à fait relever du management charismatique; quant au « diriger », nous allons le voir, il peut aussi relever du management technique, ou du management organique.

Finalement, le « diriger » doit plus largement se comprendre comme la *réorientation de l'action en train de se faire*. Bien sûr, on se donne une direction en planifiant, et les moyens de la réussite en s'organisant. Dans un monde parfait, tout se déroule comme prévu, et « diriger » apparaît presque secondaire. Mais lorsque l'imprévu survient, diriger devient crucial. Il faut alors, pendant que l'action est en train de se dérouler, la réorienter pour être capable d'atteindre le but souhaité. Concrètement? Cela peut vouloir dire donner des ordres, motiver et inspirer les troupes, ou encore accompagner le collectif. Afin de relancer l'action.

Parce que le technique planifie minutieusement, prévoit les multiples scénarios, il n'est pas besoin en général de réorienter l'action. Ou très peu. C'est ainsi que Tyrion, ayant préparé soigneusement les différentes étapes de la défense de Port-Réal pour la bataille de la Néra, peut mener l'exécution de son plan devant Joffrey sans avoir réellement besoin d'intervenir – tout au plus doit-il user de son autorité hiérarchique pour réitérer des *directives* déjà définies dans le « planifier ». Ou simplement les donner exactement au bon moment, pour que le plan soit mis en œuvre rondement. Dit autrement, de manière simple au risque de caricaturer, il s'agit ici *d'exécuter*, de « *mettre en application un ordre, un règlement*[2] ».

Le management charismatique, lui, se contente d'énoncer une vision dont la mise en œuvre peut paraître quelque peu floue; plusieurs choses sont laissées pour plus tard. Il est alors crucial de beaucoup « diriger » dans l'instant, de s'adapter aux circonstances, de saisir les opportunités qui se présentent et de remobiliser les troupes, le plus souvent à l'aide d'un *discours* inspiré. Cela requiert une présence accrue du manager, qui peut alors faire la démonstration de ses qualités exceptionnelles. La direction est alors intimement liée à sa personne, et ne suit aucune règle autre que sa propre volonté. Il s'agit ici en quelque sorte *d'improviser*. Attention, « improviser » ne signifie nullement faire n'importe quoi. En musique, le jazzman crée une œuvre spontanée en se servant de son génie, mais aussi des routines créatives qu'il a développées lors de centaines d'heures de pratique. Improviser en fait, c'est « *faire quelque chose d'emblée, sans préparation aucune, avec les moyens du bord* »; « *produire, élaborer un discours, un texte, un morceau de musique, directement et sans préparation*[3] ».

Quant au « diriger » du management organique, il doit, pour fonctionner, se couler dans les valeurs et traditions du groupe. Pour autant, le dirigeant a tout de même un rôle à jouer : il doit faire usage de son *jugement* pour donner du sens aux événements, et permettre au groupe de cheminer. Concrètement, il s'agit *d'interpréter*, de « *donner à des propos, à un événement, à un acte, telle signification, les comprendre en fonction de sa vision personnelle*[4] ».

Figure 7
La direction selon les trois logiques managériales

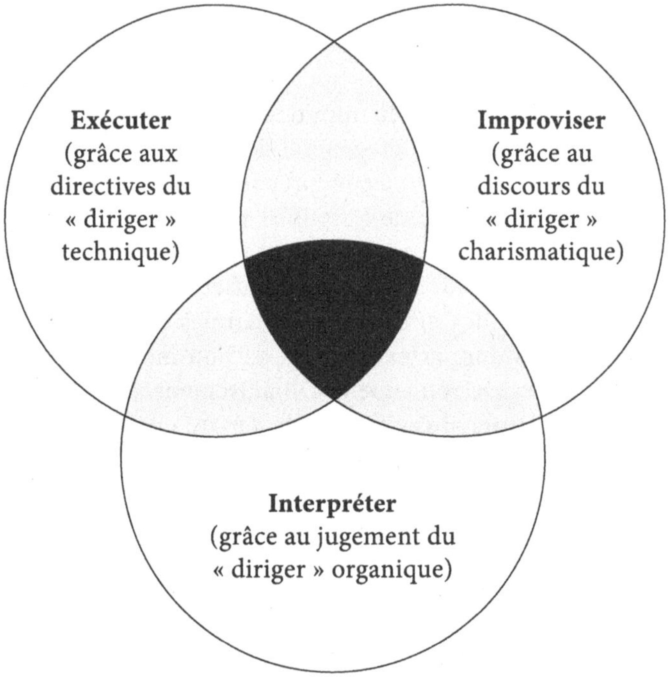

Dans ce chapitre, nous allons voir comment réorienter l'action, selon le type de management mobilisé. Pour ce faire, nous allons tout d'abord nous intéresser à une situation inattendue, qui teste la capacité de nos trois protagonistes à réagir à l'imprévu : leur procès. En effet, Tyrion, à deux reprises, se retrouve accusé d'assassinat (une fois par Lysa Arryn dans les Eyrié, une fois par la Couronne de Westeros – nous reviendrons principalement sur le premier procès); Daenerys doit se défendre dans un procès organisé par les khals pour sa non-intégration de dosh khaleen; Jon, enfin, doit répondre de ses actions avec le Peuple Libre devant ses frères de la Garde. Sans surprise, ils se comportent totalement différemment.

Bien sûr, à l'occasion de ces différents procès, Tyrion, Daenerys et Jon ne sont pas au sens strict dans une situation de « diriger », puisqu'ils sont accusés et donc dénués de tout pouvoir de management; pourtant, il s'agit là d'une occasion superbe d'étudier comment chacun réagit, à sa manière, face à ce type de situation imprévue : sur quoi s'appuient-ils pour justifier leurs actes, leurs décisions, ce qu'ils demandent aux autres? Ensuite, nous plongerons plus en profondeur pour sortir les éléments constitutifs de chacune des trois formes de « diriger », pour finalement aborder les limites de chacune d'entre elles.

I. Exécuter; improviser; interpréter

Le procès de Tyrion aux Eyrié

Le premier coup d'éclat de Tyrion consiste à réussir à se sortir, sans même l'aide de sa famille, de la situation délicate dans laquelle il se trouvait. Fait prisonnier par lady Stark, enfermé aux Eyrié par la sœur de celle-ci, lady Lysa Arryn, Tyrion est accusé d'avoir fomenté la tentative d'assassinat de Bran Stark et d'avoir été complice de l'assassinat de Jon Arryn. Alors qu'il croupit depuis plusieurs jours au fond d'un cachot, Tyrion élabore soigneusement un plan pour se sortir de là. Reste à l'exécuter à la perfection. Première étape, faire savoir – par l'intermédiaire du geôlier – qu'il est maintenant prêt à confesser ses crimes, afin d'obtenir une audience et de pouvoir répondre à ses accusateurs. Cela fait, il peut passer à la seconde étape de son plan.

> *Lysa Arryn (s'adressant à Tyrion) : Souhaitez-vous avouer vos crimes?*
>
> *Tyrion Lannister : Oui, ma Lady. [...] Je suis un homme ignoble, je l'avoue. Mes crimes et mes péchés sont innombrables. [...] Vous voulez des détails, je suppose. Quand j'avais sept ans, j'ai vu une servante se baigner dans la rivière. J'ai volé sa robe. Elle a été forcée de retourner au château nue et en larmes.*
>
> *(Saison 1, épisode 6, à 24 min 12 s)*

Son petit laïus initial irrite au plus haut point lady Stark, qui lui coupe la parole et lui rappelle qu'il doit répondre de la tentative d'assassinat de son fils Brandon Stark. Il est temps pour Tyrion d'exécuter la troisième partie de son plan. Après avoir clamé son innocence à ce chef d'accusation, il fait valoir les règles qui doivent régir un procès de ce type.

> *Tyrion Lannister : Est-ce ainsi que justice est faite dans le Val? Vous m'accusez de crimes, je les nie, ensuite vous me jetez dans une cellule pour geler et mourir de faim? Où est passé la justice du roi? Je suis accusé et je demande un procès! [...]*
>
> *Lysa Arryn : Vous voulez un procès, mon cher Lord Lannister. Très bien. Mon fils écoutera tout ce que vous aurez à dire et vous entendrez son jugement.*
>
> *(Saison 1, épisode 6, à 26 min 37 s)*

Ayant obtenu ce qu'il cherchait, à savoir un procès en bonne et due forme, Tyrion peut alors passer à la suite de son plan, et faire valoir le droit pour utiliser à son avantage les règles qui définissent les différentes manières dont un procès peut se dérouler :

> *Tyrion Lannister : Nul besoin de déranger Lord Robin. Je demande un procès par combat.*
>
> *Lysa Arryn : C'est votre droit.*
>
> *(Saison 1, épisode 6, à 27 min 49 s)*

Différents chevaliers proposent alors de se battre pour lady Arryn, d'autant plus volontiers qu'affronter Tyrion leur semble facilement à leur portée. Il a pourtant, une fois encore, un coup d'avance sur eux.

> *Ser Vardis : [...] Mais le lutin ne m'arrive qu'à la taille. Ce serait honteux de tailler en pièces un tel individu et d'appeler cela rendre justice.*
>
> *Tyrion Lannister : J'en conviens.*
>
> *Lysa Arryn : Vous avez demandé un procès par combat.*
>
> *Tyrion Lannister : Maintenant, je demande un champion. C'est mon droit, tout comme le vôtre.*
>
> *(Saison 1, épisode 6, à 28 min 36 s)*

Et le champion qu'il demande n'est autre que son propre frère Jaime Lannister, considéré comme l'un des excellents combattants de Westeros. Lady Arryn refuse cependant, au motif que le procès doit avoir lieu ce jour même, et que Jaime est trop loin pour ce faire. Mais par ce refus de Jaime, elle vient en même temps d'accepter la requête de Tyrion de pouvoir nommer un champion. Nous connaissons la suite, Bronn se battra pour Tyrion, gagnera le combat et sera par la suite « engagé » par ce dernier.

Tyrion se comporte tel un joueur d'échecs qui semble avoir tout prévu, anticiper les mouvements de ses adversaires, et toujours avoir un coup d'avance sur eux. Et lorsque cela ne se passe pas exactement comme prévu (prendre Jaime comme champion), Tyrion semble toujours avoir un plan B.

Aussi bien préparé qu'est le plan (ce qui faisait l'objet du chapitre « Planifier »), reste qu'il ne fonctionne – et c'est cela qui nous intéresse ici dans la partie « Diriger » – que parce qu'il est exécuté à la perfection. Un mot de trop, un dévoilement trop précoce de ses intentions, une étape mise avant l'autre, et tout peut s'écrouler. Par « exécution », il ne s'agit pas de dire que la réalisation est facile; elle nécessite application, sérieux, et même discipline. Reste que si le plan est bien monté, puis exécuté comme il faut – comme prévu – tout va bien se passer. D'ailleurs, Tyrion lui-même n'est pas absolument nécessaire. Il a conçu le plan bien sûr, et tout autre que lui n'aurait sans doute pas pu élaborer un plan aussi minutieux; mais dans *l'exécution*, Tyrion est tout à fait remplaçable; toute personne capable de faire exactement ce qui est prévu – de respecter à la lettre les *directives* – pourrait arriver au même résultat que lui.

Le procès de Daenerys à Vaes Dothrak

Établir un plan complexe, de plusieurs étapes, qui doit être exécuté à la perfection. Telle est la technique de défense de Tyrion. Qui ne pourrait guère être plus différente de celle de Daenerys, qui mise sur d'autres atouts lorsqu'elle se retrouve jugée à Vaes Dothrak.

Daenerys se trouve en effet en bien mauvaise posture. Capturée par les Dothrakis et offerte à Khal Moro, elle arrive dans un premier temps à gagner son respect en lui disant qu'elle était l'épouse de Khal Drogo, et lui demande de l'escorter jusqu'à Meereen. Mais la conséquence de cette approche est toute autre : Daenerys apprend en effet qu'elle doit (et aurait dû) rester alors au temple de Vaes Dothrak avec le dosh khaleen pour le restant de ses jours, en compagnie des autres khaleesis, veuves de leur khal. Parce qu'elle n'a pas respecté cette tradition, Daenerys doit être jugée pour savoir si elle peut tout de même se joindre maintenant au dosh khaleen, et c'est aux khals de décider de son sort. S'ensuit donc un procès, où Daenerys prend très vite la parole.

> *Daenerys Targaryen : Ne voulez-vous pas savoir ce que je pense?*
>
> *Khal Moro : Tu préfères être vendue comme esclave? Ou peut-être veux-tu montrer à Rhalko quel goût tu as?*
>
> *Daenerys Targaryen : Non, je ne veux aucune de ces choses.*
>
> *Khal Moro : On s'en moque de ce que tu veux. Nous sommes au temple de dosh khaleen. Tu n'as pas voix au chapitre ici, à moins que tu ne sois au dosh khaleen. Et tu n'y es pas, à moins que nous le décidions.*
>
> *Daenerys Targaryen : Je sais où je suis. Je suis déjà venue ici. C'est ici que la dosh khaleen a prédit que mon enfant sera l'étalon qui chevauchera le monde. […] C'est ici que Drogo a promis de mener son khalasar vers l'ouest, là où le monde se termine. De monter des chevaux de bois à travers la mer noire de sel, comme aucun khal ne l'a fait auparavant. Il a promis de tuer les hommes en costume de fer et de démolir leurs maisons de pierre. Il me l'a juré devant la Mère des montagnes […] Vous êtes des hommes sans envergure. Aucun de vous n'est apte à diriger les Dothrakis. Mais je le suis. Et je le ferai.*
>
> *(Saison 6, épisode 4, à 52 min 28 s)*

Dans cet extrait, Daenerys se comporte d'une manière bien différente de Tyrion. Tout d'abord, elle ne cherche en rien à respecter les traditions (les khals ont le pouvoir) ou à suivre les règles (elle ne devrait pas avoir le droit de parole). En réalité, elle n'obéit à rien, ni aux khals, ni aux traditions, ni aux règles, juste à elle-même et à sa volonté.

Par ailleurs, elle n'a pas de plan à exécuter minutieusement comme Tyrion. Il n'y a pas d'étapes précises à respecter ou un besoin de faire précisément telle ou telle chose. Daenerys va se contenter de réitérer le miracle du bûcher de la fin de la saison 1, après avoir expliqué aux khals, dans un *discours*, qu'elle ne leur demande pas de la suivre ou de la servir; simplement qu'ils vont mourir. Daenerys renverse alors les braseros présents dans la pièce, ce qui enflamme immédiatement le temple en bois. Les khals sont alors pris au piège et périssent dans les flammes, dont Daenerys sort, une nouvelle fois, indemne.

Ici apparaît une autre différence essentielle avec Tyrion. Même en connaissant le plan, ou cherchant à l'exécuter parfaitement, personne d'autre que Daenerys n'aurait pu le réaliser. C'est son génie, ses capacités extraordinaires qui lui permettent d'accomplir ce tour de force de brûler l'ensemble des khals et de s'en sortir sans la moindre blessure. Elle n'est pas remplaçable.

Au final, plus que l'exécution d'un plan, ce qui apparaît ici, c'est davantage une improvisation. Non pas que ce ne soit pas préparé; lorsqu'elle tombe, à sa grande surprise, sur Jorah et Daario partis à sa recherche, et qu'elle leur demande de veiller à ce que personne n'entre dans le temple lorsqu'elle y sera, elle connaît déjà les grandes lignes de ce qu'elle va faire. Elle sait très bien que le temple peut s'enflammer, que les portes ferment de l'extérieur, et que si ses compagnons empêchent quiconque d'ouvrir les portes, les khals n'ont aucune chance d'en sortir vivants. Reste qu'elle n'avait pas prévu cela avant de découvrir la présence de Jorah et de Daario; elle s'adapte aux circonstances. Elle change ses (éventuels) plans en quelques minutes. Bref, elle *improvise*.

Par ailleurs, au moment de la réalisation de ce qu'elle a prévu, il n'y a pas de séquences compliquées à respecter. Pas de plan très élaboré à mettre en place. Ce qu'elle a en tête est on ne peut plus simple : il s'agit simplement d'utiliser une « routine » qu'elle a maintes fois employée : brûler ses ennemis. L'exécution est simple. La difficulté, c'est d'être suffisamment exceptionnelle pour pouvoir survivre au brasier...

Le procès de Jon à Châteaunoir

Si Tyrion exécute et que Daenerys improvise, qu'en est-il alors de Jon, quand celui-ci se retrouve à devoir répondre de ses actes, commis au cours de la saison 3 auprès du Peuple Libre?

Jon, de retour à Châteaunoir, doit en effet s'expliquer devant un jury composé notamment d'Alliser Thorne (qui fait office de commandant depuis la mort de Jeor Mormont), de Janos Slynt (ancien commandant du Guet à Port-Réal) et de mestre Aemon. En toute transparence, Jon expose alors les faits et admet notamment avoir tué Qhorin Mimain, même s'il explique que cela reste le fruit d'une stratégie orchestrée par Mimain lui-même afin que Jon puisse espionner les Sauvageons. Slynt traite alors Jon de « sale bâtard de traître », et note avec sarcasme que Jon parle désormais du « Peuple Libre » et non plus des « Sauvageons », lui reprochant alors de parler comme eux.

> *Jon Snow : Oui, je parle comme un Sauvageon. J'ai mangé avec les Sauvageons. J'ai escaladé le Mur avec les Sauvageons. J'ai... couché avec une Sauvageonne.*
>
> *Janos Slynt : Alors avouez-vous que vous avez trahi vos vœux?*
>
> *Jon Snow : Je l'avoue.*
>
> *Janos Slynt : La loi est la loi. Le garçon doit mourir.*
>
> *(Saison 4, épisode 1, à 34 min 9 s)*

Pour Janos, tout est simple. Il suffit d'appliquer la loi, d'exécuter la sentence prévue et d'en finir avec Jon. Mais Janos est arrivé fort récemment à Châteaunoir et connaît mal le mode de fonctionnement de la Garde de Nuit. Le garant des traditions, c'est le plus âgé du jury : mestre Aemon.

> *Mestre Aemon : Si nous décapitions tous les patrouilleurs qui ont couché avec une fille, le Mur serait gardé par des hommes sans tête.*
>
> *(Saison 4, épisode 1, à 34 min 30 s)*

Ainsi, si Tyrion invoque les règles et Daenerys sa volonté, Jon, finalement, ne fait pas grand-chose ici, mis à part être honnête, humble et montrer sa loyauté au collectif. C'est finalement la sagesse du collectif – incarnée ici par mestre Aemon – qui le tire d'affaires : Aemon enjoint ses camarades à faire preuve de *jugement*, à réfléchir aux conséquences de leur décision, et à considérer ce qui a été fait, ou pas fait, dans le passé; et dans ce cas, ne pas punir de mort ceux qui ont brisé leurs vœux de chasteté.

Pour le « diriger » organique, les règles existent certes, mais ne sont pas immuables; elles portent une part de jugement : avant de décapiter notre camarade, posons-nous la question de savoir si cela ne créerait pas un précédent, difficile à oublier, pour tous les membres de la Garde qui à l'occasion profitent de la compagnie d'une femme. Janos essaie bien de montrer que l'acte de Jon représente un précédent, mais cela ne suffit pas.

Janos Slynt : Il y a une différence entre aller en douce au bordel de La Mole, et coucher avec l'ennemi.

Jon Snow : Pendant que nous discutons ici pour savoir quelle règle j'ai enfreint, Mance Ryder marche sur le Mur avec une armée de cent mille hommes.

(Saison 4, épisode 1, à 34 min 37 s)

Ce qui est essentiel pour l'« organique », c'est que la règle est ouverte à une part *d'interprétation*, comme le rappelle Sam à Jon alors qu'ils discutent du lien qui unit Sam à Vère, quelques temps plus tard :

Jon Snow : Mais si elle l'avait voulu, tu l'aurais fait? Tu aurais brisé tes vœux?

Sam Tarly : La chose intéressante avec nos vœux, c'est ils n'interdisent jamais spécifiquement les relations intimes avec les femmes.

Jon Snow : Quoi?

Sam Tarly : « Je ne prendrai femme », oui, c'est dans nos vœux. On ne peut pas le nier. « Je n'engendrerai pas ». C'est très spécifique. Mais ce que nos vœux ont à dire sur d'autres activités est sujet à interprétation.

(Saison 4, épisode 9, à 3 min 38 s)

Le lecteur remarquera ici que nous parlons de mestre Amon, de Sam, mais finalement pas de Jon directement! C'est cela, la logique organique. Le collectif est toujours plus important que les individus. Cela ne signifie pas pour autant que Jon est passif.

En fait, il fait trois choses : il avoue « ses forfaits », même ceux qui ne lui étaient pas reprochés. Dans le même temps, il rejette complètement le soupçon d'insubordination en indiquant clairement qu'il avait agi sur ordre de Qhorin. Que ce soit en ce qui concerne le fait d'avoir tué ce dernier, ou d'avoir vécu et partagé la vie – y compris la couche – des Sauvageons. Enfin, il réitère sa loyauté à la Garde de Nuit, en partageant son expérience et toute l'information qu'il possède.

Jon Snow : Au sud du Mur, il y a un groupe de Sauvageons dirigé par Tormund Fléau-d'Ogres. J'ai tué leur change-peau et trois autres. Ils m'ont tiré une volée de flèches. Leurs ordres sont d'attaquer Châteaunoir par le sud quand Mance attaquera par le nord. Le signal de l'attaque sera un feu de joie. Mance a déclaré que ce serait le plus grand feu jamais vu dans le Nord. C'est la vérité. Toute la vérité. Avez-vous l'intention de m'exécuter ou suis-je libre d'y aller?

Mestre Aemon : Aucun d'entre nous n'est libre. Nous sommes des hommes de la Garde de Nuit. Mais nous ne vous couperons pas la tête aujourd'hui, Jon Snow.

(Saison 4, épisode 1, à 35 min 16 s)

Jon, en réalité, permet à ses juges d'interpréter : il présente les faits le concernant, mais surtout les éléments du contexte qui permettent d'éclairer ces faits, de leur donner du sens. Bien évidemment, pour un membre de la Garde de Nuit, tuer un *ranger*, vivre parmi les Sauvageons et rompre ses vœux de chasteté avec l'une d'entre eux, semble mériter à son auteur plusieurs fois la mort. Mais compris comme une mission confiée par Qhorin afin d'espionner l'armée de Mance et de sauver la Garde, tout cela fait bien du sens.

II. Les directives précises; le discours galvanisant; le jugement responsable

Mis ensemble, la comparaison des trois procès nous permet déjà de saisir à quel point les formes du « diriger » sont contrastées selon que le protagoniste mobilise le management technique, charismatique ou organique et cherche à exécuter, à improviser ou à interpréter. Nous allons à présent aller plus en détail et en profondeur sur les modalités des trois manières de diriger, à savoir les directives, le discours et le jugement.

Les directives précises du « diriger » technique

Le « diriger » technique s'incarne dans des directives, qu'il s'agit de mettre en œuvre afin de bien exécuter le plan prévu. Et la première caractéristique de ces directives est qu'elles suivent les règles établies. Nous l'avons vu, au cours de son procès aux Eyrié, Tyrion suit les règles. À son avantage, certes, mais il n'invente rien, ne change rien; il applique tout simplement les règles qui existent, pour se tirer du mauvais pas où il est rendu.

Il est intéressant de souligner que Tyrion, qui s'appuie volontiers sur les règles, n'est aucunement dupe quant à leur statut ou à leur valeur. Il sait bien que les règles ne sont pas toujours fondées sur la raison, mais parfois sur la loi du plus fort. Ce qu'il ne manque pas de rappeler à Ver Gris, alors qu'il cherche désespérément un compagnon pour boire avec lui :

> *Ver Gris : Les Immaculés ne boivent jamais.*
> *Tyrion Lannister : Pourquoi pas?*
> *Ver Gris : Ce sont les règles.*
> *Tyrion Lannister : Et qui a établi ces règles? Vos anciens maîtres?*
> *(Saison 6, épisode 8, à 26 min 19 s)*

Les directives, édictées en amont de l'action, cohérentes avec le plan minutieusement établi, peuvent alors être mises en œuvre par une autre personne que celle à l'origine du plan. En ce sens, deuxième caractéristique, les directives sont impersonnelles : il s'agit simplement de s'exécuter. D'une certaine façon, Tyrion, pendant la bataille de la Néra, n'a pas vraiment besoin de diriger, puisqu'il suffit que le plan se déroule : un bateau unique complètement vide, mais rempli de feu grégeois à la dérive, une flèche enflammée décochée par Bronn qui déclenche l'explosion du bateau. Il donne l'ordre final, mais tout autre que lui aurait pu s'en charger : « on » doit simplement s'en charger. Un pronom impersonnel, là aussi.

Enfin, troisième caractéristique : les directives sont encadrées par ce que Tyrion *peut* faire et relèvent donc du registre du pouvoir ou, dit autrement, de la nécessité. Car s'il invoque les règles comme mode de fonctionnement, il ne peut s'en défaire quand celles-ci contraignent son action : il ne fait que ce qu'il *peut* faire étant donné les contraintes du système au sein duquel il opère.

C'est d'ailleurs ainsi qu'il s'était justifié, nous l'avons vu, auprès de Missandei et de Ver Gris quant à la façon dont il avait négocié la paix avec les esclavagistes à Meereen :

> *Tyrion Lannister : L'esclavage est une horreur qui devrait être abolie immédiatement. La guerre est une horreur qui devrait être terminée immédiatement. Je ne peux pas les régler tous les deux aujourd'hui.*
> *(Saison 6, épisode 4, à 18 min 56 s)*

Il n'est pas question de ce que voudrait Tyrion. Ou de ce que devrait faire Tyrion. Seul ce qu'il peut faire a réellement de l'importance pour le « diriger » technique.

Les caractéristiques des directives précises
1. Suivent les règles;
2. Sont impersonnelles : « on »;
3. Sont du registre du pouvoir.

Le discours galvanisant du « diriger » charismatique

On ne le dira jamais assez, Daenerys refuse les règles, et dirige selon sa volonté propre. La Briseuse de chaînes est avant tout une briseuse de règles. C'est ainsi que lorsqu'elle reçoit le commandement de l'armée des Immaculés, elle jette à terre le fouet qui symbolise traditionnellement son autorité sur l'armée.

> *Daenerys Targaryen : Est-ce fait, alors? Ils m'appartiennent?*
>
> *Missandei : C'est fait. [...] Vous tenez le fouet.*
>
> *Daenerys Targaryen : Immaculés! Tuez les maîtres, les soldats, tous les hommes qui portent un fouet, mais ne faites de mal à aucun enfant. Brisez les chaînes de tous les esclaves que vous voyez. [...] Immaculés! Vous avez été esclaves toute votre vie. Aujourd'hui vous êtes libres. Tout homme qui souhaite partir peut partir et personne ne lui fera de mal. Je vous donne ma parole. Voulez-vous vous battre pour moi? En tant qu'hommes libres?*
>
> *(Saison 3, épisode 4, à 47 min 30 s)*

En un seul geste, Daenerys rejette le fouet qui représente les règles autoritaires qui sévissaient jusqu'alors, la coercition d'obliger par la force ceux sous sa coupe à accomplir ses ordres. Elle explicite dans ses mots qu'elle brise les règles, première caractéristique donc du discours, en rendant leur liberté d'action à des milliers de soldats qui en étaient privés jusque-là, leur intimant de bouleverser l'ordre du monde en tuant ceux qui les oppressaient jusqu'alors.

Et par son discours aux Immaculés, Daenerys renverse complètement les choses. Dorénavant, même s'ils sont libres de la suivre ou non, c'est à elle, en tant que Daenerys et non en tant que détentrice du fouet, qu'ils obéiront. Se loge ici la seconde caractéristique du discours : il est fondamentalement *personnel*. Daenerys dit « *je* » et personne ne pourrait parler à sa place. Le *modus operandi* est toujours le même. Lorsqu'elle demande une action d'un de ses fidèles, ce n'est pas pour l'argent, ce n'est pas pour un contrat ou pour respecter la loi : elle demande que ce soit fait pour elle.

> *Daenerys Targaryen : Ou vous pourriez vous battre pour moi.*
>
> *Capitaine des Puînés : Nous avons pris l'or des esclavagistes. Nous nous battons pour Yunkaï.*
>
> *Daenerys Targaryen : Je vous paierai autant et plus.*
>
> *Capitaine des Puînés : Notre contrat nous engage. Si nous rompons notre engagement, personne ne réengagera les Puînés.*
>
> *Daenerys Targaryen : Engagez-vous avec moi et vous n'aurez jamais besoin d'un autre contrat. Vous aurez l'or, les châteaux et les seigneuries de votre choix lorsque je reprendrai les Sept Couronnes.*
>
> *Capitaine des Puînés : Vous n'avez pas de flotte. Vous n'avez pas de quoi tenir un siège. Vous n'avez pas de cavalerie.*
>
> *Daenerys Targaryen : Il y a quinze jours, je n'avais pas d'armée. Il y a un an, je n'avais pas de dragons. Vous avez deux jours pour décider.*
>
> *(Saison 3, épisode 8, à 7 min 45 s)*

Alors, bien sûr, Daenerys rappelle ses faits d'armes, ses miracles. Mais demande, en bonne manager charismatique, à ce que l'on croit en elle, à ce que les choses soient faites en son nom, peu importe les engagements existants. C'est bien le « je » qui domine ici. Et quand bien même Daario tend à l'oublier, Daenerys le lui rappelle :

> *Daario Naharis : Le nain vous a dit de faire cela.*
>
> *Daenerys Targaryen : Personne ne me dit quoi faire en aucune circonstance.*
>
> *(Saison 6, épisode 10, à 43 min 1 s)*

Au final, de façon plus générale, « diriger » selon la logique charismatique se perçoit alors comme la simple volonté du leader : le discours est donc du registre du vouloir, ou même, du désir. Ainsi, si Daenerys veut, Daenerys demande :

> *Daenerys Targaryen : L'esclavage est réel. Je peux y mettre fin. Je vais y mettre fin. Et je vais mettre fin à ceux qui le perpétuent.*
>
> *(Saison 4, épisode 7, à 26 min 53 s)*

Les caractéristiques du discours galvanisant
1. Brise les règles;
2. Est personnel : « je »;
3. Est du registre du vouloir.

Le jugement responsable du « diriger » organique

Si le « diriger » technique suit les règles, contrairement au « diriger » charismatique qui les brise, que fait donc le « diriger » organique? Que permet donc le *jugement* de ce type de management? C'est à Sam que l'on doit de mettre des mots sur le rapport que le manager organique entretient avec les règles :

> *Samwell Tarly : La citadelle n'est pas Châteaunoir. Je n'ai ni Jon Snow ni mestre Aemon pour m'aider à tordre les règles.*
>
> *(Saison 6, épisode 3, à 9 min 49 s)*

Il convient d'assouplir les règles, de les appliquer à la réalité concrète. Mais attention, si les règles peuvent être sujettes à interprétation, cela ne signifie nullement qu'un laxisme est toléré, et notamment que toute forme d'insubordination a sa place dans le management organique. La loyauté au collectif est une valeur clé, nous l'avons vu, et si l'on peut critiquer un ordre donné – comme lorsque ser Alliser dit à son commandant que partir chercher les Sauvageons pour les ramener au sud du Mur est une très mauvaise décision – désobéir à l'ordre en question, désobéir au commandant, n'est pas une option. Ce qui conduit Jon à condamner à mort Janos Slynt, dans la saison 5, lorsque celui-ci refuse la requête de son commandant, qui lui demande de prendre un poste éloigné de Châteaunoir. L'interprétation des règles donc, mais sans aller à l'insubordination, et donc sans réellement enfreindre les lois.

Pour autant, diriger, pour l'organique, n'est pas un acte solitaire. Non, il s'agit bien là d'un acte collectif, qui s'appuie sur la discussion et le consensus. L'épisode le plus caractéristique se passe lorsque le Mur est menacé par l'armée des Sauvageons du Nord, et qu'il faut décider s'il faut envoyer des hommes combattre ceux qui se sont introduits au sud du Mur et pillent et ravagent les villages alentour.

Yarwyck : Nous devons leur donner une leçon sur la façon dont nous traitons les gens de leur espèce. Trois douzaines de corps avec des gorges tranchées balancées du haut du mur. Il me semble que ce serait une bonne leçon.

Ser Alliser : Si nous nous en prenons à eux, nous leur donnons ce qu'ils veulent. Ils veulent nous attirer, nous tuer les uns après les autres.

Mestre Aemon : Nous sommes juste un peu plus de cent, en comptant les intendants et les ingénieurs. Et moi. Nous ne pouvons pas nous permettre de perdre un seul homme. Nous devons nous souvenir de notre première responsabilité. Nous sommes les gardiens du mur.

Pyp : Il doit y avoir un moyen de les protéger.

Ser Alliser : Vous êtes un champion des gens du peuple, Lord Snow. Que dites-vous de la proposition de frère Pyp?

Jon Snow : Mance Rayder arrive. Si les Sauvageons franchissent le mur, ils écraseront tout et tout le monde à mille miles à la ronde avant d'atteindre une armée qui peut les arrêter.

Ser Alliser : Nous devons consolider Châteaunoir et nous devons défendre le Mur. C'est notre travail.

(Saison 4, épisode 3, à 45 min 25 s)

Pas moins de cinq personnes prennent la parole avant que ce qui semble être un consensus n'émerge : la seconde caractéristique du jugement – organique – est qu'il est collectif. Si le manager technique se réfère à parler au « on » et le manager charismatique utilise le « je », le « diriger » organique est du ressort du « nous ».

Par ailleurs, cette scène démontre que le consensus se bâtit autour du rappel à la mission, à la raison d'être de la Garde de Nuit. Même si les conséquences (abandonner les villageois aux épées des Sauvageons) sont terribles et lourdes de responsabilité pour ceux qui prennent une telle décision. Troisième caractéristique, donc, du jugement : le « diriger » organique est dans le registre du devoir, ce que laisse clairement entendre Aemon en évoquant leur « *première responsabilité* » ou Ser Alliser en concluant sur le fait que « *c'est notre travail* ». D'ailleurs, dès le premier épisode de la série, Ned Stark pose clairement la notion de responsabilité qui encadre l'action du dirigeant organique devant ses enfants, incluant Jon. Après avoir condamné à mort un déserteur, il ne passe pas par un bourreau pour exécuter la sentence :

Ned Stark : L'homme qui prononce la sentence devrait manier l'épée.

(Saison 1, épisode 1, à 14 min 47 s)

Mais c'est encore mestre Aemon qui formule de façon la plus nette l'impératif du « diriger » organique :

> *Mestre Aemon : [...] avec un peu de chance, vous trouverez la force de faire ce qui doit être fait.*
>
> *(Saison 5, épisode 5, à 9 min)*

Jon ne recherche à aucun moment la responsabilité qui lui incombe, et mestre Aemon lui explique que l'exercice du pouvoir vient avec un certain poids lorsqu'il s'agit de faire, non pas ce que l'on veut faire comme le charismatique, non pas ce que l'on peut faire comme le technique, mais ce que l'on *doit* faire.

Les caractéristiques du jugement responsable
1. Tord les règles;
2. Est collectif : « nous »;
3. Est du registre du devoir.

III. Les limites

L'incarnation pure de trois formes de diriger n'est pas exempte de limites, et les aventures de Tyrion, de Daenerys et de Jon nous offrent de multiples occasions de nous interroger sur ce qui peut advenir lorsque l'une ou l'autre des logiques sort du cadre positif qu'on peut y projeter.

Les limites du « diriger » technique

Tout d'abord, le « diriger » technique tend à rendre aveugle aux signaux – d'autant plus quand ces derniers sont faibles – qui sont contraires aux attentes et aux prévisions. En effet, le dirigeant technique voit l'ensemble de son action au prisme de son plan initial et se contente d'exécuter celui-ci, comme si la réalité ne changeait pas à chaque instant. C'est ce qui se passe à Fossedragon, lorsque Tyrion exécute son plan de trêve entre Cersei et Daenerys : alors que l'armée des Morts approche dangereusement de Westeros, Tyrion organise des pourparlers entre sa reine et sa sœur pour négocier une paix temporaire, le temps de combattre les Marcheurs Blancs et le roi de la Nuit. Le plan de Tyrion se déroule sans encombre : il organise une réunion secrète avec son frère

Jaime, qui convainc en retour Cersei de s'asseoir à la table des négociations; un mort-vivant est amené dans une boîte par Sandor Clegane pour exposer la menace aux yeux de tous. Sans encombre, donc, jusqu'à ce que Cersei exige de Jon Snow une neutralité dans le combat qui l'oppose à la Mère des dragons. Et alors que de nombreux indices laissaient présager que Jon opèrerait selon une logique de l'honneur envers Daenerys, qui est venue le sauver au Nord peu de temps auparavant en y sacrifiant un de ses dragons, Tyrion est bien surpris quand les actions de Jon jettent à terre sa stratégie.

> *Tyrion Lannister : Je suis ravi que vous ayez prêté allégeance à notre reine. Je vous l'aurais conseillé, si vous me l'aviez demandé. Mais avez-vous déjà envisagé d'apprendre à mentir de temps en temps? Juste un peu?*
>
> *Jon Snow : Je ne vais pas faire un serment que je ne peux pas respecter. Vous pouvez me parler de mon père si vous voulez, et me dire que ce genre d'attitude l'a conduit dans la tombe. Mais quand trop de gens font de fausses promesses, les mots cessent d'avoir un sens. [...]*
>
> *Tyrion Lannister : Le problème le plus immédiat, c'est que nous sommes foutus.*
>
> *(Saison 7, épisode 7, à 27 min 14 s)*

Le second écueil du « diriger » dans la logique technique réside dans la paralysie qui saisit le manager quand le plan ne se passe pas comme prévu : le dirigeant technique a en effet de grandes difficultés à agir (et à réagir) dans l'imprévu, car il a besoin de temps pour replanifier, pour repositionner les éléments en fonction des règles et du contexte. On voit ainsi l'incapacité de Tyrion à improviser lorsque les événements ne se déroulent pas tels qu'anticipés – comme lors de la débâcle de Castral Roc, mais aussi lors de l'attaque de Meereen que Tyrion n'avait nullement prévue et qui le laisse comme paralysé jusqu'à l'arrivée salvatrice de Daenerys. Ainsi, alors que Meereen est à feu et à sang, en proie à de gigantesques incendies, Tyrion se voit forcé de reconnaître qu'il a eu tort dans l'élaboration de sa gestion de la ville, et il cherche alors à repenser des plans, au lieu de réagir dans l'action :

> *Tyrion Lannister : J'avais tort, je l'admets.*
>
> *Missandei : Cela ne change rien.*
>
> *Tyrion Lannister : Les Immaculés pourraient monter une défense sur la tête de pont. Si les forces des esclavagistes...*
>
> *Ver Gris : Ne parlez plus. Vos paroles nous ont apporté cela.*
>
> *Tyrion Lannister : Et j'ai reconnu ma faute. J'essaie...*
>
> *Ver Gris : Vous essayez de me dire ce que l'armée devrait faire. Vous ne savez pas ce que l'armée devrait faire.*

Tyrion Lannister : Bon, que devrait faire l'armée?

Ver Gris : Nous n'irons pas à la plage. Si nous allons à la plage, les maîtres prendront la pyramide. La pyramide est le seul endroit de la ville que nous pouvons défendre. Nous restons ici.

Tyrion Lannister : Et ensuite?

Ver Gris : Nous attendons qu'ils viennent à nous. Ensuite nous les affronterons.

(Saison 6, épisode 8, à 43 min 15 s)

Les limites du « diriger » technique
1. Aveuglement aux signaux contraires aux prévisions;
2. Paralysie devant l'imprévu.

Les limites du « diriger » charismatique

À l'inverse, le charismatique sait parfaitement improviser et réagir dans l'action, mais selon sa volonté propre, qui peut du coup mener à un management par exception, où une même action – par exemple d'un subordonné – peut mener à des conséquences différentes en fonction de facteurs plus ou moins exogènes. Ainsi, quand Daenerys est confrontée aux répercussions néfastes des actions de ses dragons libres dans la province, elle réagit non pas selon des règles ou des coutumes, mais selon son appréciation du moment : lorsqu'un homme se présente devant elle avec le cadavre d'une chèvre, calciné par Drogo, elle s'excuse pour le comportement de son dragon et réagit, sur le moment, en inventant une façon de régler localement la situation :

Daenerys Targaryen : Dites à cet homme que je suis désolée pour ses malheurs. Je ne peux pas ramener ses chèvres, mais je veillerai à ce qu'il soit payé trois fois leur valeur. [...] Combien encore?

Missandei : Il y a deux cent douze demandeurs en attente, Votre Grâce.

(Saison 4, épisode 6, à 21 min 22 s)

Sans règles, la charge est donc bien lourde : écouter chacun, inventer une réponse, trouver une solution unique et nouvelle à chaque reprise. Ouvrant par là même la porte à se laisser convaincre par une belle rhétorique, indépendamment des faits. Ce qui pose alors la question de comment réagir avec justesse aux demandes spécifiques de tous et chacun...

Mais la vraie limite du « diriger » charismatique est bien plus grave, car potentiellement violente et dangereuse : sans règle ni coutume, il n'y a pas de garde-fou pour canaliser la colère. Et l'exercice libre d'une volonté individuelle est la porte ouverte à tous les excès. La parole du manager charismatique peut revêtir un caractère de menace, dérive souvent reprochée à ceux et celles dont on attend des miracles tout en souhaitant une approche humaine, inclusive. La fine ligne entre l'envie de changer le monde et le recours à l'arme de destruction massive se franchit vite. Et il n'est pas rare d'entendre Daenerys glisser sur une pente dangereuse, malgré les avertissements de ses plus proches conseillers.

La saison 7 nous offre un moment glaçant, où Daenerys semble quitter le monde de la direction légitime : alors qu'elle vient de défaire l'armée des Lannister revenant de chez les Tyrell, elle offre le choix aux soldats battus de lui jurer fidélité et d'avoir la vie sauve pour travailler à ses côtés à la construction d'un monde meilleur. En cas de refus, la mort les attend. Ce n'est plus la Briseuse de chaînes qui libère les esclaves et les rend libres de la suivre ou non; il s'agit d'une reine victorieuse qui use de coercition pour forcer les autres à la rejoindre.

Randyll Tarly et son fils Dickon refusent de ployer le genou. Tyrion tente bien de sauver la vie aux Tarly, notamment celle du jeune fils Dickon, en suggérant de les envoyer au Mur ou bien en prison pour leur donner le temps de changer d'avis; mais Daenerys est inflexible : elle n'a pas l'intention de garder des prisonniers, elle estime qu'elle a donné à chaque homme le droit de choisir son destin. Daenerys prononce alors la condamnation à mort des Tarly en les brûlant vifs sur place. Laissant Tyrion – ainsi que le spectateur – dubitatif quant à la capacité du manager charismatique à ne pas simplement réagir dans l'émotionnel, mais à plutôt canaliser la colère et la violence pour trouver des solutions de rechange.

Les limites du « diriger » charismatique
1. Décisions par exception;
2. Absence de garde-fou.

Les limites du « diriger » organique

Ce qui nous amène au dirigeant organique, dont la sagesse collective semble, en comparaison, bien plus raisonnable. Car si le charismatique peut s'abstraire des règles, l'organique se doit de rendre des comptes au collectif, en permanence, et d'agir dans l'intérêt de la raison d'être du collectif. Reste que là encore, les actions qui en découlent ne sont pas toujours glorieuses et amènent à des compromis parfois bien amers : la Garde tolère par exemple Craster, un Sauvageon vivant au nord du Mur, dans une bâtisse fortifiée, qui autorise les *rangers* de la Garde de Nuit de trouver refuge chez lui au besoin. Et quand bien même son comportement est fort malsain – il a dix-neuf femmes et tue les bébés garçons qu'il engendre – il est un mal nécessaire comme l'explique lord Mormont :

Jon Snow : Non, vous ne comprenez pas. Il les tue, tous les garçons. Vous le savez.

Lord Mormont : Les Sauvageons servent des dieux plus cruels que vous ou moi. Ces garçons sont les offrandes de Craster.

Jon Snow : Des offrandes? Il tue ses propres enfants. C'est un monstre.

Lord Mormont : Plusieurs fois, ce monstre a fait la différence entre la vie et la mort pour nos patrouilleurs, y compris votre oncle. Nous avons d'autres guerres à mener. Qu'on le veuille ou non, nous avons besoin d'hommes comme Craster.

(Saison 2, épisode 3, à 3 min 10 s)

Diriger, dans une optique organique, est une lourde responsabilité, qui s'appuie sur des consensus qui peuvent mener à des choix peu enviables. On comprend que mestre Aemon ait une lecture tragique de l'exercice du commandement.

Jon Snow : J'ai besoin de votre avis. Il y a quelque chose que je veux faire, quelque chose que je dois faire. Mais cela divisera la Garde de Nuit. Amèrement. La moitié des hommes vont me haïr dès que je donnerai l'ordre.

Mestre Aemon : La moitié des hommes vous haïssent déjà, Lord Commandant. Faites-le.

Jon Snow : Mais vous ne savez pas ce que c'est.

Mestre Aemon : Cela n'a pas d'importance. Vous, vous le savez. Vous trouverez peu de joie dans votre commandement. Mais avec un peu de chance, vous trouverez la force de faire ce qui doit être fait.

(Saison 5, épisode 5, à 8 min 45 s)

Diriger, dans la logique organique, est un fardeau, que l'on ne demande pas. Et l'on comprend que Jon soit parfois bien fatigué :

> *Jon Snow : Je suis fatigué de me battre. C'est tout ce que j'ai fait depuis que j'ai quitté la maison. J'ai tué des frères de la Garde de Nuit. J'ai tué des Sauvageons. J'ai tué des hommes que j'admire. J'ai pendu un garçon plus jeune que Bran. Je me suis battu et j'ai perdu.*
>
> *(Saison 6, épisode 4, à 6 min 58 s)*

Les limites du « diriger » organique
1. Compromis problématiques en faveur du collectif;
2. Fardeau de la responsabilité.

Conclusion

En comparant les trois procès où sont accusés nos trois protagonistes – le procès de Tyrion aux Eyrié, celui de Daenerys à Vaes Dothrak et celui de Jon par la Garde de Nuit, nous avons fait apparaître le fait que le « diriger » est au service d'une finalité différente selon qu'il est mobilisé par le management technique, charismatique ou organique : exécuter, improviser ou interpréter.

Puis, nous avons fait ressortir que le « diriger » suit un mode opératoire propre à chacune des logiques managériales : les directives dans le cas du technique, le discours dans le cas du charismatique et le jugement dans celui de l'organique.

Enfin, chacun de ces modes opératoires n'est bien sûr pas exempt de limites et de dangers, illustrés là encore par de nombreux exemples de la série.

Tableau 6
Le « diriger » selon les trois logiques

	Le « diriger » technique	Le « diriger » charismatique	Le « diriger » organique
Finalité	Exécuter	Improviser	Interpréter
Modalité	Les directives précises	Le discours galvanisant	Le jugement responsable
Caractéristiques	Suivent les règles	Brise les règles	Tord les règles
	Sont impersonnelles : « on »	Est personnel : « je »	Est collectif : « nous »
	Sont du registre du pouvoir	Est du registre du vouloir	Est du registre du devoir
Limites	Aveuglement aux signaux contraires aux prévisions	Décisions par exception	Compromis problématiques en faveur du collectif
	Paralysie devant l'imprévu	Absence de garde-fou	Fardeau de la responsabilité

Notes

1. Fayol, op.cit., p. 120.
2. Dictionnaire Le Larousse, 2019.
3. *Ibid.*
4. *Ibid.*

7 | Appliquer, briller ou tout donner?

Le « contrôler » à la lumière des trois logiques

Introduction

Si le rôle de manager peut être fort désirable – après tout, ne s'agit-il pas d'orchestrer une action collective? Quoi de plus palpitant que d'être porté par un groupe? – il faut bien avouer que la réalité du métier de gestionnaire comporte sa part d'ingratitude. Et à l'image de la Garde de Nuit où, quand bien même on défend une noble mission, il s'agit surtout de pelleter du crottin de cheval, le manager n'est pas seulement dans l'imagination d'un futur nouveau ou dans l'improvisation de l'action face à des imprévus : il lui faut aussi contrôler, entre autres, que le travail demandé a bien été fait.

Ou, comme l'écrivait Fayol, il faut contrôler, c'est-à-dire « *vérifier que tout se passe conformément au programme* [d'actions] *adopté, aux ordres donnés, et aux principes admis* [dans le] *but de signaler les fautes et les erreurs afin qu'on puisse les réparer et en éviter le retour* ».

L'évaluation annuelle des membres de leur équipe n'est généralement pas un moment favori des gestionnaires. Et demandez à un prof s'il aime corriger ses copies! Pourtant, contrôler est une action clé du management.

Au-delà d'évaluer ce qui a été fait, au-delà de donner de la rétroaction, contrôler c'est surtout s'offrir la possibilité d'être réflexif sur les actions entreprises : a-t-on bien planifié? Est-ce que les bonnes ressources ont été mobilisées? Comment les imprévus ont-ils été gérés? A-t-on atteint le but que l'on s'était fixé? Pourrait-on faire mieux? Et si c'était à refaire, que ferait-on différemment?

Pour itérer, pour avancer, pour apprendre, il faut dans un premier temps contrôler. Il faut regarder, analyser, évaluer. Et comme le lecteur l'aura déjà deviné, bien entendu, contrôler s'incarne en trois formes bien distinctes selon que l'on se place sous l'égide du management technique, charismatique ou organique.

Et là encore, Tyrion, Daenerys et Jon nous offrent des occasions d'étudier le contrôle, même si, il faut bien l'avouer, les extraits pertinents sont un peu moins nombreux que dans les chapitres précédents. Le contrôle manquerait-il donc de piquant pour plaire aux scénaristes de la série?

Pour le dire avec des mots dénués de tout concept théorique, on pourrait utiliser l'analogie d'une équipe qui joue un match de rugby et qui le perd. Dans la logique technique, les joueurs pourraient dire « on a perdu, certes, mais on a parfaitement appliqué le plan de match »; dans la logique charismatique « on a perdu, mais on a fait des actions de jeu hors norme : on a marqué l'histoire! »; dans la logique organique « on a perdu, mais on a tout donné ».

Ou, plus conceptuellement, dans le management technique, il s'agit de faire ce qui a été prescrit, d'*appliquer* les directives, et d'établir une *mesure de la performance* obtenue par rapport à celle qui est attendue; dans le management charismatique, il s'agit de *briller*, quels que soient les moyens utilisés, et d'octroyer la *reconnaissance* à ceux et celles qui la méritent; dans le management organique, il s'agit de *tout donner* en usant de la *pression sociale* qu'exerce le groupe sur les différents membres du collectif.

Figure 8
Le contrôle selon les trois logiques managériales

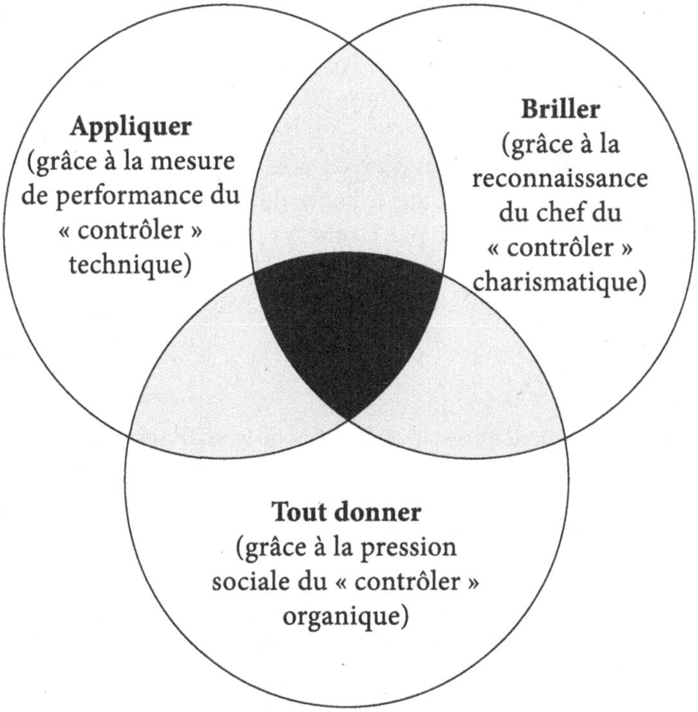

Comme dans le cas des trois chapitres précédents, nous allons d'abord choisir une situation très similaire vécue par nos trois personnages afin de comparer leur approche : tous trois ont envoyé quelqu'un combattre pour eux et tous trois ont eu une façon bien différente de contrôler.

Puis, nous irons davantage en profondeur en essayant de faire ressortir les caractéristiques du « contrôler » selon le management technique, charismatique et organique, à partir de différentes situations vécues par Tyrion, Daenerys et Jon. Enfin, comme précédemment, nous prendrons un moment pour nous arrêter sur les limites de chacune des formes du « contrôler », quelle que soit la logique managériale dans laquelle il s'incarne.

I. Appliquer; briller; tout donner

Une bataille est une occasion formidable de planifier, comme nous l'avons vu dans notre chapitre dédié à ce sujet; et il y aurait de multiples occasions de vérifier que les ordres, les consignes, les principes qui guident l'action collective sont bien respectés. En d'autres termes, de contrôler. Mais parfois, même un simple combat peut donner lieu à une situation de contrôle : après bien sûr pour exercer un retour réflexif; mais aussi avant, lorsque l'on s'assure que tout est prêt, ou dit autrement, que tout est « sous contrôle ».

Trois combats sont menés au nom de nos trois protagonistes : Oberyn est le champion de Tyrion dans le cadre de son procès pour le meurtre de Joffrey; Daario est choisi par Daenerys pour être son champion aux portes de Meereen; Grenn est envoyé par Jon combattre un géant dans le tunnel sous le Mur qui bloque l'accès à Châteaunoir.

Tyrion et Oberyn

Commençons tout d'abord par Tyrion et le management technique. Nous sommes à Port-Réal, et la situation s'annonce compliquée pour Tyrion. Quelques jours plus tôt, en plein milieu de son audience pour le meurtre de Joffrey, il a demandé un procès par duel. Mais comme nous l'avons vu, Bronn refuse de se battre pour lui, tout comme son propre frère, Jaime, incapable d'affronter un adversaire de cette taille, ayant perdu sa main d'épée. Tyrion va pourtant trouver un champion, et sans doute l'un des meilleurs combattants de tout Westeros : Oberyn Martell, surnommé « la Vipère ». Depuis son arrivée à Port-Réal, ce dernier demande justice pour la mort de sa sœur, Elia Martell, violée et tuée par Gregor Clegane, dit « la Montagne ». Et ce combat est l'occasion parfaite de se venger, en toute légalité, si l'on peut dire.

En d'autres termes, Tyrion dispose d'un champion de classe exceptionnelle, mais qu'il connaît peu. Par ailleurs, il ne l'a jamais vu se battre, même s'il est au courant de sa réputation. Or, la Vipère se présente au duel en armure légère, avec une simple lance, sans casque et tenant une bouteille d'alcool à la main. Face à un tel accoutrement, Tyrion s'inquiète :

> *Tyrion Lannister : Cette armure semble bien légère.*
>
> *Oberyn Martell : J'aime bouger.*
>
> *Tyrion Lannister : Vous pourriez au moins porter un casque. Vous ne devriez pas boire avant un combat.*
>
> *Oberyn Martell : Vous avez appris cela au cours de vos années dans les fosses de combat? Je bois toujours avant un combat.*
>
> *Tyrion Lannister : Cela pourrait vous tuer. Cela pourrait me tuer.*
>
> *Oberyn Martell : Ma mort n'est pas pour aujourd'hui.*
>
> *(Saison 4, épisode 8, à 45 min 25 s)*

Ce qu'il importe de remarquer, c'est que Tyrion questionne ici les *moyens* mobilisés par Oberyn pour accomplir sa tâche. L'armure et les armes choisies ne lui semblent pas adéquates pour gagner le combat; l'absence de casque et le fait de boire de l'alcool lui paraissent représenter un risque inutile. Oberyn le renvoie à son expérience et précise qu'il a toujours fait ainsi, ce qui lui a plutôt réussi.

Ce que Tyrion sous-entend ici, c'est qu'Oberyn n'agit pas selon les bonnes pratiques du combat singulier : il ne suit pas ce que tout manager rationnel technique serait en droit d'attendre. En fait, Oberyn compte faire à sa manière, tandis que Tyrion aimerait qu'il applique ce que tout champion dans sa situation devrait faire.

Daenerys et Daario

L'échange entre Daenerys et Daario, aux portes de Meereen, est lui bien différent. En effet, alors que la Mère des dragons et son armée arrivent à Meereen, ils sont accueillis aux portes de la ville par le champion de la citée. Jorah Mormont informe alors Daenerys qu'elle doit envoyer son propre champion pour le combattre. Jorah, Ver Gris, Barristan et

Daario Naharis se disputent alors la chance de se battre pour elle, mais Daenerys choisit Daario Naharis. Juste avant le combat, comme Tyrion avec Oberyn, elle échange avec Daario.

> *Daenerys Targaryen : Vous avez tout un public. Faites-en sorte que cela en vaille la peine.*
>
> *Missandei : Il est courageux, Votre Grâce.*
>
> *Daenerys Targaryen : Oui, gagner ou perdre, tant que toute la ville regarde. (à Daario) Vous êtes sûr de ne pas vouloir de cheval?*
>
> *Daario Naharis : Pourquoi voudrais-je un cheval?*
>
> *Daenerys Targaryen : Les chevaux sont plus rapides que les hommes.*
>
> *Daario Naharis : Les chevaux sont plus idiots que les hommes.*
>
> *(Saison 4, épisode 3, à 51 min 14 s)*

À première vue, nous pourrions penser que, tout comme Tyrion, elle vient questionner les moyens utilisés par Daario. C'est pourtant complètement différent, car elle ne rentre en rien dans la prescription de Tyrion (qui lui utilise « *vous devriez* »).

Si Daenerys s'informe des moyens de son champion (« *Vous êtes sûr de ne pas vouloir de cheval?* »), c'est sous la forme interrogative; elle n'a nullement l'intention de lui indiquer comment il devrait faire et quels moyens il devrait utiliser. Elle veut juste s'assurer qu'il dispose de tout ce dont il a besoin.

En revanche, ce qui est criant dans l'extrait précédent, c'est que ce qui importe vraiment à Daenerys, ce n'est pas vraiment de savoir comment Daario va s'y prendre pour remporter le combat, mais bien qu'il fasse un spectacle, qu'il donne à voir la force de Daenerys : « *Faites en sorte que cela en vaille la peine* ». On peut même se demander si Daenerys se préoccupe vraiment qu'il gagne ou perde le combat en question; pour elle, il s'agit de marquer les esprits : de briller.

Jon et les Frères de la Garde

Jon, lui aussi, se passe volontiers de connaître les moyens employés par ses troupes pour réaliser la mission confiée. Revenons sur un passage que nous avons déjà abordé, mais cette fois-ci en le regardant depuis l'angle du contrôle : en pleine bataille du Mur, alors que ses frères se sont tournés vers lui pour prendre la tête de la défense contre l'attaque des Sauvageons unis par Mance Ryder, Jon demande à Grenn d'aller défendre le tunnel, face à un géant qui s'est engouffré à l'intérieur :

> *Jon Snow : Prends cinq hommes, bloquez la porte intérieure.*
> *Grenn : Reçu.*
> *Jon Snow : Bloquez la porte. S'ils réussissent à passer...*
> *Grenn : Ils ne passeront pas.*
> *(Saison 4, épisode 9, à 31min 56 s)*

Tout est largement tacite, ce qui est remarquable si l'on compare cet échange aux deux précédents. Il n'y a presque rien besoin de dire. Chacun connaît pertinemment les tenants et aboutissants du combat en question.

Par ailleurs, Jon n'évoque aucunement les moyens à mettre en œuvre. Il se permet juste de suggérer l'importance de la responsabilité confiée sans même terminer sa phrase, tant cela est évident pour Grenn, évident car partagé. Et Jon ne demande même pas de s'acquitter de sa mission avec succès. Grenn répond qu'ils ne passeront pas. En fait, implicitement, comme c'est souvent le cas dans l'organique, Jon se contente de laisser entendre qu'il faut tenir la porte, à tout prix. C'est-à-dire jusqu'au sacrifice.

Cette défense du tunnel s'apparente largement à une mission suicide, face à un adversaire auquel ils n'ont jamais été confrontés : un géant. Ce qu'il convient de souligner, c'est que ce n'est pas Jon, mais bien le petit groupe dont fait partie Grenn qui va réaliser le contrôle. Reprenons ce passage déjà évoqué :

> *Premier frère : Comment allons-nous arrêter ça?*
> *Second frère : On lui a déjà tiré vingt flèches dessus.*
> *Grenn : Tu as entendu Jon. Nous tenons la porte.*
> *Premier frère : Jon Snow n'est pas lord commandant.*
> *Grenn : Nous tenons la porte!*
> *Premier frère : Ma Mère, sauvez-moi. Mon Père, sauvez-moi.*
> *Grenn : Les dieux ne sont pas ici. Il n'y a que nous six. Tu m'entends? « La nuit se regroupe, et voici que débute ma garde.*

> *Tous : [...] Je vivrai et mourrai à mon poste [...] Je voue mon existence et mon honneur à la Garde de Nuit, je les lui voue pour cette nuit-ci comme pour toutes les nuits à venir ».*
>
> *(Saison 4, épisode 9, à 37 min 20 s)*

La pression sociale joue à plein : en se rappelant le serment qu'ils ont prêté, Grenn et ses camarades œuvrent en effet à maintenir la conformité des membres de la petite équipe descendue dans le tunnel aux normes de la Garde de la Nuit, se mettant les uns les autres la pression d'agir comme le serment de la Garde le leur intime, allant jusqu'à se sacrifier pour défendre leur position.

II. La mesure de performance; la reconnaissance du chef; le contrôle social

La seule comparaison de ces trois préparatifs de combat nous permet déjà de saisir à quel point les formes du « contrôler » diffèrent selon que le protagoniste mobilise le management technique, charismatique ou organique. Dans le premier cas, c'est la mesure explicite de la performance qui prédomine, un contrôle des moyens pour atteindre un objectif clair et fixé par le dirigeant et mesuré à l'aide d'indicateurs. Dans le second cas, c'est la reconnaissance du chef qui prédomine, les moyens étant laissés à la discrétion de la personne qui agit, tant que le résultat est à la hauteur des attentes du dirigeant – cette fois c'est la reconnaissance du chef qui est la clé du contrôle charismatique. Quant à la logique organique, c'est le contrôle social qui est à l'œuvre, contrôle effectué par les autres sur chacun des membres du collectif, pour se montrer à la hauteur de la responsabilité qui a été donnée au groupe.

La mesure du management technique

Pour exercer un contrôle formel, qui passe notamment par un contrôle des moyens employés, le manager technique emploie des indicateurs, c'est-à-dire des instruments permettant de fournir des indications sur la performance de l'action collective : il s'agit de se donner des valeurs mesurables qui permettent d'évaluer à quel point les objectifs définis sont atteints efficacement. Faisons une infidélité à Tyrion pour quelques lignes, et abordons le meilleur exemple d'indicateur proposé dans la série : une discussion entre lord Varys et Ver Gris à propos de la paix timide qui s'installe à Meereen.

> *Lord Varys : Depuis notre pacte avec les Maîtres il y a quinze jours, combien de meurtres ont été commis par les Fils de la Harpie?*
>
> *Ver Gris : Aucun.*
>
> *Lord Varys : Et combien de Maîtres ont été massacrés par les Hommes Libres?*
>
> *Ver Gris : Deux, mais c'était le jour du pacte. Depuis lors, rien.*
>
> *Lord Varys : On peut donc prudemment conclure qu'une paix fragile s'est installée.*
>
> *(Saison 6, épisode 5, à 30 min 3 s)*

Pour mesurer les effets de la politique mise en place par Tyrion, lord Varys pose des questions pour contrôler la fin effective des hostilités : la réponse, numérique, à la question du nombre de morts à déplorer de chaque côté, objectivise alors la réalité de la paix dans la ville.

Logique que reprendra Tyrion un peu plus tard, quand Daenerys reviendra à Meereen et lui demandera des comptes sur l'administration de la cité :

> *Daenerys Targaryen : Est-ce que la ville est en plein essor?*
>
> *Tyrion Lannister : Meereen est puissante. Le commerce est revenu sur les marchés. Les gens vous appuient.*
>
> *(Saison 6, épisode 9, à 2 min 38 s)*

Cette discussion a ceci de comique qu'elle se déroule du haut de la pyramide de Meereen, alors que celle-ci est cernée par ses ennemis qui sont en train de bombarder la ville. Mais, du point de vue du manager technique, tous les indicateurs choisis sont au vert!

Les indicateurs se doivent d'être objectifs et mesurables, et prennent des formes variées : le nombre de jours que l'on tient un siège ou le nombre de soldats tombés au champ de bataille par exemple, ou encore, peut être plus proche de nos prérogatives contemporaines, le chiffre d'affaires annuel, le nombre d'objets finis sur une ligne de production dans une usine, le nombre d'étoiles obtenues par un nouveau film auprès des critiques de cinéma.

Bien entendu, le « contrôler » du management technique ne se limite pas aux indicateurs, fussent-ils objectifs et mesurables; l'enjeu est aussi de s'assurer que les directives et les moyens employés pour atteindre les objectifs sont en conformité avec les règles existantes et les directives qui ont été données. Le contrôle technique permet ainsi un apprentissage guidé, pour une amélioration continue des processus, des manières de faire.

Ainsi, quand Tywin arrive à Port-Réal après la bataille de la Néra, il contrôle les actions de son fils, non pas au regard de la réussite, mais au regard des moyens employés par Tyrion :

> *Tywin Lannister : Je t'ai envoyé ici pour conseiller le roi. Je t'ai donné un vrai pouvoir et de l'autorité. Tu as choisi de passer tes journées, comme toujours, à coucher avec des catins et à boire avec des voleurs.*
>
> *(Saison 3, épisode 1, à 29 min 39 s)*

La réponse de Tyrion est édifiante. Il ne conteste pas qu'il n'a pas réellement conseillé le roi, ni qu'il a passé du temps avec des prostitués ou des voleurs. Mais si l'on peut questionner les moyens qu'il a utilisés, il reste qu'il a sauvé la ville, et qu'il a risqué sa vie pour cela. Sans doute cela aurait pu lui valoir une certaine gloire de la part du charismatique ou une reconnaissance de l'organique. Mais du point de vue du technique, dans lequel se place Tywin Lannister, cela lui amène une autre sorte de « récompense »...

> *Tyrion Lannister : J'ai organisé la défense de cette ville pendant que vous teniez vos quartiers dans les ruines de Harrenhal. J'ai dirigé la défense lorsque les ennemis étaient à nos portes, tandis que votre petit-fils, le roi, tremblait de peur derrière les murs. J'ai perdu mon sang dans la boue pour notre famille. Et comme récompense, j'ai été cloitré dans une petite cellule obscure.*
>
> *(Saison 3, épisode 1, à 30 min 19 s)*

Mais pourquoi donc le management technique valorise-t-il tant le respect des directives, des règles édictées, ce qui passe notamment par le suivi précis d'indicateurs de performance? Car il s'agit d'améliorer en permanence l'action, de corriger les écarts entre ce que l'on souhaitait faire et ce qui s'est réellement passé, pour finalement progresser et optimiser l'action collective. Nous l'avions vu dans le chapitre « Planifier », la logique technique vise à tirer le meilleur parti possible de la situation. Appliqué au « contrôler », il s'agit d'être le plus efficace possible : atteindre les objectifs, certes, mais en utilisant les moyens appropriés, les plus « économes » possibles, et ne pas chercher à atteindre d'autres objectifs que ceux initialement visés. *L'efficacité*, c'est l'idéal du management technique. Et c'est pourquoi les modalités du « contrôler », qu'il s'agisse du poids accordé aux indicateurs ou au respect des directives, vont tous dans le sens de l'efficacité maximale.

Cela explique que Tyrion, manager technique, dont pourtant la vie dépend de la victoire de son champion Oberyn, ne peut s'empêcher de critiquer les moyens employés par ce dernier : le fait de boire, de ne pas porter de casque, est-ce efficace? Est-ce faire le meilleur usage des moyens disponibles? Et l'ironie du combat, ironie amère pour Tyrion, c'est qu'il avait raison : si seulement Oberyn avait porté un casque, Sandor Clegane ne lui aurait sans doute pas brisé le crâne aussi facilement. Si seulement Oberyn avait un peu moins bu, sans doute n'aurait-il pas, alors que le combat était presque gagné, pris des risques inutiles en s'approchant de son adversaire à terre. Si seulement Oberyn n'avait poursuivi qu'un seul objectif – tuer « la Montagne » et gagner le combat – sans doute n'aurait-il pas cherché à obtenir les aveux de Clegane et faire durer inutilement le combat, s'avérant fatal pour lui.

L'efficacité comme idéal donc du management technique. Et le chef-d'œuvre en termes d'efficacité, c'est encore une fois la bataille de la Néra. Bien sûr, Tyrion, par son stratagème parvient à détruire la quasi-intégralité de la flotte de Stannis. Mais ce qui est encore plus remarquable, du moins du point de vue technique, c'est qu'il le fait avec un usage très économe des moyens.

Combien de bateaux utilise-t-il, ou plutôt sacrifie-t-il pour le faire? Un seul. Combien d'hommes perd-il dans l'opération? Aucun. Avec un seul bateau rempli de feu grégeois et envoyé au milieu de la flotte de Stannis, il parvient à l'anéantir totalement ou presque. Au-delà du succès de l'opération, quelle efficacité inouïe!

Les caractéristiques de la mesure de performance
1. Se fait au moyen d'indicateurs objectifs et mesurables;
2. Valorise le respect des directives;
3. Est au service de l'efficacité.

La reconnaissance du management charismatique

Nous l'avons vu dans l'exemple initial du combat entre Daario et le champion de Meereen, le management charismatique, contrairement au management technique, ne cherche pas à exercer un contrôle sur les moyens. D'une certaine manière, il est légitime de se demander si le chef charismatique contrôle tout court… En réalité, il contrôle bien évidemment, mais en laissant une très grande place à l'individu.

Concrètement, il accorde une très grande autonomie à ses subordonnés, leur laissant ainsi la faculté de se déterminer par eux-mêmes, de choisir, d'agir librement. En d'autres termes : de s'autocontrôler.

L'illustration la plus spectaculaire se trouve sans doute au moment où Daenerys, qui vient de libérer les Immaculés dans la Baie des Serfs, doit mettre un chef à la tête de son armée. Elle réunit alors les officiers en place, et leur demande de choisir leur propre chef, valorisant ainsi le jugement et la capacité d'action de ses subalternes. Un Immaculé est choisi et s'avance. Daenerys lui demande alors de retirer son casque et lui demande son nom. Ce geste n'est pas anodin : il s'agit de briser l'anonymat et de rappeler que pour Daenerys, ils ne sont pas des numéros, des objets, des moyens, mais bien des êtres humains avec des visages et des noms. Anticipant l'étonnement de Daenerys face au nom peu glorieux de celui qui vient de s'avancer, « Ver Gris », Missandei lui explique :

> *Missandei : On donne un nouveau nom à tout garçon Immaculé le jour où il est castré : Ver Gris, Puce Rouge, Rat Noir; des noms qui leur rappellent ce qu'ils sont… de la vermine.*
>
> *(Saison 3, épisode 5, à 45 min 41 s)*

Daenerys poursuit alors la même logique d'autocontrôle et leur demande de choisir leur propre nom. Elle aurait pu être surprise, voire ennuyée, par le choix de Ver Gris.

> *Daenerys Targaryen : À partir d'aujourd'hui, vous choisirez vos propres noms. Vous allez dire à vos camarades soldats de faire de même. Débarrassez-vous de votre nom d'esclave. Choisissez le nom que vos parents vous ont donné, ou n'importe quel autre nom. Un nom qui vous rend fier.*
>
> *Ver Gris : « Ver Gris » me rend fier. C'est un nom qui porte chance. Le nom avec lequel celui-ci est né était maudit. C'était le nom qu'il avait quand il a été emmené comme esclave. Mais Ver Gris est le nom que celui-ci avait le jour où Daenerys du Typhon l'a libéré.*
>
> *(Saison 3, épisode 5, à 45 min 58 s)*

L'autonomisation, c'est-à-dire le fait de rendre autonome, est tout d'abord un processus de contrôle qui reste très personnel et interprétable, puisqu'aucune règle n'est édictée pour être suivie, aucune directive ne doit être respectée, aucun fait précis ne sera mesuré à l'aide d'indicateurs. Chaque membre du collectif peut alors interpréter à sa manière son propre rôle, guider sa propre action. Et c'est bien ce que fait Ver Gris, en détournant ce que lui propose Daenerys – sans que cela ne pose le moindre problème.

Ce qui nous amène à la seconde caractéristique du contrôle charismatique : puisque l'action est interprétable, puisqu'il n'y a pas d'objectif précis à atteindre, ni de directive ou de méthode à suivre, une telle forme de contrôle permet l'initiative complète des membres du collectif, qui peuvent décider de se donner une mission propre, afin de réaliser la vision du chef charismatique, sans que ce(tte) dernier(ière) ne soit au courant. En témoigne ainsi l'initiative de Daario Naharis de conquérir la flotte de Meereen.

> *Daario Naharis : Les Puînés ont pris la flotte de Meereen.*
> *Daenerys Targaryen : Qui vous a demandé de faire cela?*
> *Daario Naharis : Personne.*
> *Daenerys Targaryen : Alors pourquoi l'avez-vous fait?*
> *Daario Naharis : J'ai entendu dire que vous aimiez les navires.*
> *(Saison 4, épisode 5, à 6 min 49 s)*

On pourra même souligner qu'ici, Daario cherche à plaire à Daenerys, en n'ayant qu'une idée très imprécise de ce qu'elle peut bien vouloir – après tout, la vision charismatique est souvent très vague, générale, très futuriste et donne peu de prises pour l'action réelle concrète. Il ne peut que deviner, et prend des initiatives en ce sens.

La troisième caractéristique de la reconnaissance du chef réside dans la valorisation de la distinction. Pour Daenerys, peu importe que l'on respecte quelconques directives : il faut faire rayonner son nom, ses valeurs. Concrètement, la « réussite » peut alors être de plusieurs natures : il ne s'agit pas forcément d'atteindre le but initial, mais d'être héroïque, de laisser une marque dans l'histoire, de se distinguer, comme elle le demande à Daario aux portes de Meereen, ainsi que nous l'avons vu au début de ce chapitre.

Et cela, même dans les moments les plus sombres : alors que, affamée et assoiffée, la petite troupe de Daenerys traverse le grand désert, elle envoie ses trois compagnons dothrakis « *sang de son sang* » explorer différentes directions pour sortir du désert :

> *Daenerys Targaryen : Prenez nos chevaux restants. Tu chevaucheras vers l'est, toi vers le sud-est [...]*
>
> *Rakharo : Je ne te décevrai pas, sang de mon sang.*
>
> *Daenerys Targaryen : Tu ne l'as jamais fait.*
>
> *Rakharo : Ce n'est pas le moment de commencer.*
>
> *(Saison 2, épisode 1, à 19 min 19 s)*

Ce qu'il est essentiel de noter ici, c'est l'emploi du pronom « te ». Il n'est pas question ici de l'atteinte d'un objectif particulier; il ne s'agit même pas de savoir si l'on va réussir ou échouer en soi. La seule chose qui importe, c'est de ne pas décevoir Daenerys, de lui faire plaisir, de réussir, à ses yeux à elle : (« *je ne **te** décevrai pas* »). Par ailleurs, si elle confie une mission à chacun des Dothrakis, qu'elle envoie aux différents coins du désert pour trouver un havre potentiel pour elle et sa petite troupe, cette mission est individuelle. Il n'y a pas de collectif désigné, contrairement par exemple, à la responsabilité confiée à Grenn et à son groupe par Jon.

Les caractéristiques de la reconnaissance du chef
1. Se fait au moyen de l'autonomisation;
2. Valorise l'initiative;
3. Est au service de la distinction.

La pression sociale du management organique

L'exemple de contrôle le plus spectaculaire sur le plan organique se trouve au moment où Jon, nouveau lord commandant de la Garde donne un ordre en public à Janos Slynt, et que celui-ci refuse d'obéir. Après un échange entre les deux, et une fois l'insubordination établie, Jon lui demande de sortir – pour l'exécuter. Ser Alliser se place devant Janos – jusque-là son allié – pour le protéger. Tous les frères de la Garde se lèvent alors et s'approchent. Ser Alliser, voyant cela, s'écarte et les laisse se saisir de son allié. Aucun mot n'est nécessaire; visuellement apparaît tout le poids que peut représenter dans cette organisation le contrôle social : il tend à empêcher la déviance (ici, le comportement de protection de son ami ser Alliser, alors que ser Janos se rebelle contre Jon, le nouveau lord commandant). Ce faisant, il contribue à l'intégration des individus et à la cohésion du groupe : parce qu'il s'écarte, Alliser ne rompt pas avec la Garde, et reste inclus dans le collectif.

Les exemples de contrôle social au sein de la Garde de Nuit sont légion. Le premier se situe dès la première saison, lorsque Jon décide de quitter Châteaunoir (et la Garde de Nuit) pour rejoindre son demi-frère parti en guerre à la suite de l'assassinat de leur père. Ce n'est pas son supérieur direct qui vient le chercher. Ce n'est pas même Jeor Mormont. Non, ce sont ses frères qui partent à sa poursuite et lui demandent de revenir avec eux. Pas n'importe quels frères : les jeunes recrues qui ont prêté serment en même temps que lui :

> *Pyp : On te ramène là où est ta place.*
>
> *Jon Snow : Je dois être avec mon frère.*
>
> *Sam Tarly : Mais nous sommes tes frères maintenant. [...]*
>
> *Pyp : Sam nous a tout dit. Nous sommes désolés pour ton père.*
>
> *Grenn : Mais ça n'a pas d'importance. Tu as prêté serment. Tu ne peux pas partir.*
>
> *Jon Snow : Mais je le dois.*
>
> *Grenn : Tu ne peux pas. Tu as prêté serment. [...]*
>
> *Sam, Grenn et Pyp (à tour de rôle, puis à l'unisson) : La nuit se regroupe, et voici que débute ma garde. [...] Je voue mon existence et mon honneur à la Garde de Nuit, je les lui voue pour cette nuit-ci comme pour toutes les nuits à venir.*
>
> *(Saison 1, épisode 10, à 30 min 1 s)*

Ce n'est pas une personne, mais tout le groupe, dont les membres s'expriment à tour de rôle, qui lui rappelle ses devoirs; qui lui rappelle que sa famille, désormais c'est la Garde, et la Garde uniquement; qui lui rappelle surtout le serment qu'il a prêté. Serment qui les unit tous autour de la raison d'être du groupe.

Deuxième caractéristique du contrôle organique : ce qui est valorisé avant tout, c'est l'engagement. Ainsi, il ne s'agit pas de se conformer aux directives, il ne s'agit pas de réussir, il s'agit de faire de son mieux, de tout donner pour la mission. C'est bien sûr ce que vont faire Grenn et son groupe face au géant dans le tunnel. C'est aussi ce que Edd répond à Jon, quand celui-ci lui confie la responsabilité de la Garde de Nuit :

> *Jon Snow : Ne gâche pas tout en mon absence.*
> *Edd : Je ferai de mon mieux.*
>
> *(Saison 6, épisode 5, à 44 min 25 s)*

Et ce que Benjen Stark réitérera un peu plus tard dans la même saison. Benjen, dont on ne sait plus très bien s'il fait partie du monde des morts ou des vivants, mais qui a été « sauvé » par les enfants de la forêt et continue le combat contre l'armée des Morts. Alors qu'il vient de sauver Bran des troupes du roi de la Nuit, il lui indique :

> *Benjen Stark : La Grande Guerre arrive et je me bats toujours aux côtés des vivants. Je ferai ce que je peux... aussi longtemps que je le peux.*
>
> *(Saison 6, épisode 10, à 53 min 22 s)*

Il n'est pas question ici de se distinguer ou de suivre des bonnes pratiques : il s'agit juste de continuer à se battre malgré les circonstances, aussi longtemps qu'on est debout. On retrouve là l'idée du sacrifice que nous avons déjà longuement évoquée dans le chapitre consacré à l'émergence de Jon comme manager organique.

Il convient de souligner ici que l'exercice du contrôle social amène l'ensemble du collectif – et non pas seulement le chef – à se soumettre à cet appel.

Cette notion de sacrifice est à relier à l'idéal du management organique. À l'idéal d'efficacité du management technique, à l'idéal de distinction du management charismatique correspond, pour l'organique, l'idéal de pérennité, qui concerne aussi bien le groupe lui-même, que ses valeurs et sa raison d'être. Un tel idéal de pérennité n'est pas surprenant pour une organisation millénaire qui vient d'élire son 998e lord commandant. L'échange entre Jeor Mormont et Jon, peu après l'escapade nocturne de ce dernier constitue une assez belle illustration de l'idéal de pérennité qui est toujours présente dans le management organique.

> *Jeor Mormont : Vous paraissez épuisé. Votre balade au clair de lune était-elle si fatigante? N'ayez pas l'air si terrifié. Si nous décapitions tous ceux qui se sont enfuis pour la nuit, seuls des fantômes garderaient le Mur.*
>
> *(Saison 1, épisode 10, à 42 min 59 s)*

Jeor Mormont pourrait se référer à une exigence d'efficacité; pourrait valoriser l'initiative. Non, la seule chose qui justifie la manière de faire, c'est de penser à l'avenir, de penser à la pérennité, d'être sûr qu'il reste des frères pour poursuivre la mission de la Garde.

Cet idéal de pérennité se retrouve partout, même indirectement. Le contrôle social sert cet idéal de deux manières : d'un côté, c'est un moyen extrêmement puissant d'aligner tout le monde, de faire partager les valeurs et l'imaginaire, puisque le contrôle est exercé non par le chef mais par tous, partout et tout le temps; d'un autre côté, il faut que les membres aient largement internalisé les valeurs et l'imaginaire de l'organisation, ne serait-ce que pour pouvoir exercer un tel contrôle.

Et au final, la pression sociale exercée fait en sorte que le collectif reste uni : on le voit bien lorsque les frères viennent chercher Janos, que Jon va exécuter, et qu'Alliser est « obligé » de s'écarter; ou lorsque les frères viennent chercher Jon, qui est parti rejoindre Robb pour venger son père.

Outre le contrôle social, c'est la mission même qui s'inscrit dans la longue durée, et le sacrifice de l'individu pour la cause collective est une autre conséquence de cet idéal de pérennité. Lorsque Qhorin Mimain demande à Jon de le tuer pour s'introduire dans l'armée de Mance, il pense déjà à la suite, à l'avenir, à la pérennité de la Garde finalement :

> *Qhorin Mimain : Mance va marcher sur le Mur. Quand il le fera, avoir un frère dans ses rangs vaudra plus que mille hommes se battant contre lui.*
>
> *(Saison 2, épisode 8, à 19 min 26 s)*

Les caractéristiques de la pression sociale
1. Est tacite et exercée par le groupe;
2. Valorise l'engagement;
3. Est au service de la pérennité.

III. Les limites

Reste désormais à repérer les limites de ces trois manières d'incarner le contrôle. Car là encore, chacune rencontre des limites et des dangers qui lui sont propres.

Les limites du « contrôler » technique

Le contrôle technique cherche avant tout à définir des écarts entre ce que l'on avait envisagé et ce qui s'est réellement passé, et à analyser quelles ont été les déviations par rapport aux directives établies. Ce qui rend difficile l'analyse d'erreurs lorsque celles-ci ne sont pas de l'ordre de la déviance par rapport aux règles, mais par exemple de l'inadéquation de la stratégie initiale ou des limites des règles existantes. La surconfiance du manager technique en ses compétences, en la rationalité de sa démarche, rend extrêmement difficile la remise en question profonde d'un mode de fonctionnement réglé et optimisé. Comment comprendre que les choses ne se déroulent pas comme on l'avait prévu, avec intelligence, logique, compétence? Comment admettre que certaines choses puissent nous échapper, que les gens puissent ne pas se comporter comme ce que l'on attend, que des surprises puissent fausser nos analyses?

Ce qui amène ainsi Tyrion, dans la saison 7, à devoir essuyer plusieurs échecs contre sa sœur Cersei et son frère Jaime, sans pouvoir rectifier le tir au fur et à mesure : la remise en question nécessaire est trop éloignée du fonctionnement classique de Tyrion – et son incapacité à reconnaître qu'il n'est pas le plus intelligent quant à la stratégie de conquête de Westeros le conduira à plusieurs défaites successives. Il ne lui reste plus alors qu'à bouder :

> *Tyrion Lannister : Je suis venu ici pour ruminer mon incapacité à prédire l'attaque de Greyjoy. Vous rendez les choses difficiles. Vous semblez savoir beaucoup mieux ruminer que moi. Vous me donnez l'impression que je ne parviens pas à mieux ruminer qu'à échouer.*
>
> *(Saison 7, épisode 3, à 32 min 20 s)*

Il est intéressant alors de mettre cette arrogance en regard de l'attitude de Jaime qui lui, même s'il admet apprendre lentement, cherche à tirer des leçons de toute situation (« *Il y a toujours quelque chose à apprendre de ses erreurs* »).

Au-delà de cette difficulté pour le manager technique à se remettre en question afin d'apprendre de ses erreurs, la seconde limite du « contrôler » technique réside dans le risque pour le dirigeant et auteur du plan de tomber en amour avec ce qu'il a façonné, souvent jusque dans les moindres détails. Ce qui arrive à Tyrion lorsque son plan de conquête de Westeros, au bénéfice de Daenerys, échoue systématiquement.

Tyrion Lannister : Nous avons un plan. C'est toujours le bon plan.

Daenerys Targaryen : Le bon plan! Votre stratégie nous a fait perdre Dorne, les Îles de Fer et le Bief.

Tyrion Lannister : Si nous avons sous-estimé nos ennemis...

Daenerys Targaryen : Nos ennemis? Votre famille, vous voulez dire.

(Saison 7, épisode 4, à 25 min 7 s)

Les limites du « contrôler » technique
1. Difficulté pour le manager à se remettre en question afin d'apprendre des erreurs;
2. Amour inconsidéré pour le plan établi.

Les limites du « contrôler » charismatique

Du côté du management charismatique, la dynamique d'autonomisation, si elle permet l'initiative, force les subordonnés à deviner les intentions concrètes du dirigeant et permet donc, de fait, la dérive facile de l'action vers des choses non désirables, vers des contradictions, voire vers des conséquences dévastatrices.

Les dragons représentent une belle métaphore des dangers et limites de l'autonomisation. Parfois, le dommage est facilement réparable, comme lorsque Drogon a carbonisé un troupeau de moutons. Parfois, c'est irréparable.

Comme lorsqu'un homme apporte à Daenerys le corps carbonisé de sa fille :

Un homme : Je vous ai amené... Il est descendu du ciel. Le noir. L'ombre ailée. Il est venu du ciel et ma fille... Ma petite fille...

Daenerys Targaryen : Comment s'appelait-elle?

L'homme : Zala, Votre Grâce.

Daenerys Targaryen : Quel âge avait-elle?

L'homme : Trois ans.

Daenerys Targaryen : Trois ans...

(Saison 4, épisode 10, à 23 min 9 s)

C'est précisément cet échange qui conduira Daenerys à enfermer ses dragons. Puissants alliés, témoins en chair et en feu des miracles de Daenerys, ils sont aussi difficilement contrôlables, voire même indomptables, comme Jorah le lui avait expliqué de façon prémonitoire :

> *Jorah Mormont : Ce sont des dragons, Khaleesi. Ils ne pourront jamais être apprivoisés. Pas même par leur mère.*
>
> *(Saison 4, épisode 1, à 20 min 13 s)*

Bien sûr, il ne s'agit que de dragons. Mais ce qui se produit avec ses dragons se reproduit d'une manière similaire auprès de ses suiveurs. La première alerte vient de Daario.

> *Daario Naharis : Eh bien, le Fils de la Harpie n'a plus d'informations précieuses.*
>
> *Ser Barristan : Comment pouvez-vous le savoir?*
>
> *Daario Naharis : Je l'ai interrogé.*
>
> *(Saison 5, épisode 2, à 25 min 57 s)*

À aucun moment Daenerys a-t-elle donné son consentement à ce que la torture soit employée. De ce que l'on sait d'elle, nous pouvons même supposer que jamais elle ne l'aurait autorisée. Mais l'autocontrôle, et la valorisation de l'initiative, a aussi son revers de la médaille.

Et la situation empire peu après, comme pour souligner la limite voire l'incapacité du contrôle charismatique à canaliser les actions de chacun au sein d'une ligne directrice claire. Alors qu'elle essaie de stabiliser la ville de Meereen, Daenerys s'appuie sur Mossador, un ancien esclave qui représente désormais les esclaves libérés au sein du conseil de Daenerys. Il est présent alors qu'est discuté le sort à réserver au Fils de la Harpie capturé (et « questionné » par Daario). Lorsque la reine décide d'accorder un procès équitable au prisonnier, Mossador interprète la décision de Daenerys à sa manière, et assassine, sans autorisation, le prisonnier. Il se justifie alors :

> *Daenerys Targaryen : Pourquoi?*
>
> *Mossador : Pour vous, Ma Reine. Vous souhaitiez la mort de la Harpie, mais vos mains étaient liées. Je vous ai libérée, comme vous l'avez fait pour nous tous.*
>
> *Daenerys Targaryen : Il était notre prisonnier, il attendait son procès. Vous n'aviez pas le droit. [...] La vie de la Harpie n'était pas à vous. Autrefois, les maîtres faisaient la loi...*

> *Mossador : Et désormais vous faites la loi.*
> *Daenerys Targaryen : La loi est la loi. Emmenez-le.*
> *(Saison 5, épisode 2, à 48 min 13 s)*

Tout comme elle avait enfermé ses dragons, cette fois, elle condamne à mort Mossador, qui jouait pourtant un rôle clé auprès d'elle. Là réside l'écueil du contrôle charismatique : l'impossibilité de suivre les décisions de chacun, la potentielle déviance de l'action collective, la multiplication des interprétations.

Et au-delà des potentielles dérives, cette multiplication des interprétations ouvre la porte à l'apparition d'incohérences dans l'action collective. Si chacun est libre d'initiative et que les directives ne sont pas claires, les efforts individuels sont difficiles à orchestrer et peuvent se gêner mutuellement. C'est le cas lorsque Daenerys, accompagnée de Tyrion et de Jon, rencontre Cersei. Daenerys souhaite un cessez-le-feu temporaire avec les armées Lannister afin de s'occuper de l'armée des Morts. Jon, nouvellement converti et dévoué à la Mère des dragons, juge bon d'officialiser son allégeance au moment où Cersei lui demande sa neutralité. Cela tue dans l'œuf toute la démarche de Daenerys et de ses conseillers, Tyrion et lord Varys. Sans cadre, qu'il soit établi par des directives ou des valeurs, assurer l'alignement des actions individuelles n'a rien d'évident. En l'absence d'indicateurs ou de contrôle social, quand le seul contrôle se réalise ex post par le fait d'avoir ou non plu au dirigeant, quand chacun cherche à deviner ce qui sera valorisé, l'éparpillement voire l'incohérence de l'action collective apparaît au grand jour.

Les limites du « contrôler » charismatique
1. Incapacité du dirigeant à contenir les potentielles dérives individuelles;
2. Incohérence de l'action collective.

Les limites du « contrôler » organique

Le contrôle organique ne fait pas exception. Les effets pervers inhérents au contrôle social se manifestent dès qu'un comportement déviant apparaît. Puisque c'est le groupe qui effectue le contrôle, en mettant en œuvre des normes sociales souvent stabilisées de longue date, toute rupture trop importante avec le passé et avec ce qui s'est toujours fait semble bien compromise. Nous l'avons déjà abordé, mais Jon en fait la triste expérience : faire traverser le Mur au Peuple Libre entre en conflit majeur avec la tradition de la Garde, tradition qui est alors au cœur du contrôle social qui s'exerce au sein du collectif. Ser Alliser, se justifiant du meurtre de Jon, le dira ainsi : ce dernier a trahi la mission de la Garde en faisant ce qu'aucun commandant n'avait fait avant lui.

Autre difficulté intrinsèque au contrôle social : ce qui guide ce dernier, c'est bien un ensemble de normes, coutumes et traditions fondamentalement tacites. Ce qui est évident pour qui est au sein du collectif l'est beaucoup moins pour quiconque regarde de l'extérieur. L'intégration d'un nouveau membre au collectif passe nécessairement par une familiarisation avec les us et coutumes. Cela peut se faire de manière douce, mais aussi de manière plus musclée, voire carrément violente. L'intégration de Sam à la Garde de Nuit en est un parfait exemple : insulté et malmené, il ne doit son salut qu'au rejet de Jon de toute forme d'intimidation.

> *Grenn : Pourquoi ne t'es-tu pas relevé pour te battre?*
>
> *Sam Tarly : J'aurais bien voulu, mais je n'ai pas pu.*
>
> *Grenn : Pourquoi?*
>
> *Sam Tarly : Je suis un poltron. Mon père l'a toujours dit.*
>
> *Jon Snow : Le Mur n'est pas fait pour les poltrons.*
>
> *Sam Tarly : Tu as raison. Je suis désolé. Je... je voulais juste te remercier.*
>
> *Grenn : Tu parles d'un lâche... Les gens nous ont vus lui parler. Maintenant ils vont penser qu'on est des lâches nous aussi.*
>
> *(Saison 1, épisode 4, à 10 min 50 s)*

Les limites du « contrôler » organique
1. Incapacité à gérer positivement les comportements déviants – même quand ils sont nécessaires;
2. Violence potentielle du collectif dans la mise en œuvre des règles tacites.

Conclusion

En comparant les trois moments de contrôle lors de différents combats – l'échange entre Tyrion et Oberyn, celui entre Daenerys et Jorah et celui de Jon avec les membres de la Garde de Nuit, nous avons fait apparaître le fait que le « contrôler » est au service d'une finalité différente selon qu'il est mobilisé par le management technique, charismatique ou organique : appliquer, briller ou tout donner. Puis, nous avons fait ressortir que le « contrôler » mobilise des outils ou des modes opératoires propres à chacune des logiques managériales : la mesure de la performance dans le cas du technique, la reconnaissance du chef dans le cas du charismatique et le contrôle social dans celui de l'organique. Enfin, chacune de ces formes de « contrôler » n'est bien sûr pas exempte de limites et de dangers, illustrés là encore par de nombreux exemples de la série.

Tableau 7
Le « contrôler » selon les trois logiques

	Le « contrôler » technique	Le « contrôler » charismatique	Le « contrôler » organique
Modalité	Appliquer	Briller	Tout donner
Manifestation concrète	La mesure de performance	La reconnaissance du chef	Le contrôle social
Caractéristiques	Se fait au moyen d'indicateurs objectifs et mesurables	Se fait au moyen de l'autonomisation	Est tacite et exercé par le groupe
	Valorise le respect des directives	Valorise l'initiative	Valorise l'engagement
	Est au service de l'efficacité	Est au service de la distinction	Est au service de la pérennité
Limites	Difficulté pour le manager à se remettre en question afin d'apprendre des erreurs	Incapacité du dirigeant à contenir les potentielles dérives individuelles	Incapacité à gérer positivement les comportements déviants – même quand ils sont nécessaires
	Amour inconsidéré pour le plan établi	Incohérence de l'action collective	Violence potentielle du collectif dans la mise en œuvre des règles tacites

Conclusion

Le métissage des logiques de management

> *« Vous nous survivrez tous, Lady Sansa. »*
>
> *Tyrion Lannister (Saison 2, épisode 4)*

Amener une réflexion sur le management en s'appuyant sur trois héros issus d'une série fantastique, tel était le pari un peu fou de ce livre. Et à la fin de ce voyage, si nous avons réussi, les trois logiques managériales devraient apparaître dans toute leur richesse et leur complexité, tout en étant simples et évidentes tant les trois personnages de la série leur ont donné vie : Daenerys, Tyrion et Jon sont, ni plus ni moins, les trois visages du management. Et au gré des enjeux et des défis qu'ils rencontrent, ils nous permettent d'offrir une réalité tangible et concrète à des concepts théoriques et abstraits.

Daenerys Targaryen.
Tyrion Lannister.
Jon Snow.

Daenerys, la Mère des dragons, s'assure le soutien d'un collectif hétéroclite de partisans grâce aux miracles qui se succèdent : elle a donné naissance à trois dragons, chevauche Drogon et peut lui intimer de cracher du feu, réduisant en cendres ses adversaires. Tyrion, Main du roi Joffrey, puis Main de la reine Daenerys, passé maître dans l'art de la stratégie, gère Port-Réal et Meereen avec compétence et un certain succès. Jon, quant à lui, rassemble la communauté du Peuple Libre, la communauté du Nord et la communauté de la Garde de Nuit autour d'une raison d'être qu'il a fait sienne : la sauvegarde des vivants.

Daenerys Targaryen.
Tyrion Lannister.
Jon Snow.

Trois archétypes des managements charismatique, technique et organique. Trois façons singulières d'incarner l'action managériale, trois façons singulières de « Planifier, Organiser, Diriger et Contrôler ». Trois histoires qui témoignent des forces et des faiblesses de chacune de ces légitimités construites dans le temps, reconnues (ou non) par ceux qui les entourent.

Car, et c'est peut-être maintenant l'occasion d'y revenir, la légitimité de tout manager n'a de valeur que dans les yeux de celui qui est managé.

Après tout, une des répliques les plus connues de la série n'est-elle pas celle-ci, de lord Varys à Tyrion?

> *Lord Varys : Le pouvoir réside là où les hommes croient qu'il réside. C'est une illusion. Une ombre sur le mur. Un très petit homme peut projeter une ombre gigantesque.*
>
> *(Saison 2, épisode 3, à 43 min 18 s)*

La relativité de la légitimité

Nous venons de le rappeler, la légitimité de tout manager est relative, car elle est construite dans le regard de celui qui est managé. Nous l'avons évoqué à de nombreuses reprises, notamment dans les trois premiers chapitres de cet ouvrage, lorsque nous avons étudié l'émergence de Daenerys, de Tyrion et de Jon comme dirigeants. Mais que se passe-t-il dans l'interaction entre eux? Dit autrement, que se passe-t-il lorsque différentes légitimités se rencontrent?

Les scénaristes de *Game of Thrones* nous laissent en effet avec une situation bien particulière : au moment où nous écrivons ce livre, juste avant que ne sorte la dernière saison, Tyrion et Jon se sont mis au service de Daenerys. Ils représentent pourtant deux légitimités bien différentes. Suivent-ils Daenerys – comme l'essentiel de ceux qui l'accompagnent –à cause des trois éléments directement charismatiques qu'elle incarne – elle est l'Imbrûlée, la Briseuse de chaînes et la Mère des dragons? Ou bien à cause des éléments techniques et organiques qu'eux incarnent?

Tout au long de la saison 5, un jeu a lieu entre Daenerys et Tyrion pour savoir si elle le veut comme conseiller et si lui veut la conseiller. Il est certain que Tyrion reconnaît la légitimité charismatique de Daenerys, ne serait-ce que parce qu'il est – et a toujours été – fasciné par les dragons. Après tout, il l'explique à Viserion et à Rhaegal, alors qu'ils sont enfermés sous la pyramide en l'absence de Daenerys, portée disparue :

> *Tyrion Lannister : Quand j'étais enfant, un oncle m'a demandé quel cadeau je voulais pour mon anniversaire. Je l'ai supplié de m'offrir l'un de vous. « Ce ne serait même pas nécessaire que ce soit un grand dragon », lui dis-je. « Ça pourrait être un petit dragon, comme moi. » Tous les gens ont ri comme si c'était la chose la plus drôle qu'ils aient jamais entendue. Puis mon père m'a dit que le dernier dragon était mort il y a un siècle. Je me suis endormi en pleurant cette nuit-là.*
>
> *(Saison 6, épisode 2, à 24 min 50 s)*

Le management technique serait-il ici au fond asservi par le management charismatique? Rien n'est moins sûr. Car Tyrion reste quand bien même fidèle à ce qui fait son ethos, son essence de manager : pour lui, la question essentielle demeure de savoir si Daenerys a l'étoffe d'une dirigeante et les compétences d'une reine. C'était, nous l'avons vu, la question clé qu'il posait à Jorah avant même de rencontrer la Mère des dragons.

Et qu'il semble avoir tranché, comme en témoigne cet échange avec sa sœur Cersei :

> *Cersei Lannister : Mais finalement, tu veux que tout le monde s'agenouille devant elle.*
>
> *Tyrion Lannister : Oui.*
>
> *Cersei Lannister : Pourquoi?*
>
> *Tyrion Lannister : Parce que je pense qu'elle rendra le monde meilleur.*
>
> *Cersei Lannister : Tu as dit qu'elle détruirait Port-Réal.*
>
> *Tyrion Lannister : Elle se connaît. Elle a choisi un conseiller qui contrôlera ses pires pulsions au lieu de les alimenter. C'est la différence entre vous deux.*
>
> *(Saison 7, épisode 7, à 36 min 1 s)*

Quant à Jon, alors qu'il refuse dans un premier temps de s'agenouiller devant elle, il lui prête finalement allégeance après qu'elle l'eut sauvé, lui et son équipe, avec ses dragons. Reconnaît-il qu'elle a accompli un véritable miracle en allant chercher à dos de dragon la troupe perdue sur une petite île au milieu de l'armée des Morts?

Pourtant, il y a fort à penser que c'est parce que Jon considère ce geste, non pas comme charismatique, mais comme organique, qu'il se rallie à elle. En venant les chercher, elle se sacrifie pour le groupe. Elle y perd même un de ses « enfants », Viserion. D'ailleurs, Jon l'avait annoncé quelques temps avant à Daenerys : pour qu'il la suive, il lui faut la connaître, partager avec elle des expériences qui ont du sens pour sa mission.

> *Jon Snow : Et pourquoi ferais-je cela? Je ne veux pas vous offenser, Votre Grâce. Mais je ne vous connais pas.*
>
> *(Saison 7, épisode 3, à 16 min 23 s)*

Et il semble que c'est bel et bien parce que Daenerys reconnaît la mission de Jon à la suite de l'expédition, parce que maintenant « elle sait » que Jon lui accorde sa confiance, son respect et qu'il se soumet.

> *Jon Snow : J'aurais souhaité que nous ne soyons jamais partis.*
> *Daenerys Targaryen : Pas moi. Si nous n'étions pas partis, je n'aurais pas vu. Il faut le voir pour le croire. Maintenant je sais. [...] Nous allons détruire le roi de la Nuit et son armée. Et nous le ferons ensemble. Vous avez ma parole.*
> *(Saison 7, épisode 6, à 1 h 4 min 30 s)*

Ainsi, un même geste peut très bien être construit et pensé dans une logique charismatique, mais interprété bien différemment sous l'angle de la logique technique ou organique.

Tyrion comme Jon reconnaissent certainement le charismatique de Daenerys, mais valorisent le technique et l'organique qui transparaissent dans certaines de ses actions. Et qu'en est-il de Daenerys dans son rapport à eux? Voit-elle en eux du charismatique? Probablement pas. Mais elle est capable de valoriser les compétences techniques de Tyrion : lorsqu'elle le nomme Main, elle le fait au motif qu'elle « *a besoin de [lui] comme conseiller* ». Et d'ailleurs, pour sa conquête de Westeros, elle suit Tyrion jusqu'à ce que les plans de celui-ci ne s'achèvent par de multiples défaites cuisantes.

Quant à son interaction avec Jon, ce qui est stupéfiant, c'est qu'elle fait finalement sienne la mission de protection des vivants qui l'anime, et qu'elle accepte de retarder son désir de conquête de Westeros pour l'accomplir. Après Edd, Tormund et Sansa, c'est maintenant Daenerys elle-même qui se joint au collectif pour accomplir la raison d'être dont Jon est l'incarnation.

Qui suit, qui mène? La réponse est loin d'être évidente.

Et qu'en est-il de l'autre personnage que nous avions abordé dans l'introduction, personnage qui incarne non pas une des logiques (légitimes) de management, mais l'illégitimité managériale à nos yeux contemporains : Cersei Lannister, qui exerce un pouvoir fondé sur l'absence de légitimité, à grand renfort de coercition, de manipulation et de corruption. Cersei qui pose aussi un jugement sur ses rivaux. Plaçons-nous alors dans son regard : que voit-elle de la légitimité de Daenerys, de Tyrion et de Jon?

Alors que le Conseil restreint commence à avoir vent des exploits de Daenerys dans la Baie des Serfs, alors que la rumeur commence à parler de dragons, de conseillers avisés et d'armées d'Immaculés, Cersei rejette du revers de la main toute interprétation de charisme :

> *Cersei Lannister : Ne me dites pas que vous craignez une enfant qui est à l'autre bout du monde.*
>
> *(Saison 4, épisode 6, à 28 min 33 s)*

De même, ses nombreuses récriminations envers Tyrion soulignent qu'elle ne valorise en aucun point les connaissances et compétences de ce dernier. Cersei le considère comme un imposteur :

> *Cersei Lannister : J'aimerais bien savoir ce que tu as fait pour forcer Père à te nommer [Main] [...] Que connais-tu de la guerre?*
>
> *(Saison 2, épisode 1, à 11 min 1 s)*

Quant à Jon Snow, Cersei ne cherche ni à s'en faire un allié, ni à contrecarrer ses plans. Il est, à ses yeux, insignifiant (tout du moins, pour le moment, alors que la saison 7 est terminée).

On pourrait aisément rétorquer que Cersei n'est peut-être pas objective dans son jugement. Et qu'en tant que prétendante au trône, elle ne peut reconnaître une quelconque légitimité à d'autres. Ou encore, que puisqu'elle ne valorise que des éléments illégitimes (la corruption, la violence, la manipulation), elle ne valorise ni le charisme, ni la compétence, ni l'expérience. Peut-être. Cela ne change rien. Au risque de nous répéter, la légitimité de tout manager est construite dans le regard de celui qui est managé. Et Cersei n'est assujettie à aucun de nos trois protagonistes, à aucune des légitimités qu'ils incarnent.

Sansa ou la logique du métissage

Reste un dernier point que nous ne pouvons passer sous silence avant de terminer ce livre. Outre la question des interactions entre les logiques, reste la question de l'hybridation de celles-ci. Bien entendu, Daenerys, Tyrion et Jon sont des caricatures, des idéaux-types, des couleurs primaires qui n'existent pas à l'état pur dans le monde réel. Pour réellement toucher du doigt ce que peut être un manager plus réaliste, moins stéréotypé que ne sont nos trois héros, il nous faut nous attarder sur un autre personnage qui se retrouve progressivement dans une situation de management; personnage qui représente en fait l'anti-Cersei : Sansa Stark.

Sansa Stark, fille aînée de Ned Stark, est l'héritière du Nord depuis la mort de ses frères Robb et Rickon, et le refus de Bran d'endosser une quelconque légitimité associée au nom Stark. Sansa Stark, probablement un des personnages les plus évolutifs de la série, tant sur les plans personnel et émotionnel que sur le plan des habiletés de management, qu'elle n'a pas le choix de développer.

Comme jeune fille à la beauté remarquable, Sansa réussit avec brio dans toutes les activités féminines auxquelles il est coutume que les jeunes filles s'adonnent. Elle se rêve en princesse et, comme dans les chansons épiques, elle attend son chevalier en armure. Mais la réalité la rattrape bien vite : promise au prince Joffrey, elle quitte Winterfell pour Port-Réal, où elle enchaîne les désillusions, perdant tour à tour son père, son frère et sa mère, puis sa position de promise au prince, pour se retrouver mariée de force à Tyrion. À travers ces épreuves, elle apprend au contact de Cersei, Joffrey, Littlefinger et lady Olenna. En fait, de tous ceux qui incarnent les formes illégitimes du pouvoir.

La mort de Joffrey l'oblige à fuir, à affronter sa tante Lysa, dont la folie et l'attachement à Littlefinger causeront sa perte. De passage incognito aux Eyrié, sous l'identité de la nièce de Littlefinger, Sansa prendra une première décision, en son âme et conscience. Alors que Lysa s'est suicidée en se jetant dans le trou de la Lune, aux dires de Littlefinger, Sansa est appelée à témoigner devant les lords du Val. Allant à l'encontre des recommandations de Baelish, Sansa révèle rapidement sa véritable identité et raconte l'histoire de sa captivité et de sa fuite de Port-Réal. Elle continue ensuite à raconter honnêtement la situation (l'instabilité mentale, la jalousie et la mort de Lysa) ne changeant que quelques petits détails – essentiels il est vrai, à savoir que Littlefinger a poussé Lysa dans le trou de la Lune. Elle parvient ainsi à obtenir la confiance et la loyauté des seigneurs du Val. Premier acte de management, qui peut se voir comme un savant mélange de management technique et de manipulation : Sansa comprend les enjeux et les alliances politiques (les seigneurs du Val sont historiquement alliés du gouverneur du Nord et donc du nom Stark), mais maquille aussi la réalité pour la mettre à son avantage.

Mais les désillusions ne sont pas terminées pour autant : participant au plan (malheureusement boiteux) de Littlefinger, Sansa est mariée à Ramsay Bolton, dont la violence et la perversion dépassent l'entendement. Une nouvelle occasion (mais en avait-elle vraiment besoin?) d'apprendre les effets de l'utilisation de la violence. D'autant que Ramsay est fort différent de Joffrey : il utilise les formes les plus extrêmes de coercition pour parvenir à ses fins, alors que Joffrey semble traiter la violence comme une fin en soi, sans autre but.

Une nouvelle occasion pour elle d'apprendre et de développer des capacités d'adaptation et de survie même dans les situations les plus difficiles, et de donner raison à la prophétie de Tyrion : « *vous nous survivrez tous, Lady Sansa* ».

Mais c'est seulement à la suite de son évasion de Winterfell et des griffes de Ramsay que Sansa émergera réellement comme dirigeante. Avec un moment clé, la bataille des Bâtards.

Dans ce conflit qui oppose Ramsay Bolton et Jon Snow, Sansa peine tout d'abord à trouver sa place. Jon ne l'écoute pas, alors même que c'est elle qui détient les connaissances clés concernant la personnalité de Bolton, alors même que c'est elle qui a fait la dure expérience de son mode de fonctionnement.

À la veille de la bataille, alors qu'une rencontre entre Jon et Ramsay se déroule, à l'opposé de son demi-frère qui s'empourpre dans ses émotions, elle est celle qui demande rationnellement des preuves de la captivité de Rickon. On sent de nouveau poindre une touche de logique technique. Puis, dans la préparation du plan de bataille, elle tente de prévenir Jon, de lui donner un prisme objectif et dénué d'émotion pour comprendre la situation – ce dont Jon est quelque peu incapable.

Se tournant alors vers ses propres ressources, elle planifie seule un déroulement alternatif à la bataille que prépare Jon. Dans un geste mêlant le technique (l'analyse objective de la situation retirant l'émotion attachée à Rickon), l'organique (l'appel aux alliances de son père et la demande de la réalisation d'une mission simple – Lyanna Mormont ne lui a-t-elle pas rappelé que « L'Île-aux-Ours ne connaît pas d'autre roi que le roi du Nord, dont le nom est Stark »?) – et le charismatique (le déferlement in extremis des cavaliers du Val qui écrasent l'armée des Bolton).

À première vue, la bataille des Bâtards pourrait être considérée comme la grande bataille de Jon. À titre personnel, peut-être apparaît-il comme un héros. Il part seul affronter une armée, tue nombre d'opposants, manque de mourir étouffé. Mais du point de vue collectif? Il conduit sa troupe à sa perte.

Et c'est bien Sansa qui sauve la situation. Jusqu'à être le bourreau de Ramsay – aurait-elle emprunté alors à l'illégitimité de la violence? Tout comme elle avait usé de manipulation aux Eyrié avec Littlefinger, elle use cette fois de coercition avec Ramsay.

Par deux fois, elle glisse sur la pente dangereuse de l'illégitime. Pourtant, contrairement à son alter ego négatif Cersei, et alors que ce qu'elle a vécu aurait facilement pu la conduire à justifier son glissement vers l'illégitime, Sansa va choisir d'être une autre dirigeante. Et, quand Cersei hybride toutes les formes illégitimes, Sansa hybridera les formes légitimes.

Fraîchement acclamé roi du Nord, Jon laisse ainsi Winterfell aux mains de Sansa tant il reconnaît les habiletés de celle-ci à accomplir la mission, mais aussi ses compétences, comme il l'expliquera ensuite à Tyrion :

> *Tyrion Lannister : En tout cas, elle est beaucoup plus intelligente qu'elle ne le laisse transparaître.*
> *Jon Snow : Elle commence à le laisser transparaître.*
> *Tyrion Lannister : Tant mieux.*
> *(Saison 7, épisode 3, à 4 min 38 s)*

Pour autant, Jon parti, la gestion du Nord n'a rien d'évident. Les alliances sont encore fragiles, et l'hiver arrive. Prenant son rôle à cœur et s'appuyant sur son expérience d'avoir côtoyé plusieurs souverains (dans une logique bien organique), Sansa se rend alors compte qu'ils n'ont pas assez de nourriture pour l'hiver prochain.

Elle préconise la construction de greniers de stockage pour prévenir une famine; elle ordonne également que les armures fabriquées pour ses armées soient garnies de cuir pour tenir plus chaud. Mais la présence de Littlefinger, qui manigance à son propre profit, la dessert de plus en plus.

Elle se retrouve à devoir se justifier auprès de sa sœur Arya :

> *Sansa Stark : Tu devrais être à genoux pour me remercier. Nous sommes à nouveau à Winterfell grâce à moi. Tu ne l'as pas reconquis, Jon ne l'a pas reconquis, il a perdu la bataille des Bâtards. Les chevaliers du Val ont gagné la bataille et ils ont chevauché vers le nord pour moi.*
>
> *(Saison 7, épisode 6, à 11 min 9 s)*

Elle présente ainsi un argumentaire qui tient bien du contrôle charismatique centré sur sa propre réussite (« *grâce à moi* », « *pour moi* ») et se positionne pour la première fois clairement comme pouvant aussi utiliser l'arrivée miraculeuse des cavaliers du Val à son propre service.

Pourtant, le procès final de Littlefinger montre bien que sa famille, Arya et Bran Stark sont d'une importance capitale pour elle; elle finit par teinter son action d'organique :

> *Sansa Stark : Lorsque la neige tombe et que soufflent les vents glacés, le loup solitaire meurt, mais la meute survit.*
>
> *(Saison 7, épisode 7, à 1 h 13 min 35 s)*

Sansa Stark donc. Tour à tour empruntant à la logique technique, à la logique organique, à la logique charismatique. Moins flamboyante, comme manager, que nos trois héros centraux, mais peut-être aussi plus réaliste, plus proche de ce que nous, nous vivons dans les situations de gestion auxquelles nous sommes confrontés. Car soyons honnêtes : très peu d'individus tombent dans les idéaux-types que représentent Daenerys, Tyrion et Jon et, à sa manière Cersei pour ce qui est de l'illégitimité en management.

En réalité, nous sommes tous un peu de deux ou de trois de ces logiques de management. Certains sont peut-être beaucoup l'un et un peu d'un autre. Si chacune des logiques représente une couleur primaire, il y a fort à parier que la quasi-totalité des managers contemporains sont de savants mélanges de couleurs. Et c'est bien là la force de la série *Game of Thrones* : nous donner à voir des extrêmes pour mieux les comprendre, et pour mieux comprendre la réalité vraie, qui est plutôt dans des formes hybrides, dans un monde peuplé de Sansa Stark… et de Cersei Lannister.

Annexe méthodologique et théorique

Comment nous avons travaillé

Nous avons fait le choix de rendre cet ouvrage aussi accessible que possible et, pour ce faire, nous nous sommes efforcés de limiter l'utilisation de théories ou de considérations méthodologiques. Seul Max Weber, dont les types de légitimités se trouvent au fondement de nos trois logiques managériales, a été utilisé dans le livre, aux côtés du PODC d'Henri Fayol. Bien entendu, nous aurions pu mobiliser des ouvrages majeurs de la littérature managériale, comme de la littérature des sciences humaines, tant ces trois logiques peuvent être mises en relation avec des concepts clés de ces domaines.

Dans cette annexe méthodologique et théorique, nous donnerons quelques éléments pour expliciter la manière dont nous avons travaillé : comment avons-nous choisi nos personnages; comment avons-nous sélectionné les multiples extraits de la série que nous avons insérés dans le livre; d'où vient la conceptualisation que nous avons proposée.

Commençons par le commencement, à savoir la conceptualisation que nous proposons. Le lecteur cherchera en vain les trois logiques managériales dans la quasi-intégralité des manuels de management. Il s'agit d'un apport original, développé progressivement depuis une décennie à HEC Montréal par plusieurs collègues.

À l'origine de celle-ci, Richard Déry qui, après de nombreuses années de travail et plusieurs écrits abordant le sujet, propose en 2010 un manuel de management intitulé *Les perspectives de management*[1]. Dans celui-ci, il oppose deux manières de penser le management : la logique technique, celle à laquelle la plupart des manuels se réfèrent, et la logique traditionnelle (qui deviendra dans notre livre la logique organique). Ce travail de pionnier est d'autant plus fondamental que la logique traditionnelle, encore très présente dans nombre d'organisations – notamment des PME familiales, mais pas seulement – est souvent la grande oubliée des cours de management. Fondamental aussi, car il n'existe pas, à notre connaissance, de conceptualisation aussi aboutie de la logique traditionnelle des organisations. Même du côté de Max Weber, la logique traditionnelle est sans doute celle qui donne le moins de clés pour comprendre les entreprises ou les organisations. Richard Déry construit donc ce qu'il appelle alors « la perspective traditionnelle » et « la perspective technique[2] ».

L'organisation traditionnelle était considérée comme une totalité, elle composait une communauté et fonctionnait selon le principe d'une hiérarchie traditionnelle. La tradition, plus précisément, était vue comme un don, un savoir sous forme de sagesse pratique et un apprentissage se réalisant par imitation et par compagnonnage, ou lors de fêtes et de rites[3]. Quant à l'organisation technique, elle était considérée comme fondée sur la rationalité instrumentale, un contrat rationnel et une hiérarchie rationnelle[4].

Des années plus tard, avec ses collègues Anne Pezet et Cyrille Sardais, la conceptualisation de Richard Déry s'enrichit de trois éléments majeurs. Tout d'abord, une troisième logique est proposée, la logique charismatique. Cela peut sembler anodin, mais penser en termes de trois logiques plutôt qu'en deux entraîne de nombreuses conséquences. D'abord, la comparaison devient beaucoup plus difficile et requiert une bien plus grande systématisation : s'il est en effet relativement aisé d'opposer deux à deux des concepts, les opposer par trois oblige les auteurs à trouver des catégories pour lesquelles les trois s'incarnent et s'expriment différemment. Quatre catégories sont alors proposées, autour de quatre grandes questions :

- Que savons-nous? (la question du savoir)
- Que faisons-nous? (la question du savoir-faire)
- Quels liens voulons-nous entretenir? (la question du savoir-être)
- Que voulons-nous devenir? (la question du devoir-être)[5]

Ce passage à un triptyque, ensuite, permet de relier ces trois « logiques de management », comme on les nomme alors, aux trois types de légitimité wébérienne. Au cœur de chacune des logiques se loge une légitimité différente, selon la question : quel sens donnons-nous à notre action?

Dernier apport : ces logiques de management qui s'appuient sur les types de légitimités managériales, commencent à être croisées avec le PODC de Henri Fayol; cela permet à la fois de nous aligner sur la quasi-totalité des manuels de management qui sont structurés autour du PODC (y compris le livre évoqué plus haut, *Les perspectives du management,* qui plaçait le PODC dans le management technique) tout en proposant quelque chose de complètement différent en défendant la thèse que le PODC peut tout à fait être pensé selon la logique traditionnelle ou charismatique, selon les légitimités traditionnelle et charismatique, même s'il a tendance à être enseigné uniquement selon la perspective technique et la légitimité rationnelle-légale.

Ce croisement sera développé par Richard Déry et Cyrille Sardais pour aboutir à une présentation des trois logiques uniquement en fonction du PODC, en proposant pour chacun des éléments fayoliens sa manifestation concrète et son savoir/relation/source de pouvoir/idéal valorisé[6].

Tableau 8
Les trois logiques de management selon Sardais et Déry

	Management technique	Management charismatique	Management traditionnel
Planifier (prévoir)			
Manifestation	Plan	Vision	Projet collectif
Savoir valorisé	Objectivité	Imagination	Expérience
Organiser			
Manifestation	Tâche	Rôle	Métier
Relation valorisée	Contrat (la société)	Contagion (la foule)	Don (la communauté)
Diriger			
Manifestation	Autorité	Leadership	Sagesse
Source du pouvoir	La règle	L'individu (charismatique)	Le groupe
Contrôler			
Manifestation	Indicateurs	*Empowerment*	Contrôle social
Idéal organisationnel	L'efficacité	La distinction	La pérennité

Nous sommes donc partis de là. Et nous avons décidé non pas d'appliquer cette grille, mais d'en penser l'incarnation concrète à partir des événements et des dialogues de *Game of Thrones*. En effet, la conceptualisation initiale était une typologie, c'est-à-dire une différenciation de plusieurs éléments à partir d'un raisonnement *théorique*. Nous n'étions pas partis du concret, d'exemples empiriques, mais des idées et des concepts. La question qui se posait alors était : comment « réagit » cette grille lorsqu'elle est confrontée à « la vraie vie ».

Restait à trouver un exemple – un cas – suffisamment riche pour nous permettre d'aller vraiment en profondeur, et suffisamment connu pour que nous puissions le rendre accessible à des lecteurs. Mais, pourriez-vous vous étonner : pourquoi avoir choisi un « cas » imaginaire? Pourquoi ne pas avoir pris un « vrai » cas, réel? Surtout, pourquoi ne pas avoir choisi un contexte d'entreprise plutôt qu'une série médiévale où apparaissent des dragons et des morts-vivants?

Pour mettre à l'épreuve notre conceptualisation, nous avions besoin d'un terrain, nous avions besoin de données. Une « donnée », c'est quelque chose que l'on ne peut changer, qui nous résiste. Que le cas soit réel ou imaginaire, cela ne change rien au fait qu'il s'agisse, pour nous, d'une donnée. Nous ne pouvons pas appeler les scénaristes ou George R. R. Martin pour leur demander de changer telle ou telle chose, de faire évoluer les personnages de telle ou telle façon, parce que cela nous arrange. Le livre et la série sont là, tout lecteur de notre ouvrage peut aller la consulter et, d'une certaine manière, « contrôler » le travail que nous avons fait. Est-ce que nous avons pris uniquement les éléments qui nous arrangent pour faire valoir notre point? Ou bien est-ce que ce que nous décrivons et interprétons correspond bien à ce qui se trouve dans la série? Voilà ce qui est fondamental. Permettre au lecteur de refaire notre cheminement, à partir de données que l'on ne peut pas changer.

Que le cas soit imaginaire ou non ne change pas grand-chose à ce sujet. Reste alors l'autre question : pourquoi choisir un monde médiéval fantastique plutôt qu'une entreprise contemporaine? Pour deux raisons. D'une part parce que tout y est beaucoup plus spectaculaire, et donc plus visible. D'autre part parce que si la conceptualisation est pertinente et éclairante même pour ce type de contexte bien éloigné du monde des entreprises et du contexte dans lequel s'appliquent d'habitude les théories du management, alors cette conceptualisation a une généralisation bien plus grande, non pas limitée à un contexte précis.

Restait alors à effectuer trois grands choix : d'une part les personnages que nous allions étudier; d'autres part les extraits, les éléments de la série que nous allions utiliser; enfin, la source (série ou livres) que nous voulions privilégier.

Nous avons commencé par lister tous les personnages qui exerçaient, d'une manière ou d'une autre, un certain pouvoir sur un collectif et qui étaient présents suffisamment longtemps dans la série pour nous donner matière à travailler en profondeur (d'où le fait de mettre de côté Jeor Mormont, Renly et Robert Baratheon et même Joffrey que l'on voit finalement assez peu agir en tant que roi). Assez rapidement, dix personnages se sont imposés : Daenerys, Jon et Tyrion bien sûr, mais aussi Nedd Stark, Robb Stark, Stannis Baratheon, et enfin Tywin Lannister, Cersei Lannister, lord Baelish (Littlefinger) et Ramsay Bolton.

De ces dix personnages, quatre nous semblaient correspondre parfaitement aux formes illégitimes que nous avions évoquées dès l'introduction de ce livre pour les opposer aux formes de légitimités wébériennes.

La coercition, le recours à la menace, la force, la torture pour faire faire aux autres ce que l'on veut qu'ils fassent, trouvaient leur « champion », si l'on peut dire, dans le personnage de Ramsay Bolton.

La manipulation, l'utilisation de l'information en vue de tromper et faire faire aux autres, sans qu'ils s'en rendent compte, ce que l'on veut qu'ils fassent, était représentée parfaitement par lord Baelish, dit « Littlefinger ».

Enfin, la corruption, au sens de l'utilisation de l'argent, ou de toute forme de récompense dans le but de faire faire aux autres ce que l'on veut qu'ils fassent, s'incarnait très bien dans le personnage de Tywin Lannister.

Quant à Cersei, au fur et à mesure des saisons, elle finit par incarner le parfait « vilain », en utilisant à la fois la corruption, la manipulation et la coercition pour parvenir à ses fins et diriger les gens autour d'elle.

Voilà pour ce qui est des formes illégitimes. Du côté des formes légitimes, six personnages se détachaient. Trois étaient des formes « pures », à savoir Daenerys, Tyrion et Jon; trois autres apparaissaient comme des formes imparfaites, poussant trop loin la logique, au point de la rendre absurde, ou manquaient parfois d'éléments pour la rendre vraiment cohérente. Stannis Baratheon pour le technique, Rob Stark pour le charismatique et Nedd Stark pour l'organique.

Au départ, notre projet consistait à traiter ces dix personnages. L'ampleur de la tâche nous a relativement vite conduits à nous montrer plus modestes et raisonnables et à nous centrer sur les trois personnages qui incarnaient parfaitement les trois types de légitimité qui nous intéressaient.

En termes de sources, nous aurions pu utiliser seulement les livres écrits par George R. R. Martin ou seulement la série, ou encore les deux, sauf que certains éléments y sont contradictoires. Nous avons donc choisi de nous centrer sur la série, et ce pour deux raisons. La première est pratique : à ce jour, la série est beaucoup plus avancée que le livre, et nous avons donc une vision plus globale de l'évolution des personnages. La seconde est pédagogique : les cheminements de Daenerys, de Tyrion et de Jon peuvent facilement être utilisés comme cas de figure en classe avec nos étudiants et, dans cette optique, disposer d'extraits vidéo nous semble pédagogiquement très pertinent. Nous avons donc analysé les deux mille pages de scénario de la série. Par ailleurs, nous avons également consulté plusieurs sites d'amateurs qui donnent de nombreux détails sur la Garde de Nuit, notamment le site francophone www.lagardedenuit.com et le site anglophone www.gameofthrones.wiki.com, pour lesquels le terme « Garde de Nuit » renvoie respectivement à 868 et 1900 pages.

Restait à travailler le scénario en lui-même. Au départ, nous comptions le lire au complet et repérer tout ce qui concernait nos trois personnages. Nous nous sommes heurtés à deux problèmes. Tout d'abord, si les scénarios étaient facilement consultables sur Internet, ils étaient parfois incomplets, voire erronés, et surtout, ils n'indiquaient pas toujours qui était l'auteur de chacune des répliques. Ensuite, la série est aussi constituée de beaucoup d'images, d'une atmosphère et d'un contexte qui étaient perdus dans les scénarios.

Nous avons alors choisi de regarder (de nouveau) l'intégralité de la série, avec le texte sous la main afin de surligner tous les passages qui nous intéressaient. Rouge pour le charismatique; jaune pour l'organique et bleu pour le technique. Dans un premier temps, les deux auteurs ont travaillé ensemble, puis, parce que cela n'allait pas assez vite à leur goût, chacun de leur côté, au rythme de deux épisodes par soir deux fois par semaine pendant plusieurs mois. Le lendemain, nous comparions nos scénarios surlignés et nos notes, et nous discutions de nos interprétations.

Puis, nous avons repris l'ensemble des scénarios et de nos notes, cette fois personnage par personnage et saison par saison, pour réaliser le « séquençage » : déterminer quels extraits nous allions utiliser et savoir s'ils devaient aller dans le « Planifier », l'« Organiser », le « Diriger » ou le « Contrôler ». Nous avons aussi créé les sections « limites » pour chacune des logiques managériales, lorsque nous repérions un extrait qui illustrait les dérives ou les faiblesses de celles-ci.

Reste que nombre d'extraits tombaient dans une autre catégorie que nous avons mis du temps à définir. Après de nombreuses discussions et réflexions, nous sommes arrivés à la conclusion qu'il nous fallait absolument évoquer un tout autre aspect des logiques managériales. Cette dernière catégorie s'est tout simplement révélée être « l'émergence » de chacune des logiques et a constitué la base de notre première partie.

Une dernière difficulté résidait dans le fait que plusieurs extraits pouvaient être utilisés dans plusieurs chapitres. Pour éviter les répétitions, nous avons cherché à limiter ces doublons et à choisir le chapitre pour lequel l'extrait était le plus important, ou alors, à couper différemment l'extrait pour exprimer exactement l'idée qui nous intéressait à chaque fois.

Pendant toute la préparation de ce livre, qui a duré environ un an et demi – nous y travaillions en général un jour par semaine sauf pendant les phases d'écriture ou de relecture où nous y travaillions presque à plein temps – nous nous sommes efforcés de ne jamais « tomber en amour » avec la conceptualisation proposée, avec nos catégories. Le travail amorcé par Richard Déry, puis Anne Pezet et Cyrille Sardais, nous a servi de base. L'idée était d'utiliser les péripéties de *Game of Thrones* pour repenser cette conceptualisation à partir d'un travail empirique, mais certainement pas de nous efforcer d'en « prouver » la pertinence. C'est sans doute ce qui explique, si vous comparez la dernière grille proposée dans cette annexe (le travail de Déry et Sardais) et ce que nous avons finalement développé dans cet ouvrage, que si l'esprit est demeuré, l'essentiel des intitulés a été modifié. Au-delà des étiquettes, c'est bien une approche originale qui est proposée ici et qui nous a conduit à repenser la manière dont nous allons présenter nombre de concepts dans une prochaine édition de notre manuel de management... Par ailleurs, la manière dont les auteurs du livre et de la série ont écrit leur histoire nous a conduit à ajouter aux conceptualisations précédentes la question de l'émergence – comment se construit chacune des légitimités au fondement de chaque logique managériale – et des limites – quelles sont les dérives potentielles auxquelles chacune fait face.

Notes

1. Déry, R. (2010). *Les perspectives du management*, Montréal, Éditions JFD.
2. *Ibid.*, chap. 3 et 4.
3. *Ibid.*, p. 64 et 68.
4. *Ibid.*, p. 92.
5. Déry, R., Pezet, A. et Sardais, C. (2015). *Le Management*, Montréal, Éditions JFD, p. 241.
6. Sardais, C., Déry, R., *Three kinds of management: a different way of looking at PODC*, article en cours d'évaluation.

Remerciements

Ce livre est le résultat d'un projet qui a commencé à se former au courant de l'année 2016. De discussions passionnées sur les péripéties des diverses familles en argumentations parfois houleuses sur l'évolution de nos personnages préférés, de visionnages parfois boulimiques en séances de décorticage, nous avons pris un grand plaisir à nous confronter à la réalité des situations managériales présentes dans la série. L'enthousiasme qu'ont rencontré les premières ébauches de théorisation que nous partagions avec nos collègues, nos proches et surtout nos étudiants, nous a convaincu de poser sur le papier les chapitres que vous venez de lire. Nous sommes chanceux d'avoir eu les conditions propices, au sein de cette belle institution qu'est HEC Montréal, pour faire ce long travail d'archivage et d'analyse d'un média innovant pour transmettre des connaissances sur le management. Chanceux aussi d'avoir pu compter sur la chaire de leadership Pierre-Péladeau qui, depuis son origine soutient des projets académiques qui sortent parfois des normes et des standards classiques de la recherche actuelle en gestion; sans le soutien total de son comité aviseur, et notamment de Pierre Laurin et Laurent Lapierre, ce livre n'aurait peut-être pas vu le jour.

Plusieurs personnes nous ont aidé à rendre possible la finalisation de notre projet. Cet ouvrage ne serait donc pas complet sans que nous mentionnions tous les collègues et les amis qui ont eu la gentillesse de nous faire part de leurs commentaires sur la première version de ce manuscrit, nous conduisant à réécrire de nombreux chapitres et à pousser de manière plus systématique et aboutie notre conceptualisation, à savoir Richard Déry, Chantale Mailhot, Carole Bardou, Mireille Agogué, Pierre Blaizeau, Stéphane Coulier, Nicolas Sahuguet, Marc Lachapelle, Antoine Vimal du Monteil, Luis-Felipe Cisneros Martinez et Pierre Quémard. L'intérêt sincère et les encouragements enthousiastes qui nous ont été témoignés à cette occasion ont été précieux.

Nos plus grands mercis vont également à Stéphanie Rioux-Wunder qui nous a donné un sérieux coup de main lorsque nous avons débuté les traductions de l'ensemble des extraits de la série et à Karl Boyce qui a finalisé le référencement des extraits utilisés.

Une pensée va aussi à Julien et Anne-Laure, qui ont été présents, apportant leur soutien et leurs encouragements tout au long du processus.

Nos remerciements vont enfin à notre éditeur au Québec, Jean-François Déry, qui a cru dans notre projet dès ses premiers balbutiements, ainsi qu'à notre maison d'éditions française, EMS.